大规模制造产业
可信溯源理论与技术

黄 敏 任明仓 郝 刚 张继良等 著

科学出版社

北 京

内 容 简 介

本书将遵循"问题导向、机理创新、技术研发、平台验证"的思路介绍大规模制造产业可信溯源的理论和技术体系，解决大规模制造产业链全域标识数据异构多源、可信度低、实时追溯和协同共享难等问题。

本书面向的读者主要是大规模制造行业、可信溯源行业、工业互联网和区块链行业从业人员。同时，本书也可以帮助系统工程、管理科学与工程和软件工程等专业高年级研究生，以及高校与研究机构科研工作者快速了解大规模制造产业可信溯源的背景、挑战和主要解决思路。

图书在版编目（CIP）数据

大规模制造产业可信溯源理论与技术 / 黄敏等著. -- 北京：科学出版社, 2024. 10. -- ISBN 978-7-03-079856-5

Ⅰ. F426.4

中国国家版本馆 CIP 数据核字第 2024NH6702 号

责任编辑：邓　娴／责任校对：贾娜娜
责任印制：张　伟／封面设计：有道设计

科 学 出 版 社 出版
北京东黄城根北街 16 号
邮政编码：100717
http://www.sciencep.com

北京中科印刷有限公司印刷
科学出版社发行　各地新华书店经销
*
2024 年 10 月第　一　版　开本：720×1000　1/16
2024 年 10 月第一次印刷　印张：13 1/4
字数：270 000
定价：158.00 元
（如有印装质量问题，我社负责调换）

本书撰写人员

黄敏，东北大学信息科学与工程学院

任明仑，合肥工业大学管理学院

郝刚，天津理工大学计算机科学与工程学院

张继良，东北大学信息科学与工程学院

何强，东北大学医学与生物信息工程学院

易波，东北大学计算机科学与工程学院

郝琨，沈阳工业大学软件学院

信俊昌，东北大学计算机科学与工程学院

张洪玮，天津理工大学计算机科学与工程学院

何光宇，东软集团股份有限公司

徐石成，东软集团股份有限公司

宋扬，东北大学信息科学与工程学院

序　　一

  大规模制造产业的高质量发展关系到国家竞争力的提升。在全球化的大背景下，大规模制造产业的发展日新月异，其复杂的产业链增加了跨部门多元异构数据管理、参与主体生产数据分析和产品质量追踪的难度，从而对数据管理、协同共享和可信追溯提出了更高的要求。如何实现数据来源可查、去向可追、责任可究，全产业链数据安全管理、产品质量与风险控制是亟须解决的问题。因此，围绕大规模产业中的溯源需求，探索并创新大规模制造产业的数据管理理论与方法，对于推动制造产业数字化、网络化、智能化发展，保障产业链安全高效运行，具有重要意义。

  近几年来，由东北大学、合肥工业大学、天津理工大学、东软集团股份有限公司、广州明珞装备股份有限公司和吉利汽车集团有限公司的学者和工程师组成的研究团队，在国家重点研发计划项目"大规模制造产业可信溯源理论与方法研究"的支持下，通过深入研究，取得了一系列具有国际影响力的理论与应用研究成果。构建了基于区块链技术的多源异构数据管理架构与协同共享模型，创新性地提出了全域标识数据可信追溯机理和实时共享与可信追溯技术，搭建了开放、易用的产品全生命周期可信溯源平台，解决了数据一致性、可靠性、实时性及隐私保护等核心难题。作者围绕大规模制造产业全域数据管理、协同共享与可信追溯理论，基于区块链的多源异构全域标识数据管理架构、基于区块链的多源异构全域标识数据协同共享模型以及基于多方治理决策的全域标识数据区块链可信追溯机理，设计多源异构数据层次链管理模型，为理解和掌握大规模制造产业的数据管理和追溯提供了坚实的理论基础；在大规模制造产业链全域数据溯源共识算法和敏感数据按需共享机制方面，作者针对如何确保数据一致性、可靠性、实时性以及敏感数据安全共享等根本性问题，研究可信的溯源共识算法，通过创新技术确保数据在全产业链中的一致可信，从而支撑起大规模制造业的数据共享和协同工作框架，推动产业链的整体效率和安全性；在大规模制造产品全生命周期数据实时追溯及可监管隐私保护技术方面，针对数据协同共享过程中难以保证数据的实时性和权衡隐私与监管平衡的挑战，研究产品全生命周期数据快速定位与高效标识寻址技术、基于数据关联分析的标识快速解析与深层实时追溯和监管友好的数据分级隐私保护方法，实现隐私保护和数据监管的平衡；在基于区块链的大规模制造产业可信溯源平台研发及原理验证方面，作者采取领域驱动模型和微服务模式设计开放架构，实现区块链的一站式部署、一键式管理和可视化操作，支持大规模制造产业链成员友好接入，构建一个基于区块链的大规模制造产业可信溯源平台，以实现大规模制造产业可信溯源理论与方法在行业中的应用验证。

这本专著是上述研究成果的系统性总结。该书可作为从事智能制造相关领域的学术研究与工程技术研发人员的一本参考书，也可作为高等院校相关专业师生的教学参考书。我相信，这些成果将对我国产业数字化、数字产业化的理论与技术研究和制造业实现数字化、网络化、智能化起到推动作用。

中国工程院院士

东北大学

2024 年 7 月

序　二

"溯源而寻，追本穷源，以求其真。"产品溯源是各个国家关注的重点。大规模制造业可信溯源是迈向工业强国之根基，是稳住工业发展、稳住经济大盘的关键之举，也是现代工业赖以发展的重要支柱。

近年来，我国产品溯源方法广泛服务于农产品、食品、医药用品、农资、婴幼儿用品、化妆品、皮革制品、服装、汽车零配件、建材家居、艺术品、文教体育用品、电子电器和日用化学品等三十余个行业。从条形码产品溯源到蚂蚁集团的"蚂蚁链"系统，从二维码技术产品溯源再到腾讯云推出的腾讯安心平台，产品溯源技术提高了产业链数据安全共享能力，提升了产业链协同效率并优化了可信体系，进而助力产业链的结构优化和服务转型，提升产业链水平。大规模工业制造业利用规模化、模块化和产业链协同，降低生产成本、提高产品质量、提高劳动生产率并实现产品定制化。然而，大规模制造产业可信溯源的高可信性、实时性、可监管性、隐私性，以及新技术运行等特点，使得大规模制造产业在智能化和数字化转型中面临的复杂性越来越突出，数据异构性越来越显著，急需我国大规模制造产业可信溯源的科学研究产出创新性成果。在国际化、信息化和可持续发展时代的背景下，传统溯源依赖于人工审核，其自动化程度低、易出错且易篡改，严重影响溯源的可信性。以区块链、大数据与人工智能为代表的前沿信息技术已经逐步融入大规模制造产业的各个场景，有力地促进了大规模制造产业的智能化与数字化转型，推动工业的整体发展。

欣喜的是，由东北大学、合肥工业大学、天津理工大学、东软集团股份有限公司、广州明珞装备股份有限公司和吉利汽车集团有限公司组成的团队在国家重点研发计划"工业软件"重点专项项目"大规模制造产业可信溯源理论与方法研究"的支持下，在大规模制造产业全域数据管理、协同共享与可信追溯理论，大规模制造产业链全域数据溯源共识算法和敏感数据按需共享机制，大规模制造产品全生命周期数据实时追溯及可监管隐私保护技术，以及基于区块链的大规模制造产业可信溯源平台研发及原理验证方面展开了深入的研究，取得了一系列有价值的成果。

该专著汇集了该团队近三年来的研究成果，作者依托国家重点研发计划对大规模制造产业可信溯源进行了深入的研究，形成了大规模制造产业可信溯源基础理论与前沿技术，以引领大规模制造产业智能化与数字化转型升级。

在溯源理论方面，作者介绍了基于区块链的多源异构数据层次链管理架构，给出了基于激励与授权机制的激励式多方协同共享模型，实现了基于多方治理决策的低可信异构多源数据的高可信动态追溯。

在共享技术方面，作者基于大规模多主体协同的全域数据关联分析，探讨关键主体博弈的新型高效竞合式溯源共识技术；设计成员敏感数据切片机制，并介绍相应的跨域切片式实时共享传输方法，实现敏感数据最小披露-最大完整切片式实时共享技术。

在追溯技术方面，作者介绍了基于分布式学习索引的高效标识寻址方法，给出产品全生命周期数据实时追溯机制。设计多方协作的决策治理模型与基于隐私保护的数据访问控制机制，最终构建起监管友好的数据分级隐私保护方法。

在平台验证方面，作者展示了一种基于区块链即服务的高并发溯源平台开放架构，支持大规模制造产业链成员友好接入，实现大规模全域数据标识快速寻址、实时共享与可信追溯，满足海量大规模制造产品全生命周期数据溯源需求。

过往可鉴，未来可期。大规模制造产业可信溯源技术正孕育着强大的技术和理论创新活力。因此，要加快大规模制造产业智能化和数字化产业转型发展，从而促进工业软件自主技术创新、提升工业软件自主发展能力，最终引领大规模制造产业可信溯源生态发展，保障我国制造强国战略的顺利实现。

这本专著体现了大规模制造产业可信溯源领域的发展和思考，遵循"问题导向、机理创新、技术研发、平台验证"的思路介绍大规模制造产业可信溯源的理论与技术体系，解决大规模制造产业链全域标识数据异构多源、可信度低、实时追溯和协同共享难等问题。同时，我们要看到大规模制造产业可信溯源技术实践的广度和复杂性，新的科学问题在不断涌现，对应的理论技术也在不断演进。所以，希望这套系列专著所提供的理论创新能够激发更多学者积极、深入地进行具有自主性和原创性的大规模制造产业可信溯源研究。这本专著通过"通俗易懂的话语"，深入探讨了大规模制造产业可信溯源的技术、理论、方法和应用，使其得到全新的阐述、精彩的阐释、透彻的阐明。这不仅能够有效推动我国大规模制造产业可信溯源技术的不断发展，同时也有望为全球大规模制造产业可信溯源技术的进步做出积极贡献。

基于此，本人欣之为序。

中国工程院院士

合肥工业大学

2024 年 7 月

前　言

截至 2024 年，我国制造业总体规模连续 14 年位居全球第一。在百年未有之大变局的时代背景和国家间竞争日趋激烈的国际环境下，大规模制造业是我国保持竞争优势的定海神针。可信溯源能够帮助大规模制造企业从内部管控、外部品牌维护和社会监督等层面规避结构性风险，在我国保持制造业优势方面起到决定性的作用。高可信、实时、可监管和隐私保护溯源是大规模制造产业智能化与数字化转型升级中的迫切需求。

2022 年，作者团队有幸承担了国家重点研发计划"工业软件"重点专项项目"大规模制造产业可信溯源理论与方法研究"，并开展了大规模制造产业全域数据管理、协同共享与可信追溯理论的构建，大规模制造产业链全域数据溯源共识算法和敏感数据按需共享机制的研究，大规模制造产品全生命周期数据实时追溯及可监管隐私保护技术的开发，以及基于区块链的大规模制造产业可信溯源平台的研发及原理验证等一系列工作。三年来，作者及团队成员围绕国家重大需求，形成了一套完善的大规模制造产业可信溯源理论和技术。

本书将遵循"问题导向、机理创新、技术研发、平台验证"的思路介绍大规模制造产业可信溯源的理论和技术体系，解决大规模制造产业链全域标识数据异构多源、可信度低、实时追溯和协同共享难等问题。全书分为 6 章。

全书由黄敏统筹并由黄敏、张继良和信俊昌统稿。第 1 章由黄敏和张继良撰写，第 2 章由郝琨、信俊昌、张洪玮和宋扬撰写，第 3 章由任明仑和易波撰写，第 4 章由郝刚和何强撰写，第 5 章由信俊昌、何光宇和徐石成撰写，第 6 章由黄敏撰写。

本书得到国家重点研发计划（2021YFB3300900）、国家自然科学基金重大研究计划重点支持项目（92267206）、辽宁省"兴辽英才计划"（XLYC2202045）的资助。

大规模制造产业的可信溯源理论与方法处于国际学术研究的前沿，相关科学研究和技术研发远未成熟。作者水平有限、书中难免存在不足，恳请读者和同行批评指正。

作　者

2024 年 7 月

目　录

第1章　绪论 ·· 1
  1.1　溯源的概念 ·· 1
  1.2　传统溯源方法及其可信性问题 ···································· 2
  1.3　基于区块链的可信溯源 ·· 3
  1.4　大规模制造产业可信溯源面临的挑战 ······························ 5
  1.5　大规模制造产业可信溯源技术体系 ································ 6
  1.6　本书的主要结构 ·· 7
  本章参考文献 ·· 8

第2章　大规模制造产业全域数据管理、协同共享与可信追溯理论 ········ 11
  2.1　基于区块链的多源异构全域标识数据管理架构 ···················· 12
  2.2　基于区块链的多源异构全域标识数据协同共享模型 ················ 43
  2.3　基于多方治理决策的全域标识数据区块链可信追溯机理 ············ 59
  2.4　本章小结 ·· 72
  本章参考文献 ·· 72

第3章　大规模制造产业链全域数据溯源共识算法和敏感数据按需共享机制 ·· 77
  3.1　大规模制造产业关键主体一致的可信溯源共识算法 ················ 77
  3.2　大规模制造产业敏感数据按需共享机制 ·························· 95
  3.3　大规模制造产业敏感数据切片式实时共享传输机制 ················ 111
  3.4　本章小结 ·· 120
  本章参考文献 ·· 121

第4章　大规模制造产品全生命周期数据实时追溯及可监管隐私保护技术 ·· 124
  4.1　产品全生命周期数据快速定位与高效标识寻址 ···················· 124
  4.2　基于数据关联分析的跨链实时追溯 ······························ 143
  4.3　监管友好的数据分级隐私保护方法 ······························ 160
  4.4　本章小结 ·· 174
  本章参考文献 ·· 175

第5章　基于区块链的大规模制造产业可信溯源平台研发及原理验证 ······ 177
  5.1　基于区块链的大规模制造产业溯源平台架构 ······················ 177
  5.2　基于区块链的大规模制造产业溯源平台实现 ······················ 185
  5.3　基于区块链的汽车行业溯源标准规范 ···························· 188

  5.4 汽车行业产品全生命周期溯源 …………………………………… 189
  5.5 本章小结 …………………………………………………………… 192
  本章参考文献 …………………………………………………………… 192
第 6 章 总结与展望 ………………………………………………………… 194
  6.1 总结 ………………………………………………………………… 194
  6.2 展望 ………………………………………………………………… 196

第1章 绪　　论

1.1 溯源的概念

溯源指的是通过各种采集、留存和传输方式，获得产品从生产、流通、销售到消费全生命周期各个环节中物品和信息的关键数据的过程[1]。关键数据主要包括物品和信息的标识或记录，流通和传输的起点、节点和终点，以及数据类别、数据详情、数据采集人和数据采集时间等。

溯源旨在通过增加责任推诿成本，从内部管控、外部品牌维护和社会监督等三个层面，共同维持企业高效安全运营。在内部管控层面，溯源有助于严格管控企业和产业链内产品的生产、包装、仓储、运输和销售过程，并辅助企业进一步优化生产流程，标准化生产规范。在外部品牌维护层面，溯源一方面有助于实现产品安全消费，满足下游企业和终端用户的知情权，提升信任度；另一方面能够规范数据采集环节，提升造假难度，打击假冒伪劣产品，提高产品附加值和品牌市场竞争力。在社会监督层面，溯源有助于要求企业向社会公开信息，接受社会监督。在出现产品质量问题时，定位问题发生的环节和责任方，同时辅助产业链参与方通过溯源自证清白，并及时追踪产品召回行为，避免扩大影响。

产品溯源长久以来受到各个国家重点关注，1994年国际标准化组织（International Organization for Standardization，ISO）第一次对溯源的概念进行了标准化[2]，欧盟在2002年便设立相关法规提出产品可追溯性要求，美国于2017年颁布食品安全法案，提出对食品安全可追溯性要求。近年来，我国也在积极推进产品溯源体系建设。2015年，我国出台了《国务院办公厅关于加快推进重要产品追溯体系建设的意见》，该意见指出，追溯体系建设是采集记录产品生产、流通、消费等环节信息，实现来源可查、去向可追、责任可究，强化全过程质量安全管理与风险控制的有效措施[3]。2017年，商务部办公厅和财政部办公厅联合印发《关于开展供应链体系建设工作的通知》指出建设重要产品追溯体系，提高供应链产品质量保障能力[4]。"十四五"时期是我国工业经济向数字经济迈进的关键期，《中华人民共和国国民经济和社会发展第十四个五年规划和2035年远景目标纲要》围绕"打造数字经济新优势"，提出"培育壮大人工智能、大数据、区块链、云计算、网络安全等新兴数字产业"。《"十四五"循环经济发展规划》指出"加强新能源汽车动力电池溯源管理平台建设，完善新能源汽车动力电池回收利用溯源管理体系"。

目前，产品防伪溯源广泛服务于农产品、食品、医药用品、农资、婴幼儿用品、化妆品、皮革制品、服装、汽车零配件、建材家居、艺术品、文教体育用品、电子电器和日用化学品等三十余个行业，数十万个品牌[5]。四川省宜宾普拉斯包装材料有限公司为第八代五粮液提供防伪标识与系统，显著提升造假成本。海南天鉴防伪科技有限公司为西凤酒提供了"真迹结构"和"结构三维码"防伪技术。武汉华工图像技术开发有限公司为湖南中烟的"白沙（红运当头）"品牌卷烟提供仿制难度大、仿制成本高、防伪性能好的产品身份溯源编码。北京慧眼智行科技有限公司"福码"溯源编码技术为五常大米提供溯源体系建设。量子云码（福建）科技有限公司为福耀玻璃提供量子云码可信溯源技术，年均保护汽车玻璃产品100万片以上。拍拍看（海南）人工智能有限公司为剑南春酒提供"纹理防伪"技术，显著提升造假成本。湖北省葛店开发区晨光实业有限公司全息综合防伪技术用于"云鹤牌"食盐防伪。云南茶叶评价检测溯源中心有效发挥防伪溯源和第三方平台作用，保护云南普洱茶品牌，促进云茶产业高质量发展。东软集团股份有限公司与海南博鳌乐城国际医疗旅游先行区管理局共同规划建设了特许药械追溯管理平台，确保特许药械来源可追溯、去向可查证、责任可追究、信息不可篡改[6,7]。

1.2 传统溯源方法及其可信性问题

目前，市场上广泛使用基于产品标识的溯源方法。技术层面上，基于产品标识的溯源方法主要分为基于条形码、二维码的直接标识方法和基于射频识别（radio frequency identification，RFID）、近场通信（near field communication，NFC）、无线传感器网络（wireless sensor network，WSN）的间接标识方法。20世纪70年代，条形码技术作为最早的产品溯源技术被应用于食品溯源领域[8]。20世纪90年代二维码技术被应用于产品溯源领域。21世纪以来，随着电子技术的发展，RFID被逐渐应用于产品溯源领域。

然而，当前基于产品标识的溯源方法的数据存在着严重的可信性问题。一方面，产品标识伪造成本极低，条形码和二维码生成器能生成任意标识。更有甚者，日本东海大学开发出一种远程篡改二维码的攻击技术，能在100米的距离内通过激光照射，将二维码替换为伪造的二维码[9]。另一方面，数据安全监管严重滞后，产品全生命周期存在大量劣质数据，极大地降低了数据的可用性。

更重要的是，目前溯源数据的存储模式存在严重的可信性风险。由于产业链处于多级供应关系和产品物流运输多式联运的场景下，产品需经过多个承运商多次加工、包装和中转，基于产品标识的溯源技术框架下产品信息和数据极易丢失、产品信息溯源透明度不高、成员之间协作性不强且易造成"数据孤岛"现象[10]。

第1章 绪　　论

各个制造商、物流供应商、销售商等各自存储溯源数据，并具有完全管理权限。一旦末端产品出现问题，相关责任人或责任单位具有通过篡改溯源数据实现责任推诿的能力，进而破坏内部管控、外部品牌维护和社会监督效能。

1.3　基于区块链的可信溯源

区块链因具有去中心化、不可篡改、可信等特点，近几年被广泛应用于产品溯源领域。该技术能够通过分布式存储架构、区块链连接、"瀑布效应"等手段，采用密码学、共识算法、智能合约等技术，解决信息收集、流通、共享过程中存在的问题[11]。此外，区块链技术能够保证上传溯源信息的真实性、可用性和完整性[12]。因区块链具有诸多优势，基于区块链的产品溯源方法是打通"数据孤岛"的有效手段，因此其被广泛应用于生产生活的多个领域。

近年来，云供应商正积极推出若干系统性区块链溯源解决方案，并赋能各行各业。一些行业领军企业也针对自身业务提出了行业性溯源解决方案。

蚂蚁集团推出"蚂蚁链"系统，通过物证防伪技术和可信溯源，串联企业供、产、储、销、用各个环节实现产品全链路可信追溯，为企业提供大规模商用一站式服务[13]。典型应用案例涵盖进口化妆品、五常大米、砀山酥梨、英德红茶、西湖龙井等商品。

阿里云推出区块链溯源服务解决方案，利用区块链和物联网技术，该方案解决了溯源信息的真实性问题[14]。阿里云提供的区块链溯源服务解决方案具备商品防伪、有效监管、支持供应链协同等优势，以及支持快速接入与查验、支持精准营销等特点。典型应用案例包括浙冷链、天猫国际和福茶网等。

华为云推出区块链商品溯源解决方案，将区块链技术应用于溯源行业[15]。该方案为每件商品设定单独的识别码来确立商品身份，结合物联网技术将商品在供应链各环节产生的信息存储于区块链，实现上链信息无法篡改，以保障企业、消费者和监管部门在追溯商品信息时，查询到的数据真实有效。华为云区块链商品溯源解决方案应用场景涵盖特色农产品溯源、快消品溯源和防窜货、酒水溯源和防窜货、药品溯源等。

腾讯云推出腾讯安心平台结合人工智能技术、海量数据分析引擎，利用一物一码和区块链防篡改的性能，将商品生产过程、流通过程、营销过程整合进行统一管理，实现商品全流程防伪溯源[16]。溯源服务覆盖国家烟草局溯源、旌阳区产业数字化、山东莘县智慧城市农产品溯源、张裕葡萄酒溯源、蒙牛奶业食品溯源、保惠冷链物流园等。

京东科技推出了智臻链防伪追溯平台[17]。智臻链防伪追溯平台记录商品从原产地到消费者全生命周期每个环节的重要数据，通过物联网和区块链技术，建立科技互信机制,保障数据的不可篡改和隐私保护性,为企业提供产品流通数据的全流程追溯能力。

东软集团股份有限公司开发了海南博鳌乐城先行区特许药械追溯管理平台,使用物联网、移动互联网、区块链、电子签章等新一代信息技术实现乐城先行区特许药械的在线电子审批、追溯监管、不良反应监测,以及来源可追、去向可查和责任可追[18]。

吉利汽车集团有限公司旗下吉利数科推出 GeeTrace 区块链溯源管理平台,并给出汽车产业追溯案例[19]。该平台通过区块链与物联网技术的结合,把产品从原料、加工、生产、销售、物流、终端到消费者等关键环节的数据存证上链,解决溯源信息真实性的问题。

西门子股份公司推出了基于区块链的可信溯源系统,提供跨复杂价值链和供应链的可追溯性[20]。该系统具有多层透明、快速数据接入、高安全性和高证据价值等特点,并获得了微软智能制造奖。

亚马逊云计算服务(Amazon Web Services,AWS)向业界提供基于亚马逊区块链网络平台的溯源服务。AWS 区块链网络平台可以为用户节约网络创建开销,并实现区块链的托管和维护[21]。

除业界外,区块链溯源技术已成为当前产品溯源领域的研究热点。近年来,学界正积极地在医药、食品、农业和工业等领域探索区块链溯源技术中的新问题、新思路和新方法,区块链溯源技术部分主要已发表的研究工作案例如表1.1所示。区块链技术能够有效促进产业链数据安全共享、提升协同效率并建设可信体系,进而助力产业链的结构优化和服务化转型,提升产业链水平。

表 1.1 区块链溯源技术现有研究案例

技术	行业			
	医药	食品	农业	工业
直接标识	Nanda 等[22]结合二维码,开发了医疗产品供应链溯源系统	George 等[23]使用产品标识符,提出了更可靠的食品溯源方法	高靖涵等[24]结合二维码,设计了面向茶产品的可信溯源方法	Borandag[25]使用二维码和物联网,开发了工业回收平台
间接标识	李逢天等[26]开发了一种基于 RFID 技术的药品溯源系统	刘宗妹[27]结合 RFID 技术,设计了一个食品溯源方法	John 和 Mishra[28]提出了一个基于 RFID 的水产养殖供应链追溯模型	Brandín 和 Abrishami[29]结合 RFID,开发了异地制造供应链溯源平台
智能合约	Omar 等[30]提出了一种针对个人防护装备供应链的溯源方案	王晶等[31]设计了一个食品产业链的安全信用评估和溯源方法	范贤丽等[32]设计与实现了一个基于星际文件系统(inter planetary file system,IPFS)技术的隐私保护系统	Agrawal 等[33]提出了一个多层纺织服装供应链的溯源方法

续表

技术	行业			
	医药	食品	农业	工业
共识机制	Li 等[34]开发了基于改进委托权益证明（delegated proof of stake，DPoS）的流行病接触者的溯源框架	Tan 等[35]基于改进实用拜占庭容错（practical Byzantine fault tolerance，PBFT），提出了一种食品供应链追溯模型	Hu 等[36]基于新的共识机制，提出了一个农业产品溯源方法	李帅等[37]设计了基于改进 PBFT 的服务型制造供应链溯源模型

1.4　大规模制造产业可信溯源面临的挑战

工业是大国根基，稳住工业，是稳住经济大盘的关键之举。2023 年，我国规模以上工业增加值同比增长 4.6%，制造业总体规模连续 14 年位居全球第一[38]。大规模制造产业充分利用规模化、模块化和产业链协同，降低生产成本、提高产品质量、提高劳动生产率并实现产品定制化。在此背景下，高可信、实时、可监管和隐私保护溯源是大规模制造产业智能化与数字化转型升级中的迫切需求。然而，当前大规模制造行业仍然面临着产业链全域标识数据异构多源、可信度低、实时追溯和协同共享难等尚未解决的痛点问题。

首先，大规模制造涉及环节多，各环节管理水平参差不齐。而溯源业务中的可信性主要来自业务关联的主体间的信任问题。因此，建立溯源业务关键主体一致的共识机制是实现大规模共识的重大技术挑战。

其次，大规模制造产业链全域标识数据格式的差异性，使得数据在共享过程中易发生信息缺失或不完整等问题，这给数据存储的可信性带来了挑战。不同数据在不同供应环节中遵循不同的存储标准，结构化数据、半结构化数据和非结构化数据并存，且相互耦合。同时，全域标识数据在生产环节中变化频繁，零件编号在传递过程中不断变化，显著提升了溯源数据的管理、协同共享与可信追溯难度。

再次，在溯源业务中，监管带来的敏感数据共享和隐私保护之间的矛盾。需要构建按照不同溯源业务要求进行有限数据共享的机制,通过数据敏感关系分析，在满足数据共享需求的前提下实现最大化的隐私保护。虽然，区块链可以保证固定格式数据的存储可信性，但如何在多个异构区块链之间构建支持共享的体系，是一个重大挑战。此外，数据来源的多样性又对数据的多方协同治理可信性造成困难。数据源之间的不互信，也给全域标识数据追溯的可信性带来了诸多挑战。设计可审计的层次链数据分级隐私保护方法，实现穿透式的灵活友好的可监管隐私保护也是当前亟待解决的问题。

最后，不同环节间数据相互隔离，形成"数据孤岛"，无法实现协同共享。溯源业务的实时性要求也对共享数据的传输机制提出了新挑战。大规模制造产品全生命周期数据追溯标识寻址空间大、全生命周期追溯链长、监管不友好等特性给大规模制造产品全生命周期数据快速获取、流转、共享、追溯等带来了重大挑战。业界亟须改进现存的标识编码技术，在理论层面设计层次链数据的分布式索引方法，建立基于标识编码的实时溯源模型，满足产品全生命周期数据标识快速解析与深层实时追溯的核心诉求。

此外，传统的溯源依赖于人工审核。人工审核的自动化程度低、易出错且易被篡改。不同环节的人工审核数据存储在本地，没有统一地存证，严重影响溯源的可信性。需要研发基于区块链的大规模制造产业可信溯源平台，支撑溯源自动化、数字化和智能化。

近年来，以区块链、大数据与人工智能为代表的前沿信息技术已经逐步融入大规模制造产业的各个场景，并在诸多方面取得了重大进展，有力地促进了大规模制造产业的智能化与数字化转型。基于区块链的大规模制造产业可信溯源的实现需要从溯源理论、前沿技术和平台验证三个层次协同推进，系统性解决上述问题。

1.5　大规模制造产业可信溯源技术体系

随着我国大规模制造业持续蓬勃发展，解决上述大规模制造产业可信溯源痛点成了当务之急。但是目前可信溯源技术研究主要关注农业、食品、药品等消费类场景。针对制造业尤其是大规模制造产业，可信溯源技术的相关研究较少，研究体系仍不成熟。

2021年，科学技术部高技术研究发展中心在国家重点研发计划"工业软件"专项指南中明确提出开展"大规模制造产业可信溯源理论与方法研究"，为大规模制造产业可信溯源领域发展指明了方向。具体而言，需要建立大规模制造产业全域数据管理、协同共享与可信追溯的理论体系；突破大规模制造产业链全域数据溯源共识算法和敏感数据实时共享机制，以及大规模制造产品全生命周期数据实时追溯及可监管隐私保护技术；研发基于区块链的大规模制造产业可信溯源平台并开展原理验证。最终，需要形成大规模制造产业可信溯源基础前沿技术，引领大规模制造产业智能化与数字化转型升级。

在上述指南的引领下，作者提炼出"大规模制造产业可信溯源理论与方法研究"项目，并围绕该项目开展了大规模制造产业全域数据管理、协同共享与可信追溯理论的构建，大规模制造产业链全域数据溯源共识算法与敏感数据实时共享机制的研究，大规模制造产品全生命周期数据实时追溯及可监管隐私保护技术的开发，以及基于区块链的大规模制造产业可信溯源平台的研发与原理验证等一系列工作。上述工作已形成了一套完善的大规模制造产业可信溯源技术体系。本书是对这些工作系统性的介绍与总结。

1.6 本书的主要结构

本书将遵循"问题导向、机理创新、技术研发、平台验证"的思路介绍大规模制造产业可信溯源的技术体系，解决大规模制造产业链全域标识数据异构多源、可信度低、实时追溯和协同共享难等问题。本书的组织结构如图1.1所示。

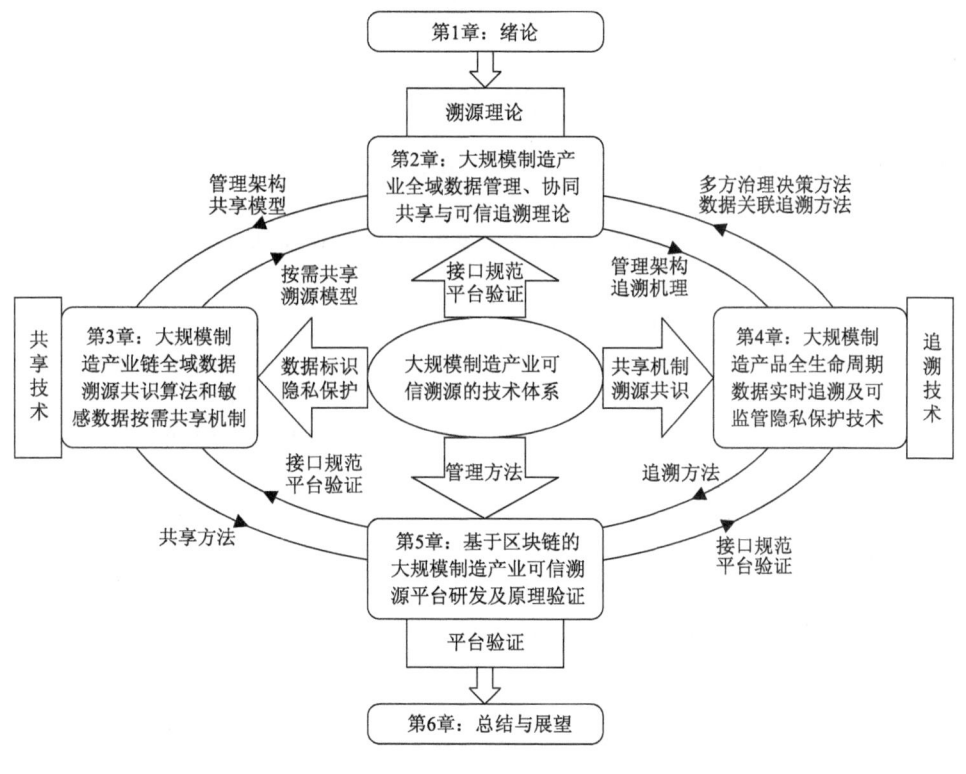

图 1.1 本书组织结构

第1章为绪论，介绍溯源的基本概念、技术路径、大规模制造产业可信溯源面临的挑战以及本书的主要结构。

第2章在溯源理论层面介绍基于区块链的多源异构全域标识数据管理架构，给出基于激励与授权机制的激励式多方协同共享模型，实现基于多方治理决策的低可信异构多源数据的高可信动态追溯。

第3章在共享技术层面基于大规模多主体协同的全域数据关联分析，探讨关键主体博弈的新型高效竞合式溯源共识技术；设计成员敏感数据切片机制，并介绍相应的跨域切片式实时共享传输方法，实现敏感数据最大完整-最小披露切片式按需共享技术。

第 4 章在追溯技术层面介绍基于分布式学习索引的高效标识寻址方法，给出产品全生命周期数据实时追溯机制；给出可审计的分级隐私保护策略，实现监管友好的全生命周期数据隐私保护。

第 5 章在平台验证层面展示一种基于区块链即服务的高并发溯源平台开放架构，支持大规模制造产业链成员友好接入，实现大规模全域数据标识快速寻址、实时共享与可信追溯，满足海量大规模制造产品全生命周期数据溯源需求。

第 6 章总结全书。

本章参考文献

[1] Olsen P, Borit M. How to define traceability[J]. Trends in Food Science & Technology, 2013, 29(2): 142-150.

[2] ISO 8402:1994 Quality Management and Quality Assurance—Vocabulary[S]. 1994.

[3] 国务院办公厅. 国务院办公厅关于加快推进重要产品追溯体系建设的意见[J]. 中华人民共和国国务院公报, 2016(3): 24-27.

[4] 商务部办公厅 财政部办公厅关于开展供应链体系建设工作的通知[EB/OL]. http://www.mofcom.gov.cn/article/h/redht/201708/20170802627302.shtml[2017-08-16].

[5] 中国防伪行业协会发布 防伪溯源 保护品牌 十大优秀案例[EB/OL]. http://www.ctaac.org.cn/article/content/view?id=2293[2022-05-06].

[6] 朱永. 博鳌乐城推出特许药械追溯管理平台等"智慧乐城三件套"[EB/OL]. https://www.sohu.com/a/408691681_362042[2020-07-20].

[7] 何宝宏.读懂区块链[M]. 北京: 中共中央党校出版社,2020: 136-139.

[8] Montet D, Ray R C. Food Traceability and Authenticity: Analytical Techniques[M]. Boca Raton: CRC Press, 2017.

[9] 奥彩菜, 鎌田悠希, 板倉大, 他. 不可視光レーザ照射を利用した偽装 QR コードの長距離化への挑戦[R]. コンピュータセキュリティシンポジウム. 2023.

[10] Cao Y, Jia F, Manogaran G. Efficient traceability systems of steel products using blockchain-based industrial Internet of Things[J]. IEEE Transactions on Industrial Informatics, 2020, 16(9): 6004-6012.

[11] Liu H, Zhang Y, Yang T. Blockchain-enabled security in electric vehicles cloud and edge computing[J]. IEEE Network, 2018, 32(3): 78-83.

[12] Peck M E. Blockchain world：do you need a blockchain? This chart will tell you if the technology can solve your problem[J]. IEEE Spectrum, 2017, 54(10): 38-60.

[13] https://antdigital.com/products/ACOIS?Source=sy_baidu_my_12617&bd_vid=4900044538634000566[2024-05-10].

[14] https://www.aliyun.com/solution/blockchain/mytc[2024-05-10].

[15] https://www.huaweicloud.com/solution/blockchain/commodity-traceability.html[2024-05-10].

[16] https://cloud.tencent.com/solution/reassurance-platform[2024-05-10].

[17] https://blockchain.jd.com/solutions/zhuisu/[2024-05-10].

[18] 邵奇峰, 金澈清, 张召, 等. 区块链技术: 架构及进展[J]. 计算机学报, 2018, 41(5): 969-988.

[19] https://trace.geely.com/#/homePage[2024-05-10].

[20] https://www.siemens.com/global/en/products/services/digital-enterprise-services/analytics-artificial-intelligence-services/trusted-traceability.html?gclid=CjwKCAiA6KWvBhAREiwAFPZM7tZ7BVWzmiXq-eBWA3nmVaqi9OPPjhz6e6NnQqLhbteZRl_Gr9_OnxoCfGcQAvD_BwE&acz=1&gad_source=1[2024-05-10].

[21] https://aws.amazon.com/cn/blockchain/[2024-05-10].

[22] Nanda S K, Panda S K, Dash M. Medical supply chain integrated with blockchain and IoT to track the logistics of medical products[J]. Multimedia Tools and Applications, 2023: 1-23.

[23] George R V, Harsh H O, Ray P, et al. Food quality traceability prototype for restaurants using blockchain and food quality data index[J]. Journal of Cleaner Production, 2019, 240: 118021.

[24] 高靖涵, 左欣, 林优, 等. 基于区块链的茶产品可信化溯源[J]. 物联网技术, 2023, 13(1): 112-114.

[25] Borandag E. A blockchain-based recycling platform using image processing, QR codes, and IoT system[J]. Sustainability, 2023, 15(7): 6116.

[26] 李逢天, 马金刚, 周扬, 等. 基于区块链与RFID的药品溯源研究[J]. 中国数字医学, 2020, 15(1): 8-10,13.

[27] 刘宗妹. "区块链+射频识别技术"赋能食品溯源平台研究[J]. 食品与机械, 2020, 36(9): 102-107.

[28] John E P, Mishra U. Integrated multitrophic aquaculture supply chain fish traceability with blockchain technology, valorisation of fish waste and plastic pollution reduction by seaweed bioplastic: a study in tuna fish aquaculture industry[J]. Journal of Cleaner Production, 2024, 434: 140056.

[29] Brandín R, Abrishami S. IoT-BIM and blockchain integration for enhanced data traceability in offsite manufacturing[J]. Automation in Construction, 2024, 159: 105266.

[30] Omar I A, Debe M, Jayaraman R, et al. Blockchain-based supply chain traceability for COVID-19 personal protective equipment[J]. Computers & Industrial Engineering, 2022, 167: 107995.

[31] 王晶, 曾水英, 郭建伟, 等. 区块链技术在食品安全信用体系建设中的应用[J]. 无线互联科技, 2019, 16(21): 137-140.

[32] 范贤丽, 范春晓, 吴岳辛. 基于区块链和IPFS技术实现粮食供应链隐私信息保护[J]. 应用科学学报, 2019, 37(2): 179-190.

[33] Agrawal T K, Kumar V, Pal R, et al. Blockchain-based framework for supply chain traceability:

a case example of textile and clothing industry[J]. Computers & Industrial Engineering, 2021, 154: 107130.

[34] Li X, Wu W L, Chen T T. Blockchain-driven privacy-preserving contact-tracing framework in pandemics[J]. IEEE Transactions on Computational Social Systems, 2024, 11(3): 4279-4289.

[35] Tan J, Goyal S B, Rajawat A S, et al. Anti-counterfeiting and traceability consensus algorithm based on weightage to contributors in a food supply chain of industry 4.0[J]. Sustainability, 2023, 15(10): 7855.

[36] Hu S S, Huang S, Huang J, et al. Blockchain and edge computing technology enabling organic agricultural supply chain: a framework solution to trust crisis[J]. Computers & Industrial Engineering, 2021, 153: 107079.

[37] 李帅, 侯瑞春, 陶冶. 基于区块链的服务型制造供应链溯源技术研究[J]. 制造业自动化, 2023, 45(4): 196-203.

[38] 王悦阳, 张辛欣. 我国制造业总体规模连续 14 年位居全球第一[EB/OL]. https://www.gov.cn/lianbo/bumen/202401/content_6927104.htm[2024-01-19].

第 2 章　大规模制造产业全域数据管理、协同共享与可信追溯理论

面向大规模制造产业链全域标识数据多源异构、可信度低、实时追溯和协同共享难等痛点问题，本章主要介绍基于区块链的多源异构全域标识数据管理架构、协同共享模型和基于多方治理决策的全域标识数据区块链可信追溯机理三方面内容。

首先，面向大规模制造产业链中的多源异构全域标识数据协同管理需求，介绍多源异构数据层次链管理模型、异构区块链的跨链集成策略和异构多源区块链可信跨链查询三方面内容。基于区块链的多源异构全域标识数据管理架构，通过可互操作共识组为参与主体建立可靠的跨链数据存储模型；通过高并发集成实现跨链互通，并基于可交互跨链共识协议建立参与主体之间有效的跨链共识策略；设计异构多源区块链数据可信跨链查询方法，包括多源区块链路径查询、跨链时空关键字查询以及区块链可信溯源查询。

其次，针对大规模制造产业链多源异构全域标识数据协同共享难问题，介绍数据分级协同共享结构、多方协同共享激励机制以及多方协同授权机制三方面内容。设计相应的数据分级协同共享结构，使参与主体将溯源信息上传至区块链子链，并且将溯源信息的索引上传至区块链主链；提出数据上链激励机制，在参与主体选择共享或不共享数据时给予相应的奖励或惩罚，提高参与主体的共享意愿；设计基于多方协同授权机制的数据可靠性验证方法，保证数据上传时不被篡改。

最后，构建多方治理主体信誉评价模型，设计分类分级的数据可信评价体系，并基于博弈的多方治理决策可信追溯方法，形成多场景、多环节下的可信动态追溯机理。基于多方治理决策的全域标识数据区块链可信追溯机理研究，解决多方溯源的三大可信问题，即主体可信、路径可信以及结果可信。针对供应链信用体系中部分企业可能存在不诚实行为的问题，将多方治理主体可信分析法引入演化博弈理论，通过多方共同参与的治理机制来严格审查所有的溯源请求。在此过程中，各参与节点将展开博弈，各方会依据自身的经济收益进行计算与评估，经过一番竞争与筛选，最终决定该溯源请求是否予以批准。

本章的主要结构如下。2.1 节介绍基于区块链的多源异构全域标识数据管理架构，2.2 节介绍基于区块链的多源异构全域标识数据协同共享模型，2.3 节介绍基于多方治理决策的全域标识数据区块链可信追溯机理。

2.1 基于区块链的多源异构全域标识数据管理架构

面向多源异构的全域标识数据协同管理，分别介绍多源异构数据层次链管理模型、异构区块链的跨链集成策略和异构多源区块链可信跨链查询三方面内容，如图 2.1 所示。多源异构数据层次链管理模型利用数据存储模式维护全域标识数据，设计多方参与的共识组实现异构区块链之间标识数据的动态集成，从而支持多语义的跨链溯源查询。

2.1.1 多源异构数据层次链管理模型

多源异构数据层次链管理模型支持 Key-Value（键-值对）、多链和链上-链下三种存储模式[1~3]。Key-Value 模式为溯源的参与主体提供模式自由（scheme free）的区块链存储方法；多链模式为每个参与主体分别构建区块链存储模型，通过链间数据互通交互实现可信共享；链上-链下模式将标识数据和原始数据分别存储在链上和链下，实现性能和可信的平衡。

层次链架构采用"以链治链，多链互通"的思想，实现参与主体跨链数据共享。参与主体（供应商、制造商、运输商和经销商等）需要频繁访问其他参与主体的区块链以获取数据。在层次链架构中，参与主体将签名数据写入本地区块链，并将签名数据的标识写入其他区块链。以此为基础，参与主体可以通过跨链技术在任意时刻读取任意链上的数据。

层次链数据管理模型采用可互操作区块链数据库（interoperable blockchain database, IBD）架构实现[4~6]。IBD 由多个本地区块链（local blockchain, LBC）构成。在 LBC 内部，每个共识节点实现数据的上链和查询；LBC 间通过可交互共识组实现数据交互。然而，单链内的可信度高但管理效率低，拆分多链能够提升管理效率但会使可信度降低。因此，亟须建立基于 IBD 架构的层次链数据管理模型，优化数据共享可信性和效率的平衡点，实现 IBD 对两者兼顾。

现有 IBD 大都基于公证人方案[7]、侧链技术[8]和哈希锁定方法[9]等实现数据共享。然而，公证人方案需要引入所有参与方信任的担保人或组织，但第三方的参与降低了系统的可信性；侧链技术中的共识节点与 LBC 中的节点相互独立，侧链共识的可信性无法支撑系统的可信性[10]；哈希锁定方法在 LBC 间暴露哈希函数信息，增加了系统的数据泄露风险。

为应对上述挑战，提出 Hybridchain（混合链）模型，通过高效的可互操作共识组（interoperable consensus group, ICG）管理所有 LBC 共识节点，以平衡 IBD 的可信性和效率。

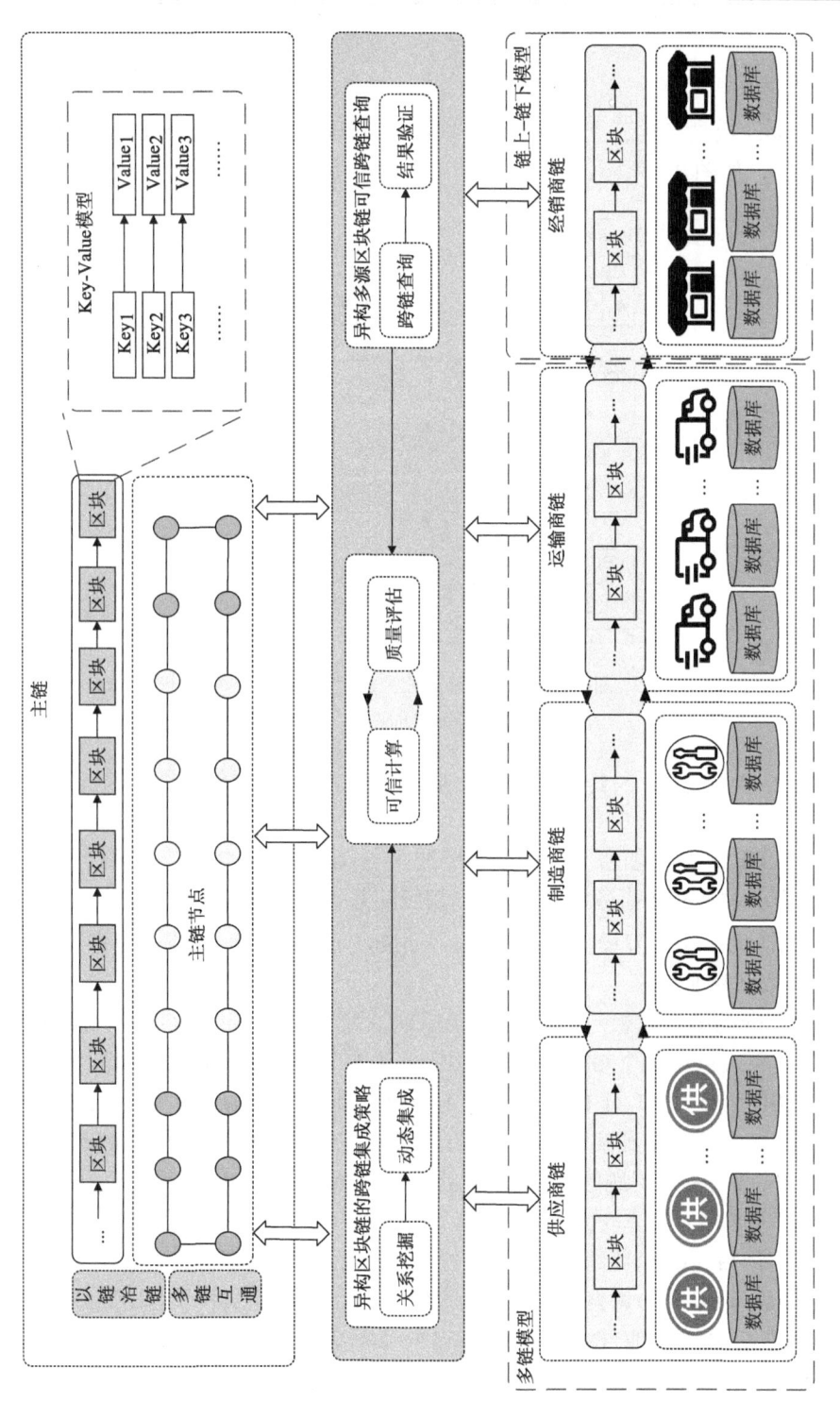

图 2.1 基于区块链的多源异构全域标识数据管理架构

1. 模型概览

Hybridchain 模型包含三个关键组件，即 LBC、全局区块链（global blockchain，GBC）和 ICG，如图 2.2 所示。

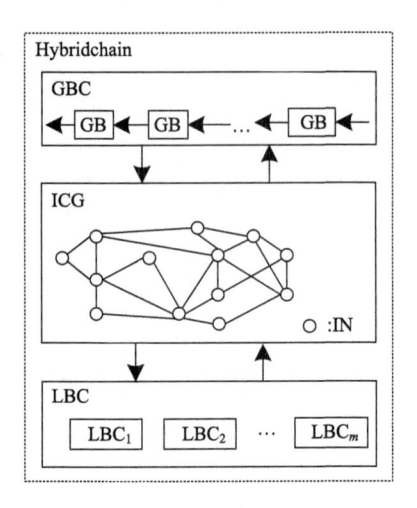

图 2.2　Hybridchain 模型概述

GB 为全局区块（global block）

（1）LBC：每个 LBC 的共识节点集合 S_N 负责验证和执行该 LBC 中的区块链事务。

（2）GBC：GBC 负责验证所有 LBC 的跨链事务。GBC 中的共识节点集合 S_{GBC} 仅验证跨链事务并将有效事务发送给 LBC 相应的共识节点集合 S_{LBC}。

（3）ICG：ICG 由可互操作节点（interoperable node，IN）组成，负责 GBC 与 LBC 之间数据映射。

Hybridchain 的核心思想是将 GBC 与 LBC 关联起来，并通过 ICG 来处理跨链事务。首先，系统包含 1 个 GBC、n 个 LBC 以及 1 个包含 n 个 IN 的 ICG。这里假设 IN 和 LBC 至少是"1 对 1"关系，即 1 个 IN 可以管理 1 个或多个 LBC 的数据共享；其次，一旦检测到某个 IN 发生防止拜占庭或宕机问题，Hybridchain 需要选择新的 IN 或将发生问题的 IN 所维护的 LBC 分配给其他 IN 进行管理；再次，当接收到跨链事务时，IN 验证并记录合法的跨链事务 S_{Tx} 到 GBC，并将 S_{Tx} 发送到相应的 LBC；最后，LBC 将跨链事务的执行结果返回给负责维护的 IN。

Hybridchain 可以动态调整 ICG 中 IN 的数量。当某个 IN 加入或退出 ICG 时，需要发送消息来通知其他 IN 来更新各自的 IN 列表。当新的 LBC* 添加到 Hybridchain 时，既可以由已有的 IN 进行管理，也可以创建新的 IN* 加入 ICG。

2. ICG

ICG 由若干 IN 组成，用以维护 GBC。给定跨链事务 S_{Tx}，所有 IN 都会生成 S_{Tx} 的哈希状态，并确定 S_{Tx} 的所有哈希状态是否一致。对于本地区块链 LBC_i 的共识节点集 $NG_i = \{N_{i1}, N_{i2}, \cdots, N_{is}\}$，区块链事务验证函数如下。

定义 2.1（区块链事务验证） 对于给定的区块链事务 Tx={opt(v), sig}，事务验证函数定义为 Verify(Tx, pub_k) → {TRUE, FALSE}，其中 pub_k 表示用户的公共密钥，如果 Tx 是合法的，则函数返回 TRUE，否则返回 FALSE。

根据定义 2.1，每个共识节点都可以调用该函数，并通过公钥来验证给定区块链事务 Tx 签名的合法性。基于此，可以将其扩展到给定的区块链事务集合进行验证，具体如下所示。

定义 2.2（区块链事务集合验证） 给定区块链事务集合 $S_{Tx} = \{Tx_1, Tx_2, \cdots, Tx_m\}$，用于验证 S_{Tx} 的函数定义为：VerifySet(S_{Tx}) → Verify(Tx_i)$_{i \in [1,m]}$。

根据哈希计算的唯一性可知，通过计算区块链事务状态可以防止数据在多个 LBC 共享过程中被恶意篡改。

定义 2.3（区块链事务状态） 对于给定合法的区块链事务 Tx，Tx 的事务状态定义为：HState(Tx) = Hash(Tx)，其中 Hash() 为哈希函数，例如 SHA-256。

考虑到网络延迟或恶意节点等因素的影响，区块链事务的哈希状态可能出现不一致。针对该问题，下面定义给定区块链事务 Tx 的事务状态比较函数。

定义 2.4（区块链事务状态比较） 给定 $S_N = \{N_1, N_2, \cdots, N_m\}$，区块链事务 Tx 的状态比较函数定义为：Compare(N_i, HState(Tx))$_{i \in [1,m]}$ → {TRUE, FALSE}，如果所有共识节点计算的 Tx 的状态 N_i.HState(Tx)$(1 \leqslant i \leqslant m)$ 都相同，则该函数返回 TRUE，否则返回 FALSE。

定义 2.5（区块链事务一致性） 给定 $S_{LBC} = \{LBC_1, LBC_2, \cdots, LBC_m\}$，每个 LBC_i 有 n 个共识节点 $S_N = \{N_{i1}, N_{i2}, \cdots, N_{in}\}$。当且仅当 $\{\forall Tx_i \in S_{Tx} | LBC_j.$Compare$_{Njk}$(Tx) → TRUE$\}$，其中 $i \in [1, m], j \in [1, n]$，Tx 在 IBD 的状态是一致的。

通过以上定义，可以比较所有 LBC 中的 HState(Tx) 来确定事务状态的一致性。如果不一致，则无法处理该 Tx，并将其丢弃；如果一致，可以认为该 Tx 在所有 LBC 中是全局一致的。

3. 数据模型

本节介绍 Hybridchain 区块链事务存储模型，如图 2.3 所示。Hybridchain 扩展了传统 Merkle 树（默克尔树）结构，其叶子节点为 Elements（元素）结构，包含了用户签名、事务内容、事务类型和 LBC 标识信息。

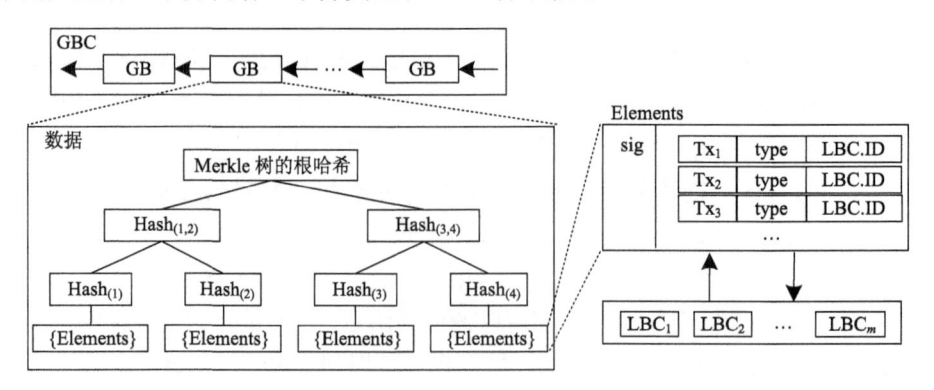

图 2.3　Hybridchain 中的数据模型和映射机制

Elements 是键-值对结构，即 Elements = {sig :< Tx, type, LBC.ID >}，其中 sig 为用户签名，type 为区块链事务 Tx 的类型（读事务或写事务），LBC.ID 表示 Tx 需要操作的 LBC。

对于区块链事务集合 S_{Tx}，IN 为每个 Tx 构造 Elements，并计算所有 Elements 的哈希值作为 Merkle 树的叶子节点。从该 Merkle 树的倒数第二层开始对每个 Elements 的哈希值继续进行哈希计算，直到得到该 Merkle 树的根哈希。在此基础上，利用该 Merkle 树构建一个区块并写入 GB。由区块链的特点可知，该区块一旦成功写入 GB，就不能被恶意篡改，从而确保系统的可信性。

4. 映射机制

Hybridchain 中的映射机制包括两部分。第一部分是将区块链事务从 GBC 映射到 LBC；第二部分是基于区块链事务的全局状态和局部状态来确保系统的全局一致性。映射机制基于 IN 所生成的 Elements，将区块链事务的全局状态共享给不同的 LBC。此外，可以通过 GBC 来定位负责验证和执行 S_{Tx} 的 LBC，并且可以保证 S_{Tx} 的全局一致性。首先，所有 IN 将区块链事务构造为 Elements，并将 Elements 记录在 GBC 中。当且仅当所有 IN 均已将区块链事务 Tx 写入各自的 GBC 副本时，才将其视为可执行的。其次，IN 根据每个 Elements 中存储的 LBC.ID 属性将 Tx 发送到相应的 LBC 中。最后，所有 IN 同时向 LBC 发送 Tx。

为了确保区块链事务集合 S_{Tx} 的全局一致性，定义区块链事务本地状态和全局状态。如定义 2.6 所示，所有 LBC 中的共识节点计算 S_{Tx} 状态的并集，记为 S_{Tx} 的本地状态（local state, LS）；如定义 2.7 所示，IN 验证所有 LBC 的 LS，并获得 S_{Tx} 所有本地状态的交集，记为 S_{Tx} 的全局状态（global state, GS）。

定义 2.6（区块链本地状态） 给定 $S_{LBC} = \{LBC_1, LBC_2, \cdots, LBC_m\}$，

$S_{N_i} = \{N_{i1}, N_{i2}, \cdots, N_{in}\}$（$1 \leqslant i \leqslant m$）为共识节点集合，$S_{Tx} = \{Tx_1, Tx_2, \cdots, Tx_s\}$ 为区块链事务集合，则 S_{Tx} 的区块链本地状态定义为 $LS(S_{Tx}) = \bigcup N_{ij}.HState(Tx_k)$，其中 $i \in [1,m]$、$j \in [1,n]$ 和 $k \in [1,s]$。

LBC_i 中可能包含恶意节点，使得对于相同的事务 Tx，计算的哈希状态 $HState(Tx)$ 在可信节点和恶意节点之间可能会有所不同。因此，在 Hybridchain 中，当且仅当每个 LBC_i 中的 2/3 个共识节点计算出相同的 $HState(Tx)$ 时，Tx 的状态才被视为合法的。

定义 2.7（区块链全局状态） 给定 $S_{LBC} = \{LBC_1, LBC_2, \cdots, LBC_m\}$，区块链事务集合 S_{Tx} 的全局状态定义为 $GS(S_{Tx}) = \bigcap LS_i(S_{Tx})$，其中 $i \in [1,m]$。

根据定义 2.7，当且仅当 S_{Tx} 中所有 LS 的比较结果为真时，才能获得 S_{Tx} 的 GS，从而确保 S_{Tx} 在 Hybridchain 中的强一致性。

假设供应商、制造商、运输商和经销商都部署了 LBC。在 Hybridchain 中，以供应商子链（LBC_1）和制造商子链（LBC_2）为例，即 $S_{LBC} = \{LBC_1, LBC_2\}$，每个 LBC 由两个共识节点集合组成，记为 $S_{N_1} = \{N_{11}, N_{12}, N_{13}\}$ 和 $S_{N_2} = \{N_{21}, N_{22}, N_{23}\}$。给定区块链事务 Tx，可以通过以下步骤来确定 Tx 在 S_{LBC} 中的一致性。首先，LBC_1 和 LBC_2 中的共识节点分别计算并比较 Tx 的哈希状态，即 $CompareN_{1i}(Tx)$ 和 $CompareN_{2i}(Tx)$，其中 $i \in [1,3]$；其次，比较 LBC_1 和 LBC_2 中 Tx 的哈希状态，即 $LBC_1.Compare(Tx)$ 和 $LBC_2.Compare(Tx)$；最后，如果以上比较结果均为 TRUE，就可以认为 Tx 的状态在 LBC_1 和 LBC_2 中是一致的。此外，假设 $S_{IN} = \{IN_1, IN_2, IN_3\}$ 维护了一个 GBC。给定事务集 $S_{Tx} = \{Tx_1, Tx_2\}$，对于 LBC_1 中的每个 $N_{1i}(i \in [1,3])$，计算 S_{Tx} 中每个事务 Tx_i 的状态。假设 N_{11} 和 N_{13} 计算所得的状态 S_{Tx} 相同。根据定义 2.6，可以通过 N_{11} 和 N_{13} 的并集来计算局部状态 $LS_1(S_{Tx})$。由于 LBC_1 中有 2/3 个共识节点已经获得了相同的 S_{Tx} 的事务状态，可知该事务状态是合法的。同理，通过 $\{N_{21}, N_{22}, N_{23}\}$ 计算的 S_{Tx} 状态的并集，可以得到 $LS_2(S_{Tx})$。根据定义 2.7，通过 $LS_1(S_{Tx})$ 和 $LS_2(S_{Tx})$ 的交集运算，可以获得 S_{Tx} 的 GS。特别地，只有在 LBC_1 和 LBC_2 中所有事务的哈希状态相同的情况下，才可以获得 GS。

2.1.2 异构区块链的跨链集成策略

围绕所设计的 Hybridchain 模型，可以构建基于"子链-主链"的层次链数据管理模型来存储多源异构的全域标识数据[11, 12]。参与主体建立的 LBC 可以是异构的，这导致了 LBC 间数据跨链共享的效率低下。如图 2.4 所示，本节介绍异构区

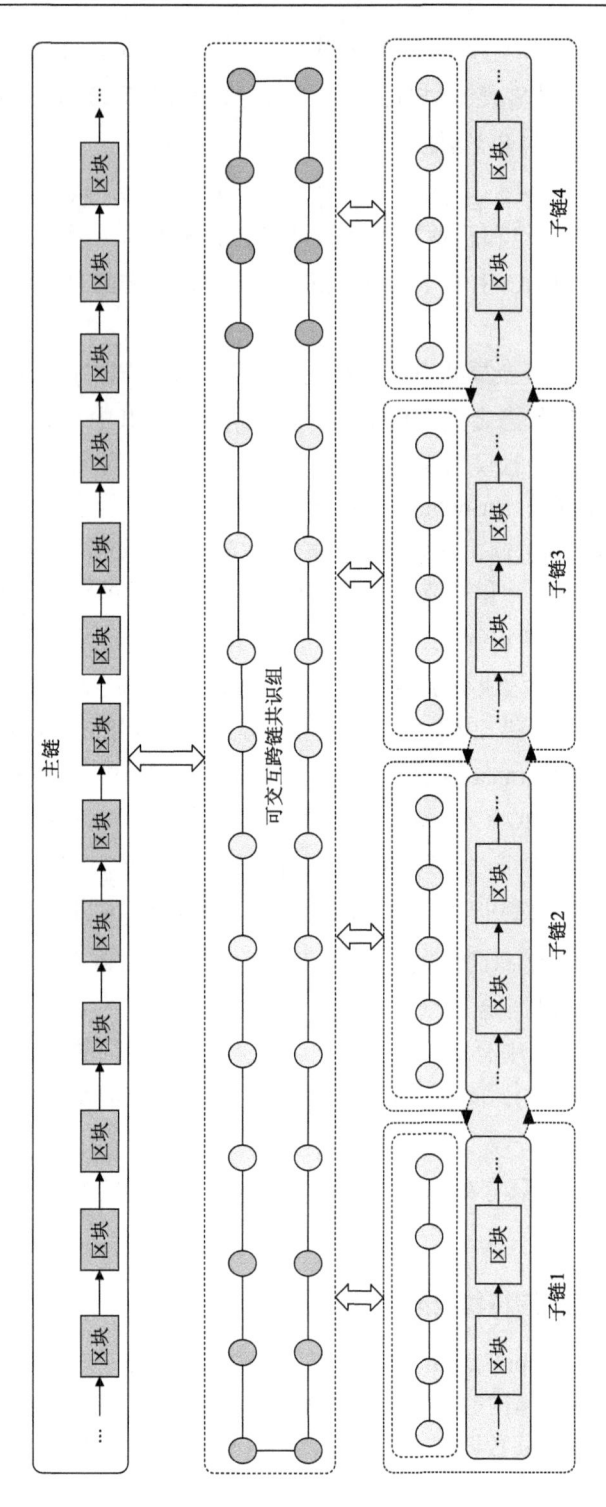

图 2.4 异构区块链的跨链集成策略

块链的跨链集成策略，通过在子链和主链之间设计高效的可交互跨链共识组来完成跨链事务的验证和执行[13, 14]。

本节首先给出可交互跨链共识协议概览；其次提出可交互跨链共识协议的事务确认算法和事务同步算法；最后对所提出的可交互跨链共识协议进行完整的安全性分析[15]。

1. 可交互跨链共识协议

可交互跨链共识协议包括四个初始化函数[16, 17]，即密钥生成 KeyGen()、事务签名 Sign()、事务验证 VerifyTx()和事务传输 TransTx()，每个函数的具体说明如下所示。

（1）$(pub_k, pri_k) \leftarrow$ KeyGen()：该函数允许用户生成加密的公钥 pub_k 和私钥 pri_k。调用此函数后，参与主体将 pub_k 分发到所有共识节点，并保存 pri_k。假设 Hybridchain 中所有 LBC 和 GBC 的共识节点都具有参与主体的 pub_k。

（2）$Tx^* \leftarrow$ Sign(Tx, pri_k)：对于区块链事务 Tx，该函数使用参与主体的 pri_k 对 Tx 进行签名，得到签名事务 Tx^*。不失一般性，这里忽略了协议中由签名过程引起的开销，并假定签名函数是安全的。

（3）(TRUE, FALSE) $\leftarrow$ VerifyTx(Tx^*, pub_k)：对于签名事务 Tx^*，该函数通过使用相应的 pub_k 来验证 Tx^* 的合法性。如果验证通过，该函数返回 TRUE，否则返回 FALSE。

（4）TransTx(Tx^*, LBC.ID)：该函数根据 LBC.ID 将验证合法的事务 Tx^* 发送到相应的 LBC。IN 可以调用该函数以完成 Tx^* 的分配。假设 Tx^* 可以被可靠地传输，也就是说在整个传输过程中不会丢失任何信息。

可交互跨链共识协议包含两部分，如图 2.5 所示：第一部分是用于处理区块链读事务 Tx_r 的事务确认部分；第二部分是用于处理区块链写事务 Tx_w 的事务同步部分。将区块链事务分为两种类型的原因是，它们影响所有 LBC 的方式是不同的。Tx_r 需要由所有共识节点进行验证，并发送到相应的 LBC 来查询链上数据，这实际上不会更改 LBC 中对应数据的值；Tx_w 中的操作必须由所有 LBC 进行验证和执行以确保数据的全局一致性[18, 19]。可交互跨链共识协议的核心思想是将签名区块链事务分配给相应的 LBC 来执行 Tx。LBC 的共识节点执行 Tx 并将结果返回到相应的 IN 执行所有给定区块链事务，而 GBC 负责生成所有区块链事务的 Elements 结构，并将有效的区块链事务传输到相应的 LBC 中执行[20, 21]。

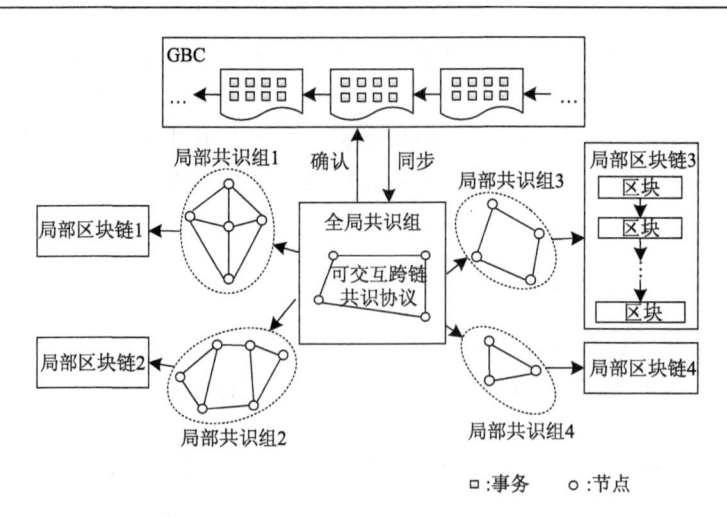

图 2.5 Hybridchain 中可交互跨链共识协议细节

2. 事务确认算法

本节给出 Hybridchain 中的事务确认算法。给定 GBC 和本地区块链集合 $S_{\text{LBC}} = \{\text{LBC}_1, \text{LBC}_2, \cdots, \text{LBC}_n\}$，可互操作共识组 $S_{\text{IN}} = \{\text{IN}_1, \text{IN}_2, \cdots, \text{IN}_n\}$。事务确认算法如算法 2.1 所示。

算法 2.1　事务确认算法

输入：区块链读事务集合 S_{Tx_r}；本地区块链 $S_{\text{LBC}} = \{\text{LBC}_1, \text{LBC}_2, \cdots, \text{LBC}_n\}$；可互操作验证节点集合 $S_{\text{IN}} = \{\text{IN}_1, \text{IN}_2, \cdots, \text{IN}_n\}$

输出：S_{Tx_r} 的值 results

所有用户通过调用 TransTx(Tx*, LBC.ID) 获取公私钥；

对 S_{Tx_r} 中每个 Tx 调用 Sign(Tx$_r$, pri$_k$) 函数对 S_{Tx_r} 进行签名，得到签名后事务 $S_{\text{Tx}_r^*}$；

将所有的 $S_{\text{Tx}_r^*}$ 发送给 S_{IN}；

For S_{IN} 中的每个可互操作验证节点 IN

　调用 VerifyTx$\left(r_*^{\text{Tx}}, \text{pub}_k\right)$ 验证所有 r_*^{Tx}；

If 所有的验证都通过或者超过了默认时间

　　为所有合法的 Tx* 构建 Elements，并使用 Elements 作为叶子节点构建 Merkle 树（MT）；

　　丢弃不合法的 Tx*；

使用 MT 构建全局区块 GB，并互相发送消息（messages）；
If 收到的消息没有超过法定数量
将 GB 写入 GBC 中，并调用 TransTx(Tx*,LBC.ID) 将 Tx* 发送到所有 LBC；
Else
丢弃该 GB 并等待新的 Tx*；已经存在新的 GB，并已经更新了 GBC
End If
End If
End For
For 每个共识节点 N_{ij}
使用用户公钥 pub_k 将 r_*^{Tx} 解密；
查询本地区块链 LBC_i 获得 Tx_r 对应值 results，并计算所有 Tx_r 哈希状态；
If 所有 LBC_i 的哈希状态一致
将 LS_i 和 results 发送给对应的 IN_i；
End If
End For
Return results

算法 2.1 首先对区块链读事务 S_{Tx_r} 进行签名，并将签名后的区块链事务发送到所有 IN。其次，每个 IN 同时为 S_{Tx_r} 构造 Elements 并生成全局区块。IN 通过相互发送消息以获取写入 GBC 的权限，复杂度为 $O(n^2|S_{\text{Tx}_r}|)$。再次，所有 LBC 中的共识节点需要比较区块链事务状态，复杂度为 $O(m \times s^2)$。最后，该算法的时间复杂度为 $O(n^2|S_{\text{Tx}_r}| + m \times s^2)$。

假设参与主体发送若干区块链读事务，即 $S_{\text{Tx}} = \{\text{Tx}_1, \text{Tx}_2, \text{Tx}_3, \text{Tx}_4\}$。假设 $\{\text{LBC}_1, \text{LBC}_2, \text{LBC}_3, \text{LBC}_4, \text{LBC}_5\}$ 表示本地区块链集合，GBC 由 IN 节点集合维护，记为 $\text{ICG} = \{\text{IN}_1, \text{IN}_2, \text{IN}_3, \text{IN}_4, \text{IN}_5\}$。首先，所有参与主体获得签名区块链事务 $S_{\text{Tx}^*} = \{\text{Tx}_{r1}^*, \text{Tx}_{r2}^*, \text{Tx}_{r3}^*, \text{Tx}_{r4}^*\}$，并向所有 IN 发送 S_{Tx^*} 来构建 Elements。假设 IN_3 将所有已签名的区块链事务发送到相应的 LBC_3，共识节点验证并执行 $\{\text{Tx}_{r1}, \text{Tx}_{r2}, \text{Tx}_{r3}, \text{Tx}_{r4}\}$。所有区块链事务的结果集合用 results 来表示。其次，通过 LBC_3 中的共识节点集合 $S_{N3} = \{N_{31}, N_{32}, N_{33}\}$，计算 $\text{Tx}_{rj}(1 \leqslant j \leqslant 4)$ 的所有哈希状态，并比较所有状态以获得 LBC_3 的 LS。最后，所有 IN 利用全部 LS 来计算 GS，并将结果返回。

3. 事务同步算法

本小节介绍 Hybridchain 中事务同步算法[22, 23]。由于 Tx_w 会影响 LBC 中的链上数据，因此需要在修改 LBC 后将 Tx_w 写入 GBC。给定 GBC 和本地区块链集合 $S_{LBC} = \{LBC_1, LBC_2, \cdots, LBC_n\}$，可互操作共识组 $S_{IN} = \{IN_1, IN_2, \cdots, IN_n\}$。事务同步算法如算法 2.2 所示。

算法 2.2　事务同步算法

输入：区块链写事务集合 S_{Tx_w}；本地区块链 $S_{LBC} = \{LBC_1, LBC_2, \cdots, LBC_n\}$；可互操作验证节点集合 $S_{IN} = \{IN_1, IN_2, \cdots, IN_n\}$

对 S_{Tx_w} 中每个 Tx_w 调用 $Sign(Tx_w, pri_c)$ 函数对 S_{Tx_r} 进行签名，得到签名后事务 $S_{Tx_w^*}$；

通过 $LBC_i.ID$ 将所有的 Tx^* 发送给对应的 LBC；

For $S_{Tx_w^*}$ 中的每个 Tx^*

　For LBC_i 中的每个验证节点 N_{ij}

　　调用 $VerifyTx(w_*^{Tx}, pub_k)$ 验证所有 Tx^*；

　　If 所有的验证都通过

　　　通过用户的公钥 pub_k 解密得到 Tx_w；

　　　执行 Tx_w 并且通过 $HState(Tx_w)$ 来计算事务状态 State 和本地区块链状态 LS；

　　End If

　　If LS 为真

　　　将 $\langle Tx^*, State \rangle$ 发送到其他 IN；

　　End If

　End For

End For

For S_{IN} 中的每个 IN

　发送 $\langle Tx^*, State \rangle$ 到 LBC；

　LBC 中的所有 N_{ij} 验证 w_*^{Tx}，并计算 w_*^{Tx} 的 LS；

End For

通过所有的 LS 获取到 GS；

If 所有的 GS 都一致

　生成 Elements 和 Merkle 树（MT）；

为 MT 构建全局区块 GB，并写入 GBC 中；
End If

算法 2.2 首先将所有签名事务 $S_{\text{Tx}_w^*}$ 分配到 LBC，用以验证合法性。此过程的复杂度取决于 LBC 中写事务集合 $|S_{\text{Tx}_w}|$ 和共识节点的数量。假设 LBC 包含 s 个共识节点，则这部分的复杂度为 $O(s|S_{\text{Tx}_w}|)$。其次，IN 将事务状态发送到 LBC，并计算事务的 GS。LBC 中的共识节点相互比较事务状态，复杂度为 $O(ms)$。最后，IN 将已执行的事务发送给其他 LBC 并计算 GS。因此，整个算法的复杂度为 $O(n^2 + ms^2|S_{\text{Tx}_w}|)$。

对于给定区块链写事务集合 $\text{Tx}_w = \{\text{Tx}_{w1}, \text{Tx}_{w2}, \text{Tx}_{w3}\}$，用户首先需要对 S_{Tx_w} 进行签名，并将 $S_{\text{Tx}_w^*}$ 发送到所有 IN。以 Tx_{w2} 为例。根据 LBC.ID，将 $S_{\text{Tx}_{w2}^*}$ 发送到相应的 LBC。假设 IN_2 验证 w_{2*}^{Tx} 的签名，将合法的 w_{2*}^{Tx} 发送到相应的 LBC_i（假设 LBC_2）。LBC_2 中的共识节点验证 w_{2*}^{Tx}。如果验证成功，则解密 w_{2*}^{Tx} 以执行写事务，并将 $\langle w_{2*}^{\text{Tx}}, \text{State}\rangle$ 返回到 IN_2。其他 IN 发送 $\langle w_{2*}^{\text{Tx}}, \text{State}\rangle$ 到各自的 LBC。这些 LBC 同时执行 Tx_{w2} 并计算 LS 以获得 GS，并将 Tx_{w2} 写入 GBC。

4. 安全性分析

本节对提出的可交互跨链共识协议进行安全性分析，包括数据可用性、最终一致性和数据完整性，以证明 Hybridchain 可以提供较高的数据可信性。

（1）数据可用性：Hybridchain 可以保证数据的可用性。首先，参与主体 Tx 将签名后的 Tx* 发送到 ICG。其次，所有 IN 同时验证 Tx* 并将其发送到相应的 LBC。每个 LBC 中的本地共识节点执行 Tx，并达成共识。最后，Tx 的执行结果返回到 IN 来验证所有结果。在上述过程中，将区块链事务 Tx 配给相应的 LBC。执行结果由所有 IN 进行验证和比较，使参与主体随时获取执行结果，确保数据可用性。

（2）最终一致性：Hybridchain 可以保证区块链事务最终一致性。当所有 LBC 中所有事务状态都相同时，才返回执行结果。为了避免恶意节点造成的威胁，Hybridchain 确保 Tx 的最终一致性。IN 和 LBC 中共识节点均可能存在恶意节点。当验证 Tx 时，会在所有 LBC 内部达成共识。所有 IN 会对从 LBC 返回的结果再次进行投票。通过两次投票共识，即链内共识和链间共识，可以保证结果的一致性。因此，对于给定的 Tx，Hybridchain 可确保区块链事务的最终一致性。

（3）数据完整性：Hybridchain 可以保证链上数据的完整性。首先，参与主体将签名事务传输到 IN。其次，每个 IN 通过 Elements 构造 Merkle 树。再次，IN

通过 LBC.ID 将 Tx* 发送到相应的 LBC。共识节点采用参与主体的 pub_k 来验证和执行 Tx*。最后，返回 Tx 的执行结果。Hybridchain 使用 pri_k 对给定的 Tx 进行加密，保证了 Tx 在发送给 ICG 之前的完整性。一旦 Tx 被记录到 GBC 中，就无法对其进行修改，这就确保了 Tx 执行结果的完整性。

2.1.3 异构多源区块链可信跨链查询

本节介绍异构多源区块链可信跨链查询[24, 25]，包括多源区块链路径查询、跨链时空关键字查询和区块链可信溯源查询。如图 2.6 所示，在由供应商链、制造商链、运输商链和经销商链组成的多链模型下，首先参与主体采集各自的溯源信息进行数据上链，并将可共享的溯源信息通过跨链集成策略存储至主链；其次，对主链中的溯源信息进行查询，并通过查询优化方法来提高溯源数据的查询效率；最后，通过面向溯源信息的验证方法对查询结果进行验证，以提高系统的可信性[26, 27]。

1. 多源区块链路径查询

区块链存储的是一定时间内的交易数据[28, 29]，例如银行或金融机构之间的转账数据，进而完整地存储金融账单和转账记录。同时，这些交易也包含不同场景下的偏好信息，通过多样化的查询处理来提高数据分析、数据安全、推荐系统等应用服务的质量[30]。例如，在多链环境中，查询从 Alice（艾丽斯）到 Bob（鲍勃）的三个金额最高的区块链事务[31, 32]，可以提交类 SQL（structured query language，结构化查询语言）的查询语句，即"SELECT Transactions FROM Alice to Bob ORDER BY Amount STOP AFTER 3"。针对此查询需求，本章定义了区块链 top-k 路径查询（blockchain top-k path query，BCTkPQ）问题，根据指定的查询条件返回给定查询路径中的前 k 个事务。

定义 2.8（区块链事务） 给定数据对象 $o \in O$，区块链事务 Tx 可以定义为：Tx = {ID, TxHash, from, to, o}，其中 ID 表示 Tx 的序号，TxHash 表示该 Tx 的哈希值，⟨from, to⟩ 字段表示 Tx 业务逻辑的转账操作。例如，在金融场景下，给定区块链事务 Tx = {1, ACE1, Alice, Bob, 100}，则 Tx 表示的业务逻辑是 Alice 需要将 100 块钱转移给 Bob，而该 Tx 的哈希值是 Hash(ACE1)。

转移操作涉及三个组件：①用户；②轻节点；③全节点，如图 2.7 所示。具体来说，用户可以向轻节点发送查询请求。轻节点可以读取存储在全节点中的完整区块链数据副本。在此过程中，轻节点是不完全可信的，这意味着轻节点可以返回篡改的或不完整的结果。

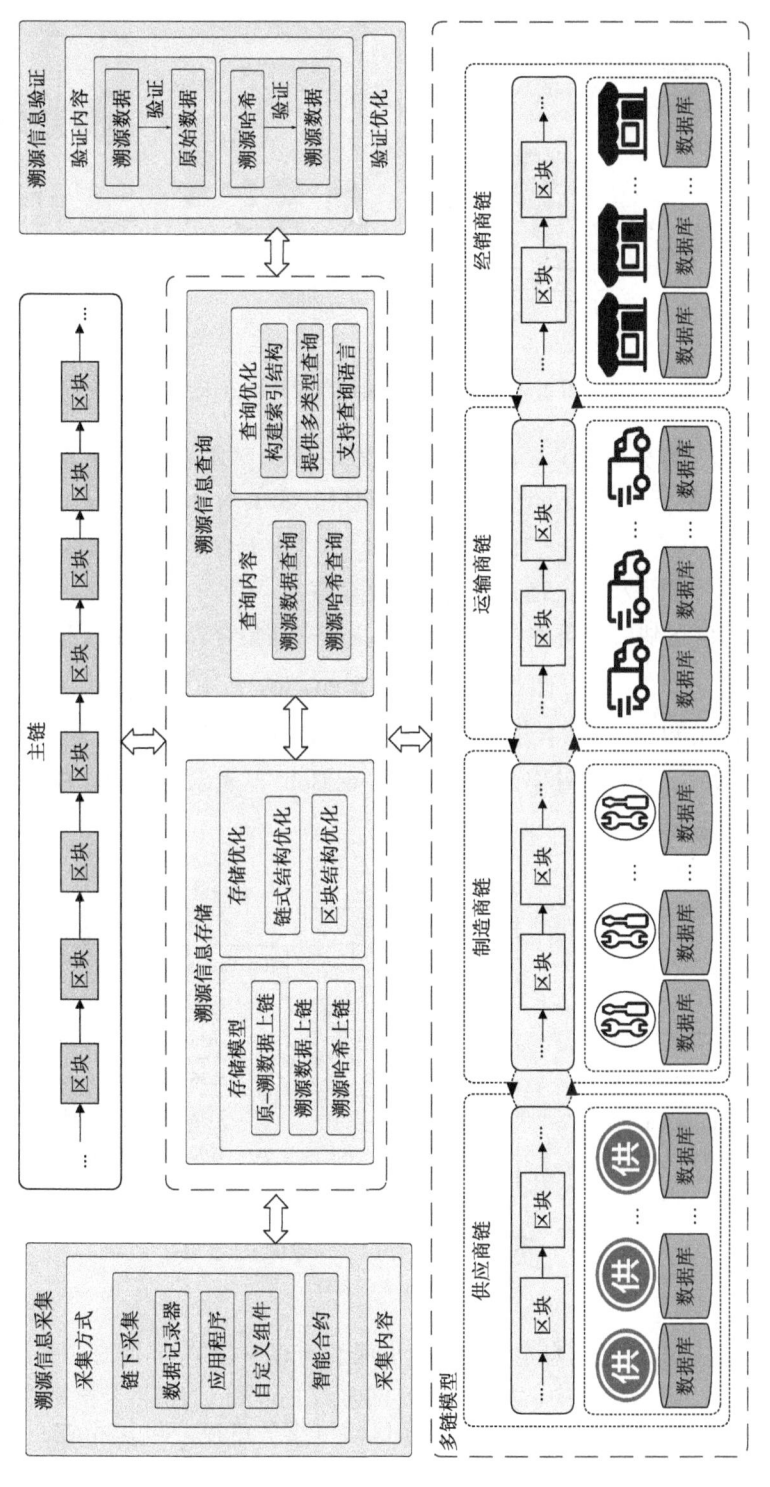

图 2.6 富语义跨链查询方法

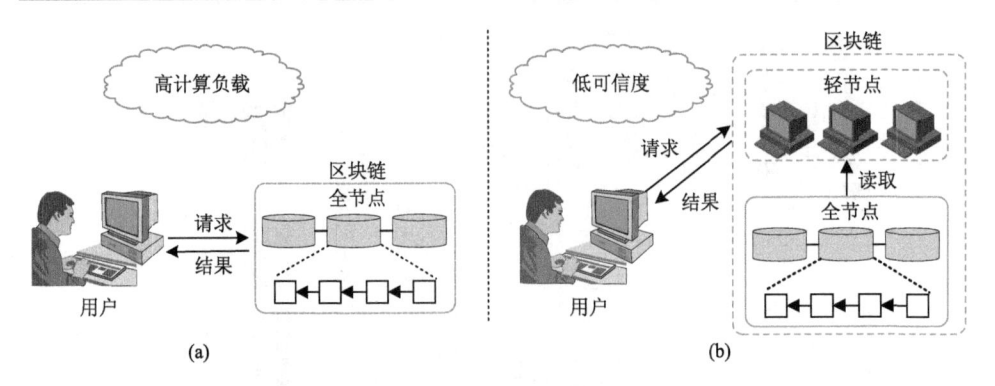

图 2.7 区块链中的两种典型查询方法

定义 2.9（打分函数） 给定数据对象 $o \in O$，区块链事务 Tx 具有 m 个属性 $\{attr_1, attr_2, \cdots, attr_m\}$。属性 $attr_i (0 \leq i \leq m)$ 的得分表示为 $attr_i$ 的权重值和属性值的乘积。打分函数定义为：$F_s \text{Tx} = \sum attr_i \times w_i$，其中 $F_s()$ 是单调函数，$w_i \geq 0$ 是用户指定的第 i 个属性权重，而 $attr_i$ 是 o 的属性值。

定义 2.10（区块链事务路径） 给定区块链交易集合 $S_{\text{Tx}} = \{\text{Tx}_1, \text{Tx}_2, \cdots, \text{Tx}_m\}$，每个 Tx 包含一个二元组，即 $\{\langle from_1, to_1 \rangle, \langle from_2, to_2 \rangle, \cdots, \langle from_m, to_m \rangle\}$。事务路径 p 定义为 $from_i$ 和 to_j 的笛卡儿乘积：$p_{ij} = from_i \times to_j$，其中 i 和 j 属于 $[1, m]$。例如，在图 2.8 中，Tx_2 的事务路径 p 是 $\langle \text{Alice}, \text{Bob} \rangle$，表示 Alice 向 Bob 进行数值为 30 的转账操作[33]。

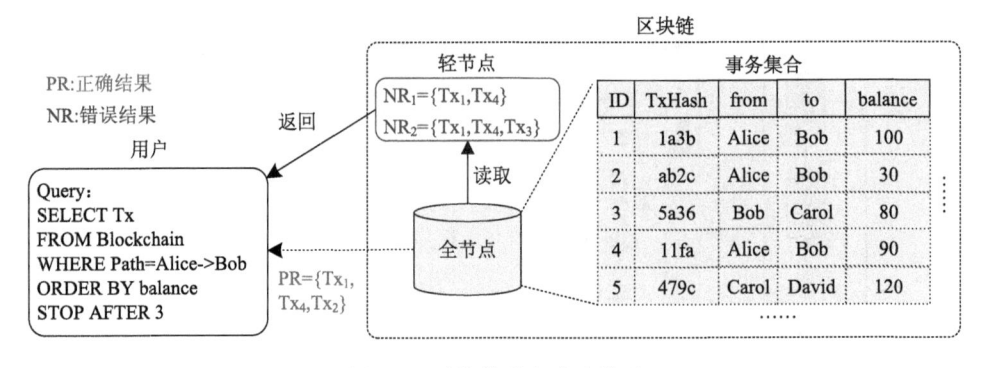

图 2.8 系统模型和威胁模型

balance 表示余额

将区块链事务路径信息定义为笛卡儿乘积可以表示 Tx 间的对应关系，即"一对多"的关系。在图 2.8 中，如果 Alice 同时对 Bob 和 Carol（卡罗尔）进行转账操作，则可以通过笛卡儿乘积得到两条区块链事务路径，即 $p_1 = \text{Alice} \rightarrow \text{Bob}$ 和

p_2 = Alice → Bob。基于以上定义，BCTkPQ 问题定义如下。

定义 2.11（BCTkPQ） 给定区块链事务集合 $S_{\text{Tx}} = \{\text{Tx}_1, \text{Tx}_2, \cdots, \text{Tx}_m\}$，其中 Tx_i 包含属性集合 $\{\text{attr}_1, \text{attr}_2, \cdots, \text{attr}_m\}$，对应权重为 $\{w_1, w_2, \cdots, w_n\}$ 以及区块链事务路径 p，则 BCTkPQ 返回 p 中前 k 个最高事务得分的区块链事务。

在处理 BCTkPQ 过程中，轻节点可能会返回不完整或被篡改的查询结果，进而破坏整个系统的安全性。如图 2.8 所示，假设向轻节点发送 BCTkPQ 请求，以查询从 Alice 到 Bob 的前 3 个交易。不可信的轻节点有可能返回两种类型的错误结果（negative result，NR），即不完整的结果 $\text{NR}_1 = \{\text{Tx}_1, \text{Tx}_4\}$ 或被篡改的结果 $\text{NR}_2 = \{\text{Tx}_1, \text{Tx}_4, \text{Tx}_3\}$。但是，很明显该查询的正确结果（positive result，PR）应该是 $\text{PR} = \{\text{Tx}_1, \text{Tx}_4, \text{Tx}_2\}$。

针对上述威胁，所提出的解决方案需要满足以下设计目标：①结果健壮性，返回的结果均未被篡改；②结果完整性，返回的有效结果均未丢失；③结果可验证性，所有返回的结果都可以由用户验证其正确性。

1）协作查询模型

协作查询模型（collaborative query model，CQM）包含三部分[34, 35]，即应用程序接口（application program interface，API）、由协作节点（collaborative node）维护的协作网络（collaborative network）和存储原始数据的区块链，如图 2.9 所示。

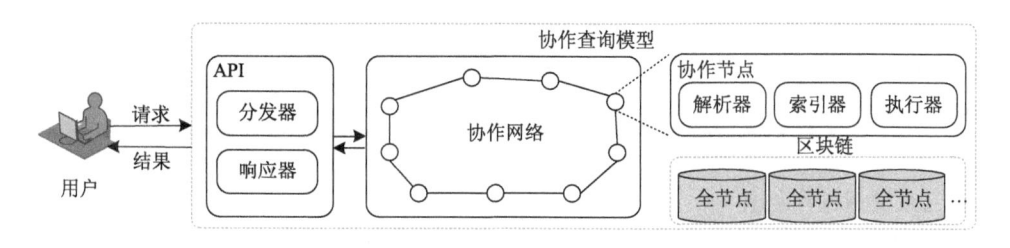

图 2.9 CQM 概览

CQM 的执行流程如下。首先，查询请求通过 API 中的分发器广播到所有协作节点。其次，所有协作节点同步响应查询请求，每个协作节点包含三个模块，即解析器、索引器和执行器。这些模块可以通过只读方式访问区块链，即所有模块都可以读取区块链中的数据对象。最后，通过 API 中的响应器将结果返回。

下面介绍区块链交易图（blockchain transaction graph，BTG）数据结构，以表示所有交易路径[36, 37]，具体定义如下。

定义 2.12（BTG） 给定区块链事务集合 S_{Tx}。BTG 为有向图 $G = (V, E)$，其中 V 是 S_{Tx} 的属性集，而 $E \subseteq V \times V$ 是有向边的集合，代表两个 $v \in V$ 之间的关系，例如，在制造业场景中，E 可以代表两个参与主体间的数据转移信息。图 2.10

给出了 BTG 的示例，其中 B_i 表示区块。BTG 构建算法如算法 2.3 所示。

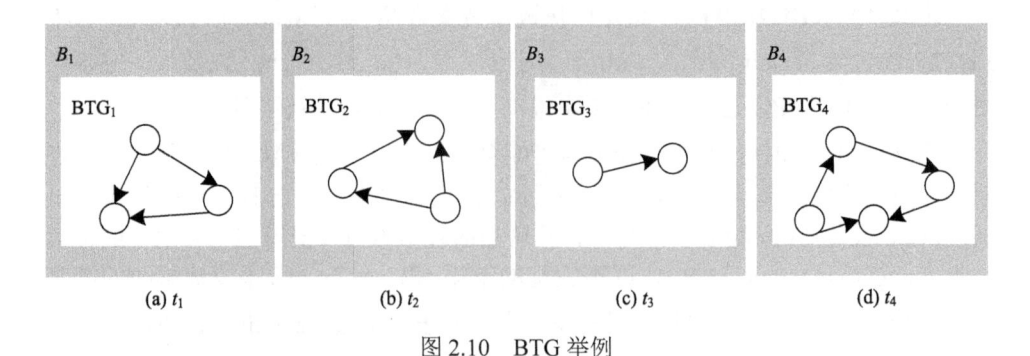

图 2.10　BTG 举例

算法 2.3　BTG 构建算法

输入：区块链交易集合 $S_{\text{Tx}} = \{\text{Tx}_1, \text{Tx}_2, \cdots, \text{Tx}_m\}$

输出：区块链交易图 (V, E)

初始化 V 和 E 为空；

For S_{Tx} 中的每个交易 Tx_i

　　提取 Tx_i 中的属性 from_i 和 to_i；

　　生成两个节点 v_{from_i} 和 v_{to_i}，并放入 V 集合中；

　　创建边 $e = v_{\text{from}_i} \to v_{\text{to}_i}$，并放入 E 集合中；

End For

Return (V, E)；

2）两级索引结构

由上文可知，BTG 可以表示任意两个区块链事务间的关系。但是，根据区块链的定义，每个 BTG 都是相互隔离的，这就使得查询条件的结果在不同的区块时需要遍历所有的 BTG，产生额外的开销[38]。因此，基于 BTG 实现两级索引来提高查询和验证效率。其中，第一级索引维护了区块链事务 Tx 中的 from 字段和 to 字段之间的关联关系；第二级索引存储了区块链事务路径 p 和事务得分 score 的映射。这里，每级索引都需要所有块的 BTG 作为输入。

第一级索引：来源-目的地（source-destination，S-D）索引。每个交易都包含代表字段路径的 from 和 to 属性。如图 2.11 左侧所示，S-D 索引通过区块链事务集中的所有字段进行构建。对于 S_{Tx} 中的所有区块链事务，S-D 索引由 $\langle S, D, E \rangle$ 表示，分别包含 from 字段、to 字段和交易路径。S-D 索引的核心思想是对所有给定的 BTG 进行解析和提取，并将这些字段分别存储到相应的集合中。S-D 索引有两

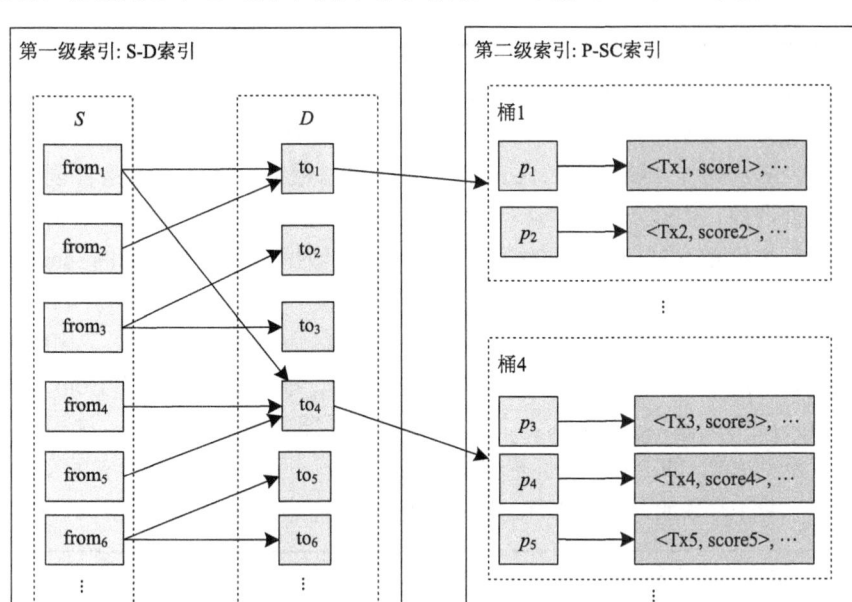

个集合，分别用 S 和 D 表示，用于维护所有 BTG 的 from 和 to 字段。

图 2.11　两级索引结构举例

D 索引的构建过程如下：初始化三个集合 $\langle S,D,E \rangle$。把每个 BTG_i 的 $from_i$ 字段和 to_i 字段分别赋值到 S 集合和 D 集合中。此外，S-D 索引还保留了当前 BTG_i 的 $from_i$ 和 to_i 之间的映射关系并放入到 E 集合中。当用户提交路径查询 p 时，可以找到对应的路径 p 是否在 S 和 D 中。如果查询路径 p 不在 S 或 D 中，则可以直接将查询过滤掉。算法 2.4 描述了构建 S-D 索引的过程。

算法 2.4　S-D 索引构建算法

输入：区块链交易图集合 S_{BTG}
输出：S-D 索引
初始化 S,D,E 为空；
定义 S-D 索引 $\to \langle S,D,E \rangle$；
For S_{BTG} 中的每个 BTG_i
　For BTG_i 中的 $from_j$ 和 to_j
　　添加 $from_i$ 到 S；
　　添加 to_i 到 D；
　　添加 $from_i \to to_i$ 到 E；
　End For

End For
Return S-D 索引；

第二级索引：路径-得分（path-score，P-SC）索引。下面继续为特定的区块链交易构建第二级索引，以加快给定路径的查询和验证效率。P-SC 索引存储了所有交易路径 p 和每个 Tx 的得分 score。该索引可以根据具体的查询条件创建，即用户提交查询后，P-SC 索引记录查询结果与对应分数的关系。P-SC 索引由一组桶组成，每个桶都保持 p_i 和用户指定的权重 W 在数据对象 o 上计算的 score_i 之间的对应关系。P-SC 索引如图 2.11 的右侧所示。

建立 P-SC 索引的过程如算法 2.5 所示。给定区块链交易集合 S_{Tx}、相应的权重集合 W，构造 P-SC 索引的详细过程如下。首先，根据 S-D 索引中 from_i 字段和 to_i 字段为每个 $\text{Tx}_i \in S_{\text{Tx}}$ 提取 p_i。其次，获得交易路径 p_i 对应的桶。这里，每个桶的容量是动态的，即 P-SC 索引忽略了桶溢出问题。再次，计算 p_i 对应的交易 Tx_i 的 score_i，并将关系加入到桶 i 中。最后，将所有桶添加到 P-SC 索引。

算法 2.5　P-SC 索引构建算法
输入：区块链交易集合 S_{Tx}，用户指定权值 W
输出：P-SC 索引
调用 S-D 索引，INdex；
For INdex 中的每个 from_i 和 to_i
　使用 from_i 和 to_i 生成 p_i；
　　If p_i 对应的桶存在
　　　获取 p_i 对应的桶 i；
　Else
　　　为 p_i 创建新的桶 i；
　End If
　根据 W 为计算 Tx_i 的分数 score_i；
　将 $p_i \to \langle \text{Tx}_i, \text{score}_i \rangle$ 添加到桶 i 中；
End For
将所有桶添加到 P-SC 索引中；
Return P-SC 索引；

3）可验证查询算法

本节介绍可验证查询算法来解决 BCTkPQ 问题。首先，介绍可验证查询算法的基本思想；其次，为了确保查询结果的正确性，设计验证算法；最后，给出完整的算法安全性分析，以证明所设计方法的安全性[39]。

假设用户发送查询请求 $\langle p,k,W,o \rangle$，以获取路径 $p \to \langle \text{from}^*, \text{to}^* \rangle$ 的 k 个交易，使得数据对象 o 上给定权重 W 的得分最高。可验证查询算法的过程如下。首先，用户通过 CQM 的分发器将请求广播到所有共识节点 CP。其次，每个 CP 根据用户给出的查询条件共同计算结果。如前所述，每个 CP 通过解析器和索引器维护整个区块链的数据。再次，成功获得结果的 CP 将结果摘要发送给其他 CP。最后，当收到给定阈值数（默认为 2/3）的摘要消息时，结果将通过响应者返回给用户。可验证查询算法如算法 2.6 所示。

算法 2.6 可验证查询算法

输入：BCTkPQ 请求 $\langle p,k,W,o \rangle$
输出：查询结果 resultSet
初始化 resultSet 为空；将 $\langle p,k,W,o \rangle$ 广播给 CQM 中的所有 CP；
For 每个 CP
  在本地 S-D 索引中获取所有包含 $p \to \langle \text{from}^*, \text{to}^* \rangle$ 的 S_{Tx}；
  For S_{Tx} 中的每个 Tx_i
    使用 o 上的 W 为 Tx_i 计算分数；
  End For
  添加得分最高的 k 个区块链事务到 resultSet 中；
  为 resultSet 计算摘要 digest，并将 digest 广播给其他 CP；
  If 收到的 digest 全部相同且超过了给定阈值
    终止当前计算并等待下一次调用；
  Else
    返回 resultSet；
  End If
End For

算法 2.6 首先初始化结果集并广播请求。其次，在本地 S-D 索引中获得 S_{Tx}，复杂度为 $O(1)$。再次，算法计算 S_{Tx} 的分数，复杂度为 $O(|S_{\text{Tx}}|)$。最后，整个时间复杂度为 $O(|S_{\text{Tx}}|m)$，其中 m 表示 CP 的数量。

接下来，本节提出验证算法，以通过发送验证请求来确保查询结果的正确性。首先，将验证请求发送给所有 CP。假设发送所有验证请求的过程是安全的。此外，并假设所有的 CP 都正常维护 S-D 索引和 P-SC 索引。其次，解析 S_{Tx} 中每个区块链交易事务路径 p。再次，每个 CP 获得 p 对应的桶，并确定 S_{Tx} 是否在当前桶中以及 S_{Tx} 是否正确排序（所有事务是否都满足 top-k 关系），相互广播验证结果。

最后，如果收到相同的结果并且结果数超过给定阈值（默认为 2/3），终止当前验证过程，并将验证结果返回给用户。验证算法如算法 2.7 所示。

算法 2.7　验证算法

输入：BCTkPQ 结果集合 S_{Tx}

输出：验证结果 resultSet

　　初始化 resultSet 为空，并提取 S_{Tx} 中的交易路径 p；

For 每个 CP

　　在本地 P-SC 索引中获取 p 中 to 对应的桶；
　　If 所有 Tx$_i$ 所在的桶是正确的顺序

　　　　添加 TRUE 到 resultSet；

　　Else

　　　　添加 FALSE 到 resultSet；

　　End If

　　将 resultSet 广播给其他 CP；

　　If 收到的 digest 全部相同且超过了给定阈值
终止当前计算并等待下一次调用；

　　End If

　　返回 resultSet；

End For

算法 2.7 首先初始化结果集 resultSet，提取事务路径，并广播请求。对于 m 个 CP 获得本地 P-SC 索引中 p 的桶，复杂度为 $O(1)$。类似于算法 2.6，这部分的复杂度取决于 CP 的数量 m。因此，整个时间复杂度为 $O(m)$。

下面对所提出的可验证查询算法进行安全性分析。①结果健壮性：给定 BCTkPQ 之后，如果收到的摘要数量超过了节点数量的 2/3，则表示该结果已在 CP 间达成共识，因此可知查询结果没有被篡改。②结果完整性：所有 CP 都会为每个结果计算摘要 S_d，如果 CP 接收的内容数量超过 S_d 的 2/3，则可以认为 S_r 的完整性已在 CP 之间达成共识。③结果可验证性：给定 BCTkPQ 结果集，所有 CP 调用验证算法以检索本地 P-SC 索引，并通过广播摘要来确认验证结果的正确性。

2. 跨链时空关键字查询

时空关键字查询以时间、空间和关键字信息作为查询条件，查询符合条件的所有结果，是供应链领域常用的查询方式，能够帮助供应链参与主体进行产品监控和逻辑决策[40, 41]。以图 2.12 为例，该场景中产品从生产、运输到销售的全部

图 2.12 基于混合存储区块链的供应链场景示例
(composite storage blockchain model)

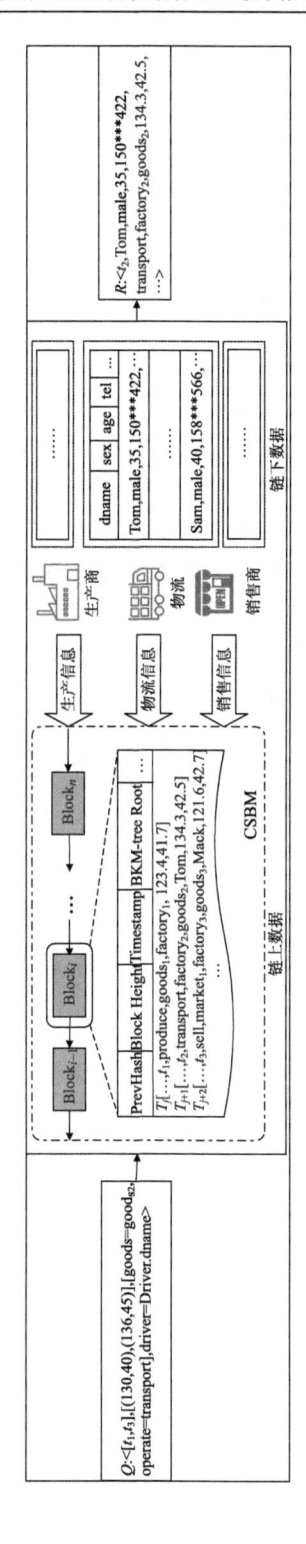

PrevHash 表示前区块哈希值，Block Height 表示区块高度，Timestamp 表示时间戳，BKM-tree Root 表示 BKM-树的根节点，CSBM 为复合存储区块链模型

过程公开透明地存储在区块链上，实现参与方间的数据共享和协同处理。链上事务 T_{j+1} 表示"t_2 时刻，司机 Tom（汤姆）将产品 $goods_2$ 运输到（134.3°E, 42.5°N）处"，链下通过关系型数据库存储司机 Tom 的个人信息。当用户发送查询"查询 $t_1 \sim t_3$ 时间内，距 L 位置最近的运送商品 $goods_2$ 的全部信息"时，应将链上事务 T_{j+1} 和链下数据司机 Tom 的信息通过连接属性连接后返回给请求者，即图 2.12 中的 R。

现有方法主要采用 B+树作为索引，在解决图 2.12 问题时，需提前读取数据表中所有数据等待连接；然后根据关键字属性上的 B+树索引分别查找包含该关键字的区块链事务集合；接着依次读取这些事务的空间属性，计算与查询位置 L 的距离并排序，得到距 L 最近的事务；最后将区块链事务和链下数据连接后返回。上述过程存在以下问题：①查询效率低。B+树索引适合查询一维数据，而时空关键字查询需要同时考虑经度、纬度甚至更高维度。②通信开销较大。现有方法需提前读取链下连接表中的全部数据，若表数据量很大而需要连接的数据很少，则会产生大量通信开销。

针对上述问题，本节介绍按属性划分的区块链模型来管理链上数据，以便于支持高效的跨链时空关键字查询。

定义 2.13（按属性划分区块链模型） 该模型由若干按属性划分的区块根据各自的哈希值连接而成。每个按属性划分的区块结构如图 2.13 所示。

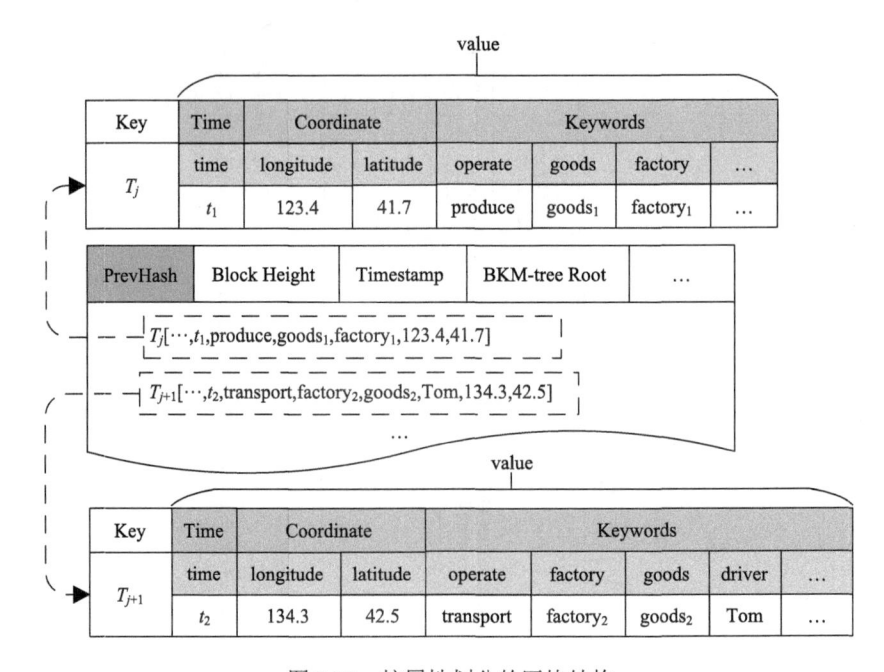

图 2.13 按属性划分的区块结构

定义 2.14（按属性划分区块） 按属性划分的区块的区块头包括 PrevHash、Block Height、Timestamp、BKM-tree Root。区块体中包含块内所有按属性划分的区块链事务。

定义 2.15（按属性划分事务） 假设事务 $\text{Tx} = \{\text{Key} = v_1, \text{Time} = \{\text{time} = v_2\}, \text{Coordinate} = \{\text{longitude} = v_3, \text{latitude} = v_4\}, \text{Keywords} = \{k_1, \cdots, k_n\}\}$ 为按属性划分的区块链事务。其中，Key 为该事务唯一标识；Time 为时间属性，time 为 Timestamp；Coordinate 为空间属性，longitude 为经度，latitude 为纬度，v_i 为属性值；Keywords 为关键字属性，k_i 为关键字属性名称，针对不同区块链事务类型，可以设定不同的属性名称。例如，图 2.13 中事务 T_{j+1} 表示"在 t_2 时刻，司机 Tom 将 factory$_2$ 工厂生产的商品 goods$_2$ 运输到（134.3°E, 42.5°N）处"。为避免遍历块内所有事务，基于提出的存储模型，本小节提出如图 2.14 所示的块内索引 BKM-树。

图 2.14 给出第 n 块的 BKM-树索引，索引主要由改进的 KD-树节点和多个位图组成的位图集合构成，并通过构建 Merkle 树计算得到。图 2.14 上侧为位图集合 BM$_7$ 结构，位图集合只存储在非叶子节点中，集合中一个位图对应当前关键字类型中的一个属性列，位图的长度为该属性列包含的属性值数量，若节点第 i 个位图第 j 位为 1，表示该节点包含第 i 个属性列中第 j 个属性值。属性列和属性值缓存列表随区块生成不断更新。图 2.14 中选中位图表示节点在 goods 属性列包含第 2、3 个属性值 goods$_2$、goods$_3$。

块内索引 BKM-树节点哈希值定义如下，其中 Hash() 为 Hash 函数，"|" 为运算连接符。

定义 2.16（BKM-树叶子节点哈希值） 令 Key$_i$ 为事务唯一标识，Coordinate$_i$ 为空间属性，Keywords$_i$ 为关键字属性，叶子节点 i 的摘要定义为 Hash$_i$：$\text{Hash}_i = \text{Hash}(\text{Hash}(T_i)|\text{Key}_i|\text{Coordinate}_i|\text{Keywords}_i)$。

定义 2.17（BKM-树非叶子节点哈希值） 令 IN$_i$ 为 BKM-树非叶子节点 N_i 划分事务信息，rangeN_i 为节点覆盖范围，$h(\text{hN}_l|\text{hN}_r)$ 为节点左右子节点哈希值，BMN$_i$ 为该节点位图，则 N_i 的摘要定义为：$\text{hN}_i = h(\text{IN}_i|\text{range}N_i|\text{BMN}_i|h(\text{hN}_l|\text{hN}_r))$

BKM-树首先根据空间属性自顶向下划分区域，叶子节点存储事务，非叶子节点存储划分信息；其次，针对关键字属性，为非叶子节点添加基于"属性列-属性值"的位图索引字段，记录其子节点包含的全部关键字；最后，按照 Merkle 树构造方式自底向上计算每个节点的哈希值形成 BKM-树，并将根节点记录在区块头中，保证事务不可篡改。

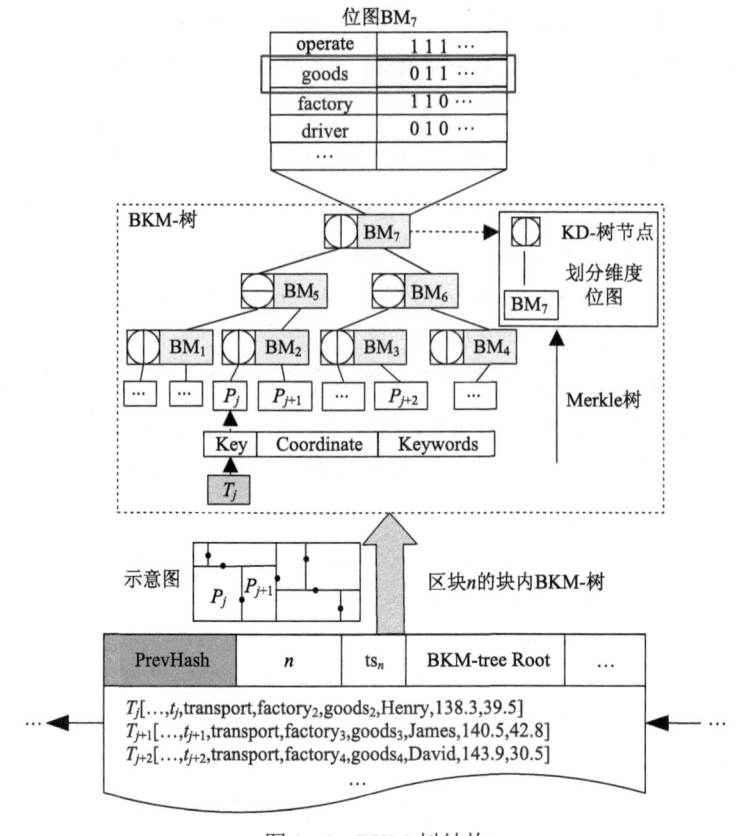

图 2.14　BKM-树结构

P 表示数据点（point）；ts 表示时间戳（timestamp）

BKM-树可以获得块内满足要求的区块链事务，但仍需按顺序读取区块。因此，提出块间索引 B^2M-树，通过查询条件中的时间、空间和关键字属性快速获得满足查询条件的区块。当新区块上链后，获取该区块的块号（block-id）、创建时间（ts）、BKM-树根节点的位图集合（BitMap-BM）和覆盖范围（range）字段。B^2M-树叶子节点为"block-id, ts, range, BM"，非叶子节点只包含 ts 和 block-id。B^2M-树结构如图 2.15 所示。

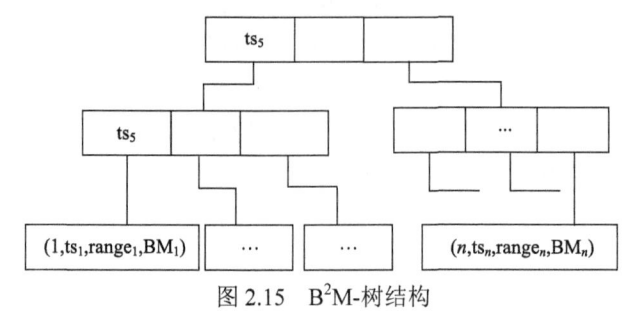

图 2.15　B^2M-树结构

如图 2.16 为例，当查询"$t_1 \sim t_2$ 时间内，range$_1$ 范围内所有运输 goods$_2$ 的信息"时，即可通过 B^{2}M-树找到叶子节点（1, ts$_1$, range$_1$, BM$_1$），得到满足查询条件的区块。在提高查询效率的基础上，减少链上-链下数据连接带来的通信开销。时空关键字查询过程为：当用户发送查询 Q 时，首先通过 B^{2}M-BKM 索引获得满足查询要求的链上事务，然后提取这些事务的连接属性值集合，通过集合从数据库中获取链下数据，并将链上事务和链下数据通过连接属性连接后返回给查询用户。以图 2.16 为例，当用户发送查询 Q 时，首先根据时间范围遍历 B^{2}M-树，并通过空间属性和位图判断节点是否符合要求，最终发现区块 9 满足查询条件；其次，获取区块 9 的块内索引 BKM-树，自顶向下遍历节点，并通过中间节点的覆盖范围 range 和位图集合 BM 进行剪枝，最终发现节点 P_j 和 P_{j+1} 满足要求；最后，获取节点中的事务，并根据连接属性提取属性值 Tom 和 James（詹姆斯），最终将链上和链下数据连接后，返回给查询用户。

3. 区块链可信溯源查询

为了保证查询结果的正确性和完整性，可以下载全部分片内存储的数据，并在本地进行查询。然而，这种方法需要大量存储计算和带宽资源，导致查询效率低。轻节点使得用户可以将查询委托给全节点，而轻节点仅需要接收和验证查询结果。但是，以图 2.17 为例，将该方法应用于分片联盟链中将产生以下两个问题。

（1）查询延迟高。在分片联盟链中，节点仅保存所在分片中涉及的区块链事务。若查询结果中包含跨分片事务，则不存在存储完整查询结果的全节点。因此，分片联盟链中的溯源查询需要由若干分片内的全节点上的多个子查询任务组成。

（2）结果验证弱。恶意节点的存在，使得全节点可能返回篡改后或不完整的查询结果。然而，若想要实现对任意属性及属性集查询结果完整性的验证，需要构建指数级数量的索引，这将需要大量的时间和存储空间。此外，将索引存入对应区块头中，虽可以防止索引被篡改，但将这种机制应用到原区块链查询方法上却较为困难。

为了解决以上问题，本书提出了分片联盟链中的溯源处理方法（consortium provenance processing，CPP），用以实现高效可验证溯源查询。构建 SBP（sharding-block-proof，分片-区块-证明）三层索引结构，用以加快查询效率。同时，提出了索引防篡改机制，将索引凭证作为特殊区块链事务存入正在生成的区块中。在此基础上，介绍支持任意查询属性动态聚合的验证对象（verification object）生成方法，实现了对任意属性集溯源查询结果完整性的验证。

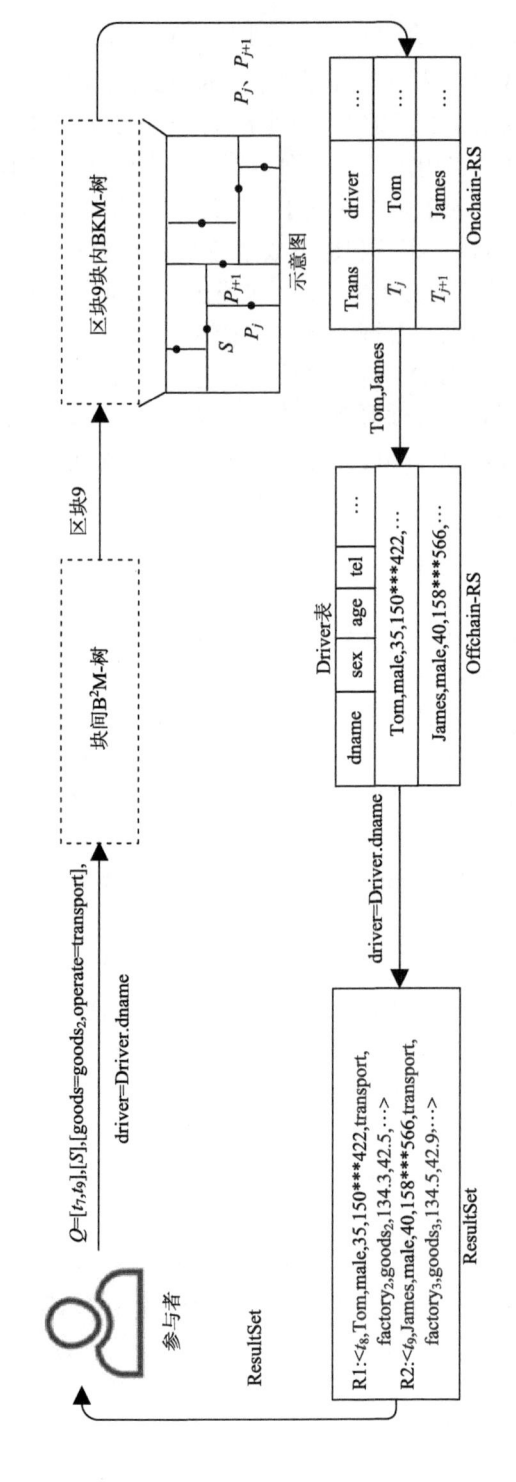

图 2.16 时空关键字范围查询过程

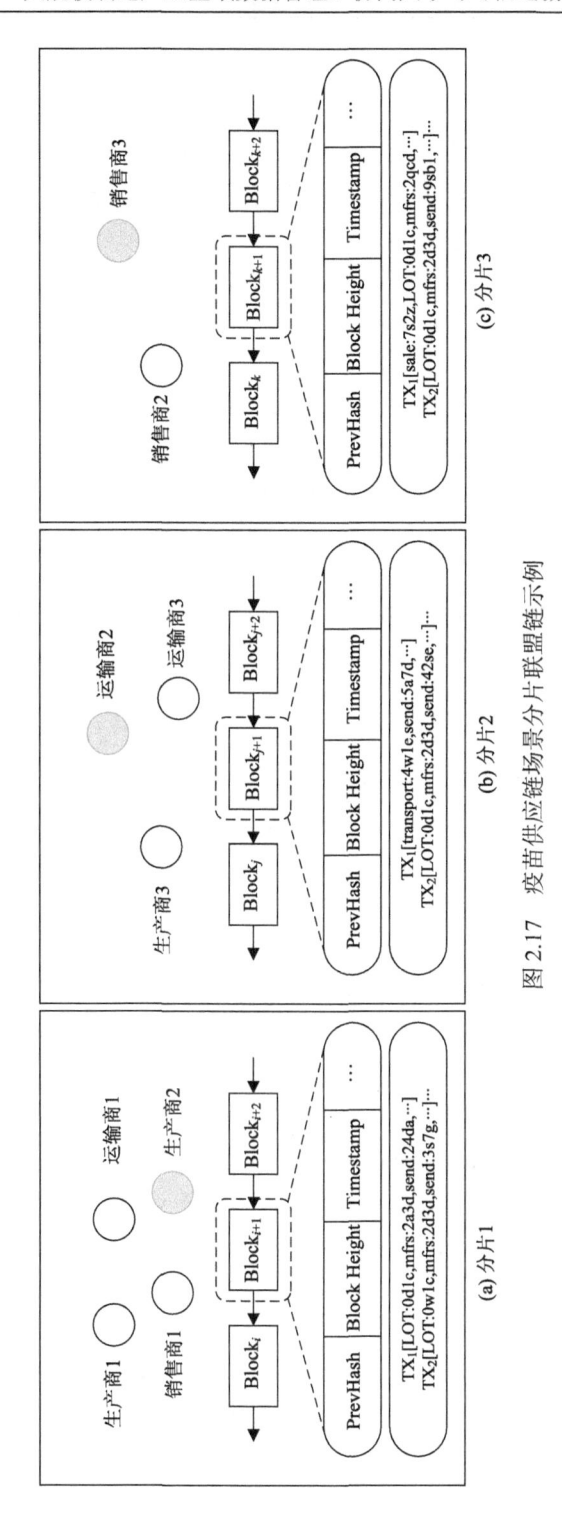

图 2.17 疫苗供应链场景分片联盟链示例

1）SBP 索引机制

本小节介绍 SBP 索引机制，用以加速数据访问。其主要包括以下两种操作，①获得完整目标分片；②在目标分片中，快速获得查询结果 R。

（1）Sharding-Index 结构：为了快速获得完整目标分片，维护位图索引，描述某个属性在所有分片中的分布。其中，每个位图代表一个跨分片事务，位图中第 i 位代表第 i 分片是否包含该属性值的事务。对于发出的查询请求，通过查找该索引，能够快速确定完整目标分片，并向各目标分片发出查询请求，避免各分片间以顺序方式执行，加快分片间的查询速度。

（2）Block-Index 结构：为了处理第二个操作，以块为单位，为属性建立 Merkle 前缀树索引。从根节点到叶子节点，可以快速得到符合查询条件的目标事务的存储位置。其中，叶子节点存储事务高度 t_height，并且每个节点包含一个哈希摘要（hN），用以形成 Merkle 树。设 $H()$ 为哈希散列函数，|| 为字符串连接运算符，定义每个节点如下。

定义 2.18（Block-Index 中节点） 任意节点 $n\langle \text{key}, \text{value}, \text{hN} \rangle$，其中 key 由索引构建维度中事务属性值 attr 构成，value 由区块高度 t_height（叶子节点）或左右子节点的哈希 $H(\text{hl}\|\text{hr})$（非叶子节点）构成，hN 是该节点的哈希摘要 $H(\text{key}\|\text{value})$。

为了保证索引不被篡改，将索引凭证，即根节点哈希值，作为一个特殊事务存储在正在生成的区块的块体中，特殊事务的详细定义如下。

定义 2.19（特殊事务） 给定特殊事务 $\text{Tx}\langle \text{BlockID}, \text{b\_height}, \text{h\_height} \rangle$，其表示区块 BlockID 中交易生成的索引，b_height 表示存储的区块高度，h_height 表示存储的事务高度。

（3）Proof-Index 结构：为了加快查询特殊事务的效率，构建前缀树索引。其中，以 BlockID 属性作为 key，并在叶子节点中存储其事务高度 t_height。通过该索引，可以根据 BlockID 快速查询对应的特殊事务的存储位置。

为了增量更新 SBP 索引，首先创建一个空的 Block-Index。其次，遍历区块中存储的事务，判断 Block-Index 中是否存在以属性值 t_i.attr 作为 key 的节点，若存在，则需要将其事务高度 t_height 加入该节点的 value 中并更新节点；否则以 attr_i 作为 key，以 t_height 作为 value 生成新的节点，插入索引中。再次，判断事务类型，若其为特殊事务，更新 Proof-Index；若其为跨分片事务，则更新 Sharding-Index。最后，以自下而上的方式计算节点的哈希值，并生成一个特殊事务。在 Pupdate 方法中，传入 BlockID 的属性值和事务高度 h_height，用以维护 Proof-Index。在 Supdate 方法中，根据传入参数中对应维度的交易属性值 t_i.attr，在 Sharding-Index 中查找对应的条目，若不存在，则创建一个该属性值的索引条目，再根据源账户所在分片 S_m 和目标账户所在分片 S_n 更新索引。

2）基于 SBP 的可验证溯源查询

给定 $Q=\langle k_1,k_2,\cdots,k_n\rangle$ 形式的溯源查询请求，应该返回满足关键词的事务流转过程，为了处理查询请求，将查询委托给全节点，全节点将返回查询结果 R 和包含结果验证信息的验证对象 VO。此外，用户需要能够通过返回的信息对查询结果进行验证，如算法 2.8 所示。

算法 2.8 SBP 维护算法

输入：区块 b_i，属性 attr，属性值 t_i.attr，原账户 S_m，目的账户 S_n，区块凭证 t_i.BlockID，事务高度 t_height

输出：Sharding-Index, Block-Index, Proof-Index;

Function SBP 维护算法(b_i)
    new Block-Index;
    For 每个 transaction t_i in b_i **do**
        $n \leftarrow$ Block-Index.get(t_i.attr);
        If n 为空:
            new n (t_i.attr, t_height);
        Else
            update n (t_i.attr, n.value+ t_height);
    If t_i 是一个特殊事务:
        Pupdate(t_i.BlockID, t_height);
  If t_i 是一个跨链事务:
    Supdate(t_i.attr, S_m, S_n);
  H(Block-Index);
  生成 Tx<b_i.BlockID, H(root)>;
  Return Block-Index;
Function Supdate(t_i.attr, S_m, S_n)
    b_{it} = Sharding-Index.get(t_i.attr);
    If b_{it} 为空:
        new b_{it};
    Proof $-$ Index.bit$[m]=1$;
    Proof $-$ Index.bit$[n]=1$;
  Return Sharding-Index;
Function Pupdate(t_i.BlockID, t_height)
    Proof-Index.add(t_i.BlockID, t_height)
  Return Proof-Index;

全节点生成查询结果的验证对象包括以下三个步骤：首先，通过 Sharding-Index 将查询发送给目标分片内的全节点；其次，全节点使用 Proof-Index 验证本地存储的 Block-Index 是否被篡改，并生成查询结果 R 和验证对象 VO；最后，合并所有子查询结果并发送给用户。完整的查询处理过程在算法 2.9 中给出。

算法 2.9 溯源查询算法

输入：查询条件 $Q = \langle [k_1, k_2, \cdots, k_n], \text{ShardINg} \rangle$

输出：查询结果 R，验证对象 VO

target ← Sharding-Index.Divide(Q);

广播 Q to target;

$\pi_{\text{trie}} \leftarrow \varnothing$; $R_{\text{trie}} \leftarrow \varnothing$;

  For 每个 block b in b_i **do**

    For 每个 keyword k in k_i **do**

      flag ← checkB(blockID);

      If flag: $\langle R_k, \pi_k \rangle \leftarrow$ Quary(k);

    $R_k = R_k \cap R_{k_i}$;

    合并 π_{ki} to π_w;

    $R_b \leftarrow b.\text{get}(R_k)$;

    添加 $\langle R_k, \pi_k \rangle$ to VO$_b$;

receive $\langle R, \text{VO} \rangle$ from target;

$R \leftarrow R \cup R_b$; VO $\leftarrow$ VO $\cup$ VO$_b$;

Return $\langle R, \text{VO} \rangle$;

（1）查询划分：全节点收到用户查询请求 Q 时，首先遍历 Sharding-Index，获得查询属性值在各分片内的分布。若不存在该属性值的位图，则证明存在跨分片事务，即查询结果分布在多个分片中，需要将查询划分为多个子查询，并发送给对应分片中的全节点；反之，则不需要。

（2）子查询处理：全节点收到子查询请求 Q 时，首先将多维查询条件转为多个一维查询，并以块为单位，通过 Proof-Index，查询 Block-Index 凭证存储位置，验证其是否被篡改，并将其存入证明结果集 R_p。其次，从根节点开始，自上而下地遍历 Block-Index。如果树中节点 n 的关键字与 w 不匹配，则证明节点 n 以下的所有叶子节点中均不包括位置信息集 R_w。该情况下，若 n 为叶子节点，则将其 key 和 value 作为 Merkle 证明的一部分放入 π_w。对于关键字与 w 相匹配的节点 n，判断 n 的节点类型，若其为叶子节点，则将 n 中存储的 key 和 value 的哈希值放入位置信息集 Rw；若其为非叶子节点，则将其 key 存入 π_w，并继续判断该节点的子节点。最后，合并多个单维度溯源查询结果，得到多维度溯源查询的交易存储位置 R_{w_i}，再根据 R_w 获得完整交易信息，生成中间结果集 R_i，此外，将全部 Rw 和 π_w 存入验证对象 VO_{b_i}。

（3）结果合并：在得到来自目标分片的子查询结果后，全节点将它们合并为原始查询的最终结果 R 和最终验证对象 VO，并返回给查询用户。用户通过以下步骤验证查询结果的正确性与完整性：首先，从 VO 中提取证明，通过重建索引 Block-Index，证明单一维度溯源查询的事务存储位置 R_{k_i} 的完整性；其次，计算多维度聚合后的事务存储位置 R_w 并验证其对应的事务是否与返回的结果相同；最后，验证 R_w 中的交易与返回的查询结果是否相同。

2.2 基于区块链的多源异构全域标识数据协同共享模型

针对多源异构全域标识数据协同共享问题，本节主要研究数据分级协同共享结构、多方协同共享激励机制以及多方协同授权机制，如图 2.18 所示。在大规模制造产业可信溯源中，参与主体（供应商、制造商、运输商和经销商等）将溯源信息上传至区块链子链，并且将溯源信息的索引上传至区块链主链，整个过程需要设计相应的数据分级协同共享结构。对于层次链分级，即子链和主链，需要针对子链和主链的不同成员设计相应的共享激励机制。在多方协同授权过程中，为保证数据上传时不被篡改，需要设计一个数据可靠性验证方法。

为实现上述目标，本节建立一个数据共享模型。首先，设计多源异构数据分级协同共享结构，规定区块链子链和主链的层次。其次，在上述层次的基础上，针对不同主体分别设计了多源异构区块链协同共享激励机制。在子链和主链中，分别使用经典演化博弈和网络演化博弈分析企业参与数据共享的比例随时间的变化情况，据此确定激励值。最后，为共享方、参与方和管理方的三方协同授权设计数据可靠性验证方法，以确保上传的共享数据的可靠性。下面详细阐述这三部分内容。

2.2.1 数据分级协同共享结构

本小节基于区块链子链和主链的划分，设计多源异构数据分级协同共享结构，如图 2.19 所示。该分级协同共享结构包括溯源索引信息和溯源数据凭证上传、链下数据实体分布式存储及跨层次链数据验证三部分[42,43]。

（1）隐私数据分级授权。隐私数据包括核心数据、重要数据和一般数据。参与主体依据业务划分各自的隐私数据级别。

（2）上链选择。参与主体选择数据上传至子链还是主链。

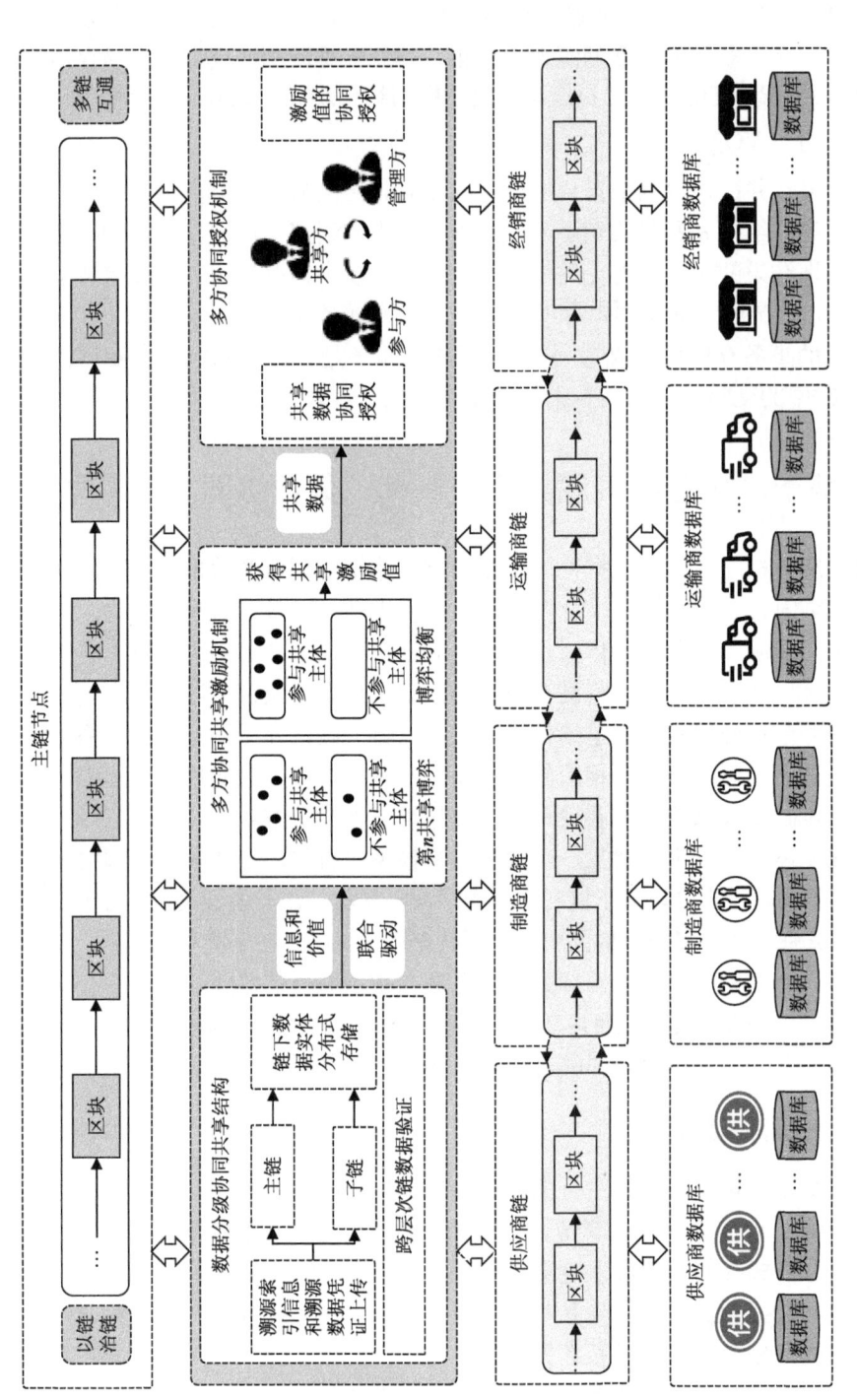

图 2.18 基于区块链的多源异构全域标识数据协同共享模型

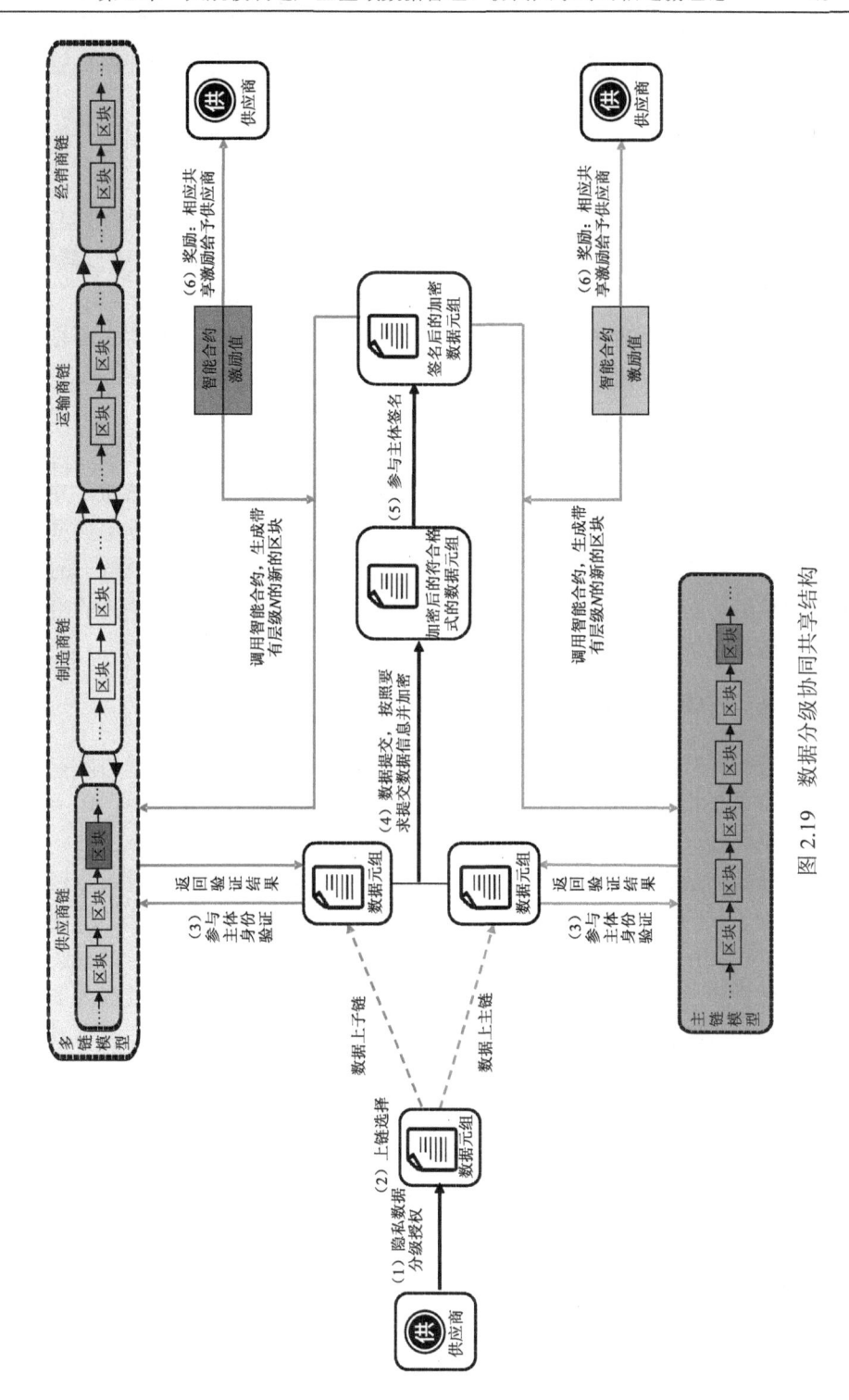

图 2.19 数据分级协同共享结构

（3）参与主体身份验证。各个参与主体先完成注册，然后验证用户权限，并返回验证结果。

（4）数据提交。参与主体按照规定提交数据信息（如生产、制造、销售、运输等），并对数据进行加密处理。

（5）参与主体签名。数据上链后，参与主体对加密后的数据进行签名。

（6）奖励。调用智能合约，生成带有授权信息的新区块，相应的共享激励以积分的形式发放给参与主体。同时，参与主体将数据实体存入链下。

链上溯源索引信息和溯源数据凭证上传是指参与主体将溯源索引信息上传至主链，将自身溯源数据的凭证上传至子链的过程。上传时需要遵循的流程 UML（unified modeling language，统一建模语言）时序图如图 2.20 所示，其中实线表示同步消息，虚线表示返回消息。

以上数据共享流程规定了链下数据上传至链上的操作顺序。然而，并非所有溯源数据都需要上链。除了溯源索引信息和溯源数据凭证以外的溯源数据实体都是用数据分布式存储技术存储到链下的。为了保证企业上传到区块链上的数据是真实可信的，防止上传数据的过程中有数据被篡改，需要通过区块链的哈希值特性进行数据验证。

2.2.2 多方协同共享激励机制

多方协同共享激励机制旨在解决区块链数据共享过程中的意愿问题。区块链数据共享是指相关参与主体按照流程将符合要求的数据上传至链上，保障系统中重要数据公开、透明、不可篡改，从而提高溯源信息的安全性和真实性。参与主体有选择数据是否上链的自主权。企业将数据上链时，需要付出时间、精力和成本等，为了鼓励企业积极上传数据信息来构建区块链，本小节设计了一种激励机制，正好可以用演化博弈来分析企业在激励机制下的策略演变过程。数据上链时，参与主体需要承担时间和经济成本，导致其共享意愿不高。区块链溯源平台需要设计合理的激励机制，在参与主体选择共享或不共享时给予相应的奖励或惩罚，提高参与主体的共享意愿。

多方协同共享激励机制利用采分点的方式计算激励值。数据共享包括上链、查询和验证三个采分点。具体而言，参与主体完成数据上链时，参与主体上传的数据被查询时，以及被查询的数据通过验证时，参与主体均能获得激励值奖励。一旦被查询的数据未通过可靠性验证，上传数据的参与主体将受到激励值惩罚。接下来将对每个采分点的激励值计算进行详细阐述。

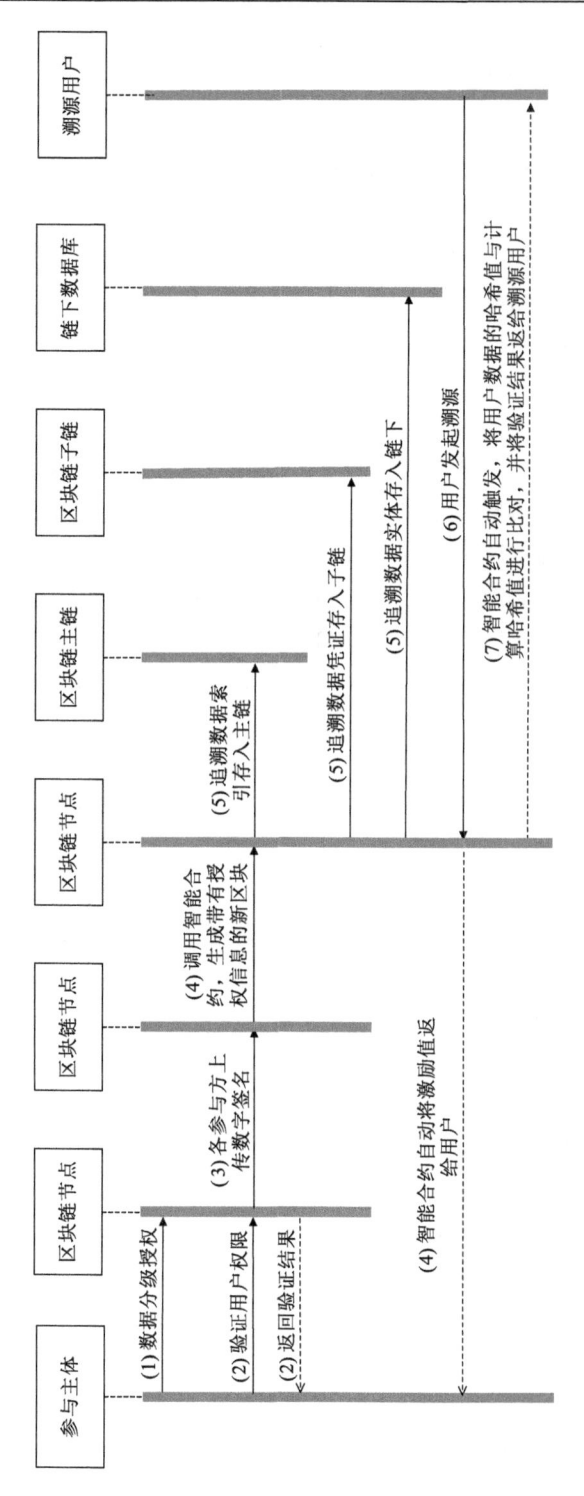

图 2.20 数据分级协同共享结构 UML 时序图

1. 上链的激励值计算

1）子链上链激励值计算

子链上链激励值采用经典演化博弈理论计算。经典演化博弈理论与经典博弈一样，演化博弈首先必须存在一个博弈框架，这个博弈框架主要指博弈的结构和规则，这也意味着演化博弈是在特定技术和制度条件下进行的。与经典博弈不同的是，演化博弈认为博弈主体并未掌握博弈结构和规则的全部知识；相反，博弈主体的知识是相当有限的，即认为博弈主体是有限理性的[44]。而且，博弈主体通常是通过某种传递机制而非理性选择获得策略。尽管博弈的次数可能是无穷的，然而在每次博弈中，博弈主体通常都是从大群体中被随机选择出来的，博弈主体之间缺乏了解，再次博弈的概率也较低。因此，博弈主体不会像重复博弈那样尝试通过声誉机制来影响对方未来的行动。博弈主体通过试错的方法不断更改个体策略，最终达到群体策略的博弈均衡。

因此，该均衡状态具有稳定性，即使某些干扰使得部分个体的策略偏离均衡状态，群体也可以在短时间内恢复均衡。这种状态下，能够使全部参与主体有意愿上传数据的激励值就是最终的激励值。为了构建数据共享激励博弈模型，本小节做出如下假设。

假设 1：演化博弈参与主体的集合用 P 表示。参与主体的决策在非完全信息条件下进行。每个参与主体具有相同的策略空间 K，其中 $K=\{K_1,K_2\}$，K_1 和 K_2 分别表示主体参与数据共享和不参与数据共享。参与数据共享的概率为 x，不参与数据共享的概率为 $1-x$。

假设 2：参与主体拥有的可共享数据量为 C。考虑到边际效应递减原则[45]，参与主体拥有该数据带来的基础收益按 $\ln(1+C)$ 计算。值得注意的是，基础收益仅由主体拥有的数据量决定，与主体是否共享数据无关。

假设 3：参与主体如果将数据上链会产生时间和经济成本。这里，假设上链成本与数据量成正比，记为 mC，其中，m 为数据上链成本系数。

假设 4：如果博弈主体都参与共享，则均可获得共享收益 $k\ln(1+C)$ [46]。其中，$k(0\leqslant k\leqslant 1)$ 为共享收益系数。

假设 5：共享数据的参与主体会获得区块链平台的奖励，不参与共享的主体会受到惩罚。共享数据的参与主体获得的奖励值为 αC，其中，α 为数据共享激励系数；不共享数据的参与主体受到的惩罚值为 βC，其中，β 为不参与数据共享的惩罚系数。

由于经典演化博弈考察的是群体规模和策略频率的演化过程，它将个体所生产后代的个体数量作为适应度，因此遗传过程（或复制过程）实际上与选择过程是同一个过程[47]。这种复制与选择相互重合的过程充分体现在复制动态方程中,该复制动态方程是一个以适应度(种群中采取该策略的个体数量在每期博弈后的增长率)为抓手,能够刻画种群进化过程的微分方程。为找到该微分方程的表达式,我们需要首先得到博弈过程中各策略的适应度(或者说支付矩阵),如表 2.1 所示。其中,P_1、P_2 是种群中参与博弈的任意两个参与主体,K_1 是参与数据共享策略,K_2 是不参与数据共享策略,x 是参与主体选择参与共享数据的概率,$1-x$ 是参与主体选择不共享数据的概率。若参与主体选择该策略的收益大于种群的平均收益,则种群中选择该策略的参与主体的比例会增加;反之,则减少。

表 2.1 数据共享博弈支付矩阵

P_1	P_2	
	$K_1(x)$	$K_2(1-x)$
$K_1(x)$	$\ln(1+C)+k\ln(1+C)+\alpha C-mC$, $\ln(1+C)+k\ln(1+C)+\alpha C-mC$	$\ln(1+C)+\alpha C-mC$,$\ln(1+C)-\beta C$
$K_2(1-x)$	$\ln(1+C)-\beta C$,$\ln(1+C)+\alpha C-mC$	$\ln(1+C)$,$\ln(1+C)$

支付矩阵中各元素具体含义如下。

情况一:博弈双方都选择参与数据共享策略 K_1。此时,博弈双方不仅会获得原本的基础收益 $\ln(1+C)$,还会获得共享收益 $k\ln(1+C)$。区块链共享平台也会给参与共享的企业一个共享激励 αC。此外,企业参与数据共享需要承担一定的成本 mC。因此,当博弈双方都选择数据共享时,双方的收益均为 $\ln(1+C)+k\ln(1+C)+\alpha C-mC$。

情况二:博弈双方一个选择参与数据共享策略 K_1,另一个选择不参与数据共享策略 K_2。不管参与主体共享与否,他们都会获得基础收益 $\ln(1+C)$。但由于共享数据的参与主体无法获得不共享数据的参与主体的数据信息,共享方无法获得数据共享所带来的共享收益,只获得了区块链共享平台给予的奖励,除去参与数据共享所承担的成本,共享数据的参与主体在此种情况下所获得的收益为 $\ln(1+C)+\alpha C-mC$。不共享数据的参与主体因为没有共享数据,也无法获得共享数据的参与主体所共享的数据信息,同样无法获得共享收益。此外,区块链溯源平台会对不参与数据共享的参与主体进行惩罚。在此种情况下,不共享数据的参与主体的收益为 $\ln(1+C)-\beta C$。

情况三:博弈双方都选择不参与数据共享策略 K_2。在这种情况下,博弈双方都不需要承担数据共享成本,也无法获得数据共享收益。因为博弈双方都无法查看其他参与主体的相关溯源数据,区块链溯源平台不对企业进行惩罚。企业的收益仅有自身的基础收益 $\ln(1+C)$。

2）区块链子链数据共享激励问题的演化博弈分析

在演化博弈中，博弈是动态的，随着时间的推移，参与主体不断学习和模仿其他参与主体的策略，通过试错的方法达到博弈策略均衡。为了描述参与主体在不同时刻策略选择的演化过程，将时间划分为 $1,2,\cdots,t,\cdots$ 时刻，使用 $x(t)$ 表示 t 时刻参与主体共享数据的概率；使用 $1-x(t)$ 表示 t 时刻参与主体不共享数据的概率。在 t 时刻，参与主体选择共享数据的期望收益为

$$U_1 = x(t)\big[\ln(1+C) + k\ln(1+C) + \alpha C - mC\big] \\ + \big[1-x(t)\big]\big[\ln(1+C) + \alpha C - mC\big] \tag{2.1}$$

参与主体选择不共享数据的期望收益为

$$U_2 = x(t)\big[\ln(1+C) - \beta C\big] + \big[1-x(t)\big]\ln(1+C) \tag{2.2}$$

种群的平均期望收益为

$$\bar{U} = x(t)U_1 + \big[1-x(t)\big]U_2 \tag{2.3}$$

因此，种群中选择共享数据信息的个体比例变化率（即博弈的复制动态方程）为

$$F(x(t)) = \frac{\mathrm{d}x(t)}{\mathrm{d}t} = x(t)(U_1 - \bar{U}) \tag{2.4}$$

当演化稳定时，变化率等于 0，可得

$$\begin{aligned} F(x(t)) &= \frac{\mathrm{d}x(t)}{\mathrm{d}t} = x(t)(U_1 - \bar{U}) \\ &= x(t)\big[1-x(t)\big]\big\{x(t)\big[k\ln(1+C) + \alpha C - mC + \beta C\big] + \big[1-x(t)\big](\alpha C - mC)\big\} \\ &= 0 \end{aligned} \tag{2.5}$$

由公式（2.5）可以得出博弈在策略演化过程中可能存在的三种演化稳态点：

$$x_a^* = 0,\ x_b^* = 1,\ x_c^* = \frac{C(m-\alpha)}{k\ln(1+C) + \beta C} \tag{2.6}$$

由演化稳态点可以推导演化稳定状态。若某个演化稳态点为演化稳定状态，则该点的复制动态方程 $F(x(t))$ 的导数必须小于 0。$F(x(t))$ 的导数为

$$F'(x(t)) = \big(2x(t) - 3x(t)^2\big)\big[k\ln(1+C) + \alpha C - mC + \beta C\big] \\ + \big(1 - 4x(t) + 3x(t)^2\big)(\alpha C - mC) \tag{2.7}$$

分别将 $x_a^* = 0$, $x_b^* = 1$, $x_c^* = \dfrac{C(m-\alpha)}{k\ln(1+C)+\beta C} = C(m-\alpha)\big/\big[k\ln(1+C)+\beta C\big]$
代入公式（2.7）中得到：

$$F'(0) = (\alpha - m)C \tag{2.8}$$

$$F'(1) = -\big[k\ln(1+C) + \alpha C - mC + \beta C\big] \tag{2.9}$$

$$F'\left(\frac{C(m-\alpha)}{k\ln(1+C)+\beta C}\right) = \left(2\frac{C(m-\alpha)}{k\ln(1+C)+\beta C} - 3\left[\frac{C(m-\alpha)}{k\ln(1+C)+\beta C}\right]^2\right)$$
$$+ \big[k\ln(1+C)+\beta C\big] + \left(1 - 2\frac{C(m-\alpha)}{k\ln(1+C)+\beta C}\right)(kC - mC) \tag{2.10}$$

由于 x_a^* 的取值受其他参数取值影响，因此存在 $x_c^* \leqslant 0$，$x_c^* \geqslant 1$，$0 < x_c^* < 1$ 三种情况。针对这三种情况，对参数取值进行分析可得出不同情况下的演化稳定策略。

（1）$x_c^* \leqslant 0$ 时的演化稳定策略。由 $x_c^* \leqslant 0$ 得出此状况下 $m \leqslant \alpha$。此时，$x_b^* = 1$ 是博弈唯一的演化稳定策略。不论初始情况下参与主体共享数据的比例为多少，经过一定时间的演化，最终所有参与主体都将趋向于共享数据。

（2）$x_c^* \geqslant 1$ 时的演化稳定策略。由 $x_c^* \geqslant 1$ 得出此种状况下 $m > \alpha$ 且 $C(m-\alpha) - k\ln(1+C) - \beta C \geqslant 0$。此时，$x_a^* = 0$ 是博弈唯一的演化稳定策略。不论初始情况下参与主体共享数据的比例为多少，经过一定时间的演化，最终所有参与主体都将趋向于不共享数据。

（3）$0 < x_c^* < 1$ 时的演化稳定策略。由 $0 < x_c^* < 1$ 得出此种情况下 $m > \alpha$ 且 $C(m-\alpha) - k\ln(1+C) - \beta C < 0$。此时，$x_a^* = 0$ 与 $x_b^* = 1$ 都是博弈的演化稳定策略，最终参与主体的策略选择取决于初始条件下共享数据的参与主体比例 x 的取值。当 $0 < \dfrac{C(m-\alpha)}{k\ln(1+C)+\beta C} \leqslant x$ 时，经过一定时间的演化，参与主体不断模仿与学习其他人的策略，最终所有参与主体都将趋向于不共享数据；当 $x < \dfrac{C(m-\alpha)}{k\ln(1+C)+\beta C} < 1$ 时，经过一定时间的演化，最终所有参与主体都将趋向于共享数据。

从以上推论可以看出，参与主体共享数据的演化均衡并不唯一，即使参与主体最初选择了不共享数据也有可能演化为共享数据。为了激励更多的参与主体共享数据，需要根据初始状态下参与主体共享数据的比例对激励值进行控制，能够使所有参与主体全部共享数据的激励值就是最终的激励值。

3）区块链上传数据至主链的激励值

在本节中，区块链中所有企业均为有限理性的。区块链子链与主链的主要区别在于一条子链包含的企业均为同种类型，可能为供应商、制造商、运输商、经销商中的一种。这就意味着这些企业都存在一些直接的竞争与合作关系，即任意两个企业之间都可以进行博弈。但在区块链主链当中，主链包含的企业数量更多、种类更多，它包含汽车制造环节中的所有企业。在现实市场中，同类型的企业通过技术、市场信息和资本流动直接或间接地相互作用和竞争。所以在区块链主链的博弈中，并非任意两个企业都可以进行博弈，这就需要我们构建一个能刻画任意两家企业之间是否存在博弈关系的零一矩阵，然后再进行博弈讨论。使用网络演化博弈能够很好地解决该问题。

在之前的子链的激励问题中，已经建立了区块链数据共享的激励模型，在网络演化博弈中，仍沿用此模型。

接下来，对网络演化博弈的网络以及演化规则进行详细介绍[48]。企业之间的竞争与合作关系可以用拓扑结构来描述[49]。$N=(n_1,n_2,\cdots,n_n)$ 表示网络中所有节点的集合，每个节点表示一个企业。E 代表所有节点之间的关系集合，每条线代表企业之间的直接竞争与合作关系，表达式为

$$E=\begin{bmatrix} e_{11} & e_{12} & \cdots & e_{1n} \\ e_{21} & e_{22} & \cdots & e_{2n} \\ \vdots & \vdots & & \vdots \\ e_{n1} & e_{n2} & \cdots & e_{nn} \end{bmatrix} \quad (2.11)$$

其中，e_{ij} 表示节点 n_i 和节点 n_j 之间的关系。当 $e_{ij}=1$ 时，表示节点 n_i 和节点 n_j 之间存在直接的竞争与合作关系；当 $e_{ij}=0$ 时，表示节点 n_i 和节点 n_j 之间不存在直接的竞争与合作关系[50]。网络结构是一个简单的无向图，不存在企业与自身相连或两端在同一端的情况。

4）区块链主链数据共享激励问题的网络演化博弈分析

在网络演化博弈的分析过程中，经典的复制动态方程迭代已经不再适用，然而个体依然需要基于自身的动态期望进行策略选择。如果当前策略的收益超过了过去收益的平均值，那么每个个体将继续执行相同的策略，否则该代理将会以正概率切换到其他策略。动态期望值可以从个体的历史收益和邻居的平均收益两个方面来定义，这与粒子群优化（particle swarm optimization，PSO）算法中关于速度的更新方式十分类似。在 PSO 算法中，正是利用个体共享的信息，驱动了种群在问题求解空间中逐渐进化，最终获得问题的最优解。PSO 算法具有显著的特点：认知和社会行为都处于寻求一致认知的过程中，个体在考虑其他同伴的信念时往往会记住自己的信念。当个人注意到种群其他人的信念更好时，他们就会更改策

略。在数据共享的激励问题中，在每一轮博弈结束时，企业将自己的收入与邻居的收入进行比较，并模仿邻居中收入最高者的策略。目前，将 PSO 算法与网络博弈问题相结合进行研究，已经有众多学者进行了有益的探索[51]。因此，本节选择 PSO 算法来分析网络进化博弈。

首先，将博弈与 PSO 算法进行映射，如图 2.21 所示[52]。

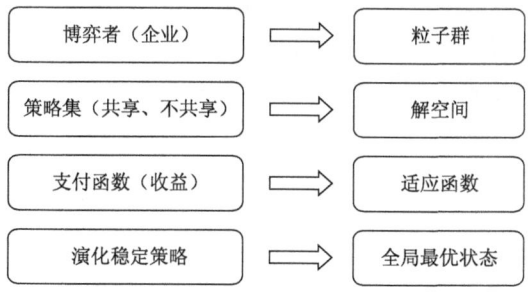

图 2.21 博弈与 PSO 算法的映射关系

在策略空间中，企业只有两种可供选择的策略：参与数据共享和不参与数据共享。因此，该问题需要采用离散型粒子群优化（discrete particle swarm optimization，DPSO）算法。假设总共有 N 个企业，企业 i 的战略选择由 $X_i(X_i=0,1)$ 表示。所有企业的战略选择包括：

$$X = (X_1, X_2, \cdots, X_i, \cdots, X_N), \quad 1 \leqslant i \leqslant N \tag{2.12}$$

其次，给出 DPSO 算法中粒子的速度和位置的更新方程为

$$v_i^{t+1} = \omega v_i^t + c_1 r_1 \left(\text{pbest}_i^t - X_i^t\right) + c_2 r_2 \left(\text{gbest}_i^t - X_i^t\right) \tag{2.13}$$

$$s\left(v_i^{t+1}\right) = \frac{1}{1+e^{-v_{id}}} \tag{2.14}$$

$$X(v_{id})^{t+1} = \begin{cases} 1, & \text{rand}() < s\left(v_i^{t+1}\right) \\ 0, & \text{其他} \end{cases} \tag{2.15}$$

式中，v_i^t 表示第 t 次迭代时，第 i 个粒子的速度向量；pbest_i^t 表示第 t 次迭代时，第 i 个粒子在其历史搜索过程中找到的最佳位置；gbest_i^t 表示第 t 次迭代时，整个粒子群在历史搜索过程中找到的最佳位置；c_1 和 c_2 表示学习因子，又称为加速常数，它们分别调节粒子向个体最优解和全局最优解的飞行步长；r_1、r_2 表示介于 0 和 1 之间的随机数，它们是在算法迭代过程中生成的，用于模拟粒子在搜索空间中的运动；ω 表示惯性权重，用于控制粒子的先前速度对当前速度的影响程度；$s\left(v_i^{t+1}\right)$ 表示第 $t+1$ 次迭代时，第 i 个粒子的速度向量 v_i^{t+1} 的更新策略或函数；v_{id} 表示第 i 个粒子在第 d 个维度上的速度分量。

DPSO 算法在粒子飞行过程中不断调整粒子的速度和位置，使粒子越来越接

近最佳位置，最终收敛到 0。在每一轮迭代中，企业 i 从其邻居中选择几个企业参与博弈，本次迭代收益是博弈的平均收入。企业模仿收入最高的邻居的策略，并将其视为个体最优策略 pbest$_i$。在所有企业进行一轮博弈后，如果总收入高于上一轮，当前的策略集将成为群体最优策略 gbest$_i$；否则，上一轮的策略集仍作为群体最优策略。当 $v = 0$，很可能出现 pbest$_i$=X_i,gbest$_i$=X_i，这意味着当前位置是历史最佳位置，该位置不需要改变。然而，在传统的 DPSO 算法中，$v = 1$，意味着随着粒子越来越接近最佳位置，其变化的概率仍然在增加，并且局部搜索能力较弱。

DPSO 算法的改进概率映射函数和位置的变化如下：

$$v_i^{t+1} = \omega v_i^t + c_1 r_1 \left(\text{pbest}_i^t - X_i^t \right) + c_2 r_2 \left(\text{gbest}_i^t - X_i^t \right) \tag{2.16}$$

$$s\left(v_i^{t+1}\right) = \begin{cases} 1 - \dfrac{2}{1+e^{-v_{id}}}, & v_i \leqslant 0 \\ \dfrac{2}{1+e^{-v_{id}}} - 1, & v_i > 0 \end{cases} \tag{2.17}$$

$$X_i = \begin{cases} 0, & \text{rand}() < s\left(v_i^{t+1}\right) \\ X_i, & \text{rand}() \geqslant s\left(v_i^{t+1}\right) \end{cases} \tag{2.18}$$

因此，该算法的伪代码如算法 2.10 所示。

算法 2.10 基于 DPSO 的网络演化博弈算法

输入：$x_0, C, k, \alpha, \beta, m, \theta = 0.4, \omega, c_1, c_2$

输出：企业策略集合 X

生成网络 $G = (N, E)$

根据 x_0 生成初始化企业策略集合 X_0

While ($i < $ Max iteration) **do**

    博弈者 i 通过与其邻居博弈获得的收入来更新 pbest$_i^t$ 和 gbest$_i^t$

  If ($i < \theta$Max iteration) **do**

    For ($i < N$) **do**

      根据式（2.13）~式（2.15）更新 v_i^{t+1}、$s\left(v_i^{t+1}\right)$ 和 $X(v_{id})^{t+1}$

    End For

  End If

  Else do

    For ($i > \theta$Max iteration) **do**

      For ($i < N$) **do**

        根据式（2.16）~式（2.18）更新 v_i^{t+1}、$s\left(v_i^{t+1}\right)$ 和 X_i

      End For

    End For
  End Else
End While

  在式（2.13）~式（2.18）中，每个粒子 i 的飞行速度由 pbest_i^t 和 gbest_i^t 决定，这些速度对博弈的平衡有影响。pbest_i^t 和 gbest_i^t 由企业的收益决定。这意味着当前环境下博弈的平衡不仅仅是个体收益最大化或群体收益最大化，还代表了个体企业收益与群体收益之间的平衡。这种平衡允许企业在优化个体利益的同时，也考虑整个群体的最大利益。

  智能算法的随机性会导致演化轨迹的波动，因此本节将变邻域下降（variable neighborhood descent，VND）法加入了基于 DPSO 算法的网络演化博弈中，以缓解企业在演化早期的策略波动。我们设计了三个可变邻域算子来操纵企业的策略集，算子如下。

  （1）在策略集中选择策略，并将策略反转，将 0 转换为 1，将 1 转换为 0。

  （2）该算子从企业的策略集中随机选择两个策略的编码分段并进行交换。每个分段占据解决方案总长度的五分之一。

  （3）该算子在策略集中选择一个编码分段并执行从开始到结束的解决方案翻转。然后，将设计的算子添加到网络演化博弈中，算法过程如算法 2.11 所示，在该算法中，加入了可变邻域算子来改善算法的效果。

算法 2.11 基于 DPSO 和 VND 的网络演化博弈算法

输入：$x_0, C, k, \alpha, \beta, m, \theta = 0.4, \omega, c_1, c_2$

输出：企业策略集合 X

生成网络 $G = (N, E)$

根据 x_0 生成初始化企业策略集合 X_0

While ($i <$ Max iteration) **do**

  博弈者 i 通过与其邻居博弈来更新 pbest_i^t 和 gbest_i^t

  If ($i < \theta$Max iteration) **do**

    For ($i < N$) **do**

      根据式（2.13）~式（2.15）更新 v_i^{t+1}、$s\left(v_i^{t+1}\right)$ 和 $X\left(v_{id}\right)^{t+1}$

    End For

    执行 VND，若有更高收益解则更新当前解；若没有则保留之前的解

  End If

  Else do

    For ($i > \theta$Max iteration) **do**

      For ($i < N$) **do**

        根据式（2.16）~式（2.18）更新 v_i^{t+1}、$s\left(v_i^{t+1}\right)$ 和 X_i

```
        End For
    End For
End Else
End While
```

2. 区块链共享的激励值计算

共享采分点是为了提高企业上传数据的有效性。在企业上传溯源数据时，若该数据在溯源过程中会被使用到，即它是其他与该企业相关企业所需要的，企业就可以获得该采分点的积分。该部分的激励值可以通过使用演化博弈的方法来求解。

在区块链数据共享采分环节中，最重要的就是判断企业上传的数据是否为有效的（对方企业需要的数据），所以该部分博弈的策略空间 $K = \{K_1, K_2\} = \{有效, 无效\}$。然后做出以下假设。

假设 1：博弈主体为企业，博弈主体都是有限理性的。

假设 2：对于诚信的企业，区块链平台会给予企业一定的奖励 αG，α 为激励系数；对于不诚信的企业，区块链平台会给予一定的惩罚 βG，β 为惩罚系数。企业参与该积分环节采分时，需要付出一定的技术与人员成本 C_e。

假设 3：区块链平台在博弈的过程中，会出现两种行为：一是共享数据有效，二是共享数据无效。若双方共享数据都有效，数据双方会获得一定的共享收益 rG，r 表示共享收益系数。若一方共享有效，另一方共享无效，有效的一方不能获得共享收益，反而还要承受自身数据泄露的风险，风险损失为 mG，风险系数为 m。此时，共享无效的一方仍然可以获得共享收益。若双方共享都无效，则都不会获得共享收益，也不需要承担数据泄露的风险。

假设 4：企业共享数据有效的概率为 x，则无效的概率为 $1-x$。

支付矩阵如表 2.2 所示。

表 2.2 共享采分环节下数据共享博弈支付矩阵

P_1	P_2	
	$K_1(x)$	$K_2(1-x)$
$K_1(x)$	$\ln(1+G)+rG+\alpha G-C_e-mG$，$\ln(1+G)+rG+\alpha G-C_e-mG$	$\ln(1+G)+\alpha G-C_e-mG$，$\ln(1+G)-\beta G$
$K_2(1-x)$	$\ln(1+G)-\beta G$，$\ln(1+G)+\alpha G-C_e-mG$	$\ln(1+G)-\beta G$，$\ln(1+G)-\beta G$

根据上述假设以及博弈支付矩阵，便可使用演化博弈理论对该问题进行分析，得到一组合理的激励值。

3. 区块链验证的激励值计算

在区块链数据验证采分环节中,若企业上传数据至链上的过程当中保持诚信,即没有中途篡改数据,那么企业将得到该环节的积分奖励。若企业上传数据至链上的环节不诚信,即中途篡改了数据,那么它将受到区块链平台的惩罚,前两个环节获得的积分也会全部扣除。因为该环节企业会受到区块链平台的监督,所以验证环节的博弈为企业与区块链平台之间的演化博弈。

在该环节的演化博弈当中,博弈的主体有两个:企业 E 和区块链平台 B。其中,企业的策略空间 $K = \{K_1, K_2\}$ = {诚信,不诚信};区块链平台的策略空间 $S = \{S_1, S_2\}$ = {宽松监管,严格监管}。然后做出以下假设。

假设 1:区块链平台追求的是绝对诚信的数据共享,企业追求的是自身利益最大化,博弈双方主体都是有限理性的。

假设 2:区块链平台在博弈的过程中,会出现两种行为:一是宽松监管,二是严格监管。区块链平台参与并搭建该监管平台需要耗费一定的成本 C_f。

若区块链平台严格监管,则需要更多的技术与人力资源的耗费,成本为 C_g。区块链平台会获得正面效应 O_g,同时不诚信的企业会得到更严厉的惩罚 $(1+r)\beta G$,r 为监管严格系数,β 为惩罚系数。而诚信企业会给区块链带来一定的积极影响 L。

若区块链平台宽松监管,可能导致企业共享时存在不诚信的行为,这种情况会给区块链平台带来一定的负面影响 N_f。不诚信的企业会获得惩罚 βG,即此时监管系数 $r = 0$。

假设 3:对于诚信的企业,区块链平台会给予企业一定的奖励 αG,α 为激励系数。企业参与该积分环节采分时,需要付出一定的技术与人员成本 C_e。若企业诚信,则会带来一定的声誉 R_g,若企业不诚信,则会带来一部分负面影响 R_f。

假设 4:企业诚信的概率为 x,则不诚信的概率为 $1-x$;区块链平台宽松监管的概率为 y,严格监管的概率为 $1-y$。

博弈的支付矩阵如表 2.3 所示。根据上述假设与支付矩阵,后续便可使用演化博弈进行分析,可以找到一些情况下的合理的积分设置,使得所有企业诚信地共享数据。

表 2.3 验证采分环节下数据共享博弈支付矩阵

E	B	
	$S_1(y)$	$S_2(1-y)$
$K_1(x)$	$\alpha G - C_e + R_g$, $L - C_f$	$\alpha G - C_e + R_g$, $L - C_g$
$K_2(1-x)$	$-C_e - R_f - \beta G$, $-N_f - C_g$	$-C_e - R_f - (1+r)\beta G$, $(1+r)\beta G - C_g + O_g$

2.2.3 多方协同授权机制

本小节提出一种能够保证企业在上传数据至区块链上的过程中，数据不被篡改的方法。在本小节内容中，基于区块链的哈希值，设计了一种哈希值验证方法保证数据的可靠性。

区块链平台使用哈希值来验证数据的可靠性的技术支持主要是基于哈希函数的特性以及区块链的结构特性。用户上传数据至区块链时，该数据首先会经过哈希函数进行哈希运算，得到一个唯一的哈希值。随后，该哈希值会被记录在区块链上，成为某个区块的一部分。由于哈希函数的不可逆性和抗碰撞性，即使是微小的数据变化也会导致得出完全不同的哈希值，因此只要哈希值一致，就可以确信数据的完整性没有被篡改。通过比对数据的哈希值，用户可以验证数据是否被篡改。如果区块链网络中的多个节点都存有相同的数据和相同的哈希值，那么就可以确信这份数据的可靠性和完整性。哈希值在区块链中广泛应用于数据验证和完整性保证。该方法的伪代码如算法 2.12 所示。

算法 2.12　区块链数据可靠性验证算法

输入：需要上传到区块链上的数据
输出：如果验证了数据完整性，则输出 True，否则输出 False
1: 选择哈希函数
2: 链下数据哈希化
Function hash_off_chain(data):
　　return hash_function(data)
3: 数据上链
Function upload_to_chain(data):
4: 链上验证
Function verify_on_chain(data_on_chain, hash_value_off_chain):
　　hash_value_on_chain = hash_function(data_on_chain)
　　return hash_value_on_chain = hash_value_off_chain
5: 比对哈希值
data = "Your data here"
hash_value_off_chain = hash_off_chain(data)
upload_to_chain(data)
// 数据上链是智能合约自动触发验证
verification_result = verify_on_chain(data_on_chain, hash_value_off_chain)
If verification_result:

        print("数据完整性验证通过")
    Else
        print("数据可能已被篡改")

2.3　基于多方治理决策的全域标识数据区块链可信追溯机理

本节针对大规模制造产业链多源异构全域标识数据追溯不可信问题,从溯源的主体、路径和结果三个层面,分别介绍面向多方治理的溯源主体可信分析方法、多个溯源主体间各方信誉评价标准、基于多方治理决策方法确保溯源结果的真实可信三方面内容,如图2.22所示。为保障溯源主体可信,解决大规模制造产业链中可能存在的恶意追溯行为,结合演化博弈理论审查溯源请求,研究多方治理主体的可信性分析方法。为保障溯源流程可信,解决跨域数据协同带来的溯源流程不可信问题,提出多个溯源主体信誉积分机制和评价方法,引入主体特征以评估跨域数据可信度。为保证溯源结果可信,设计基于合作博弈的联盟替换算法选择动态追溯路径,确保溯源结果的透明度和可信度。最终建立大规模制造产业链全域标识数据可信追溯体系,保障全生命周期溯源的可信性。

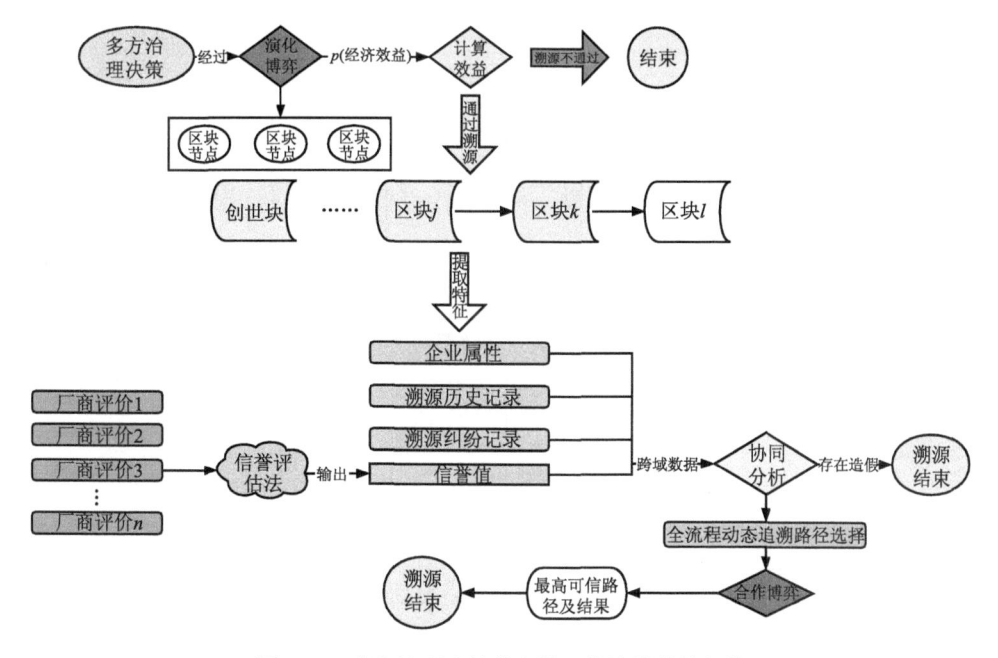

图 2.22　多方治理决策的全域可信追溯整体架构

2.3.1 多方治理主体可信分析方法

在大规模制造业中，实施多方决策追溯是一项关键任务，其核心在于确保各参与方彼此之间能够相互信任，从而做出准确的追溯请求决策[53]。错误地追溯可能导致资源浪费，而遗漏应予追溯的请求则可能引发严重的后果。鉴于供应链中参与主体众多，各自的立场和意见不尽相同，如何在缺乏第三方权威机构的情况下，确保多方在决策过程中维持相互信任并达成正确的追溯决策，成了一个显著的挑战。为此，本小节结合演化博弈理论[54]审查溯源请求，提出一种研究多方治理主体的可信性分析法。

该方法的整体流程如图 2.23 所示，首先，建立工业互联网环境中多方决策可信场景，基于该场景设计信誉机制，并构建工业互联网环境中该机制下的决策模型，获得决策参与者的效用值；其次，对于有限理性的决策参与者而言，根据策略改变前后的效用值计算出参数 p，并根据参数 p 来确定是否改变策略；最后，每个决策参与者重复上述计算，然后根据所有决策参与者的策略，依次判断决策参与者整体的策略选择是否达到均衡状态和演化稳定的比例状态，如果达到演化稳定的比例状态，则表明已实现工业互联网环境中可信的多方决策[55]。

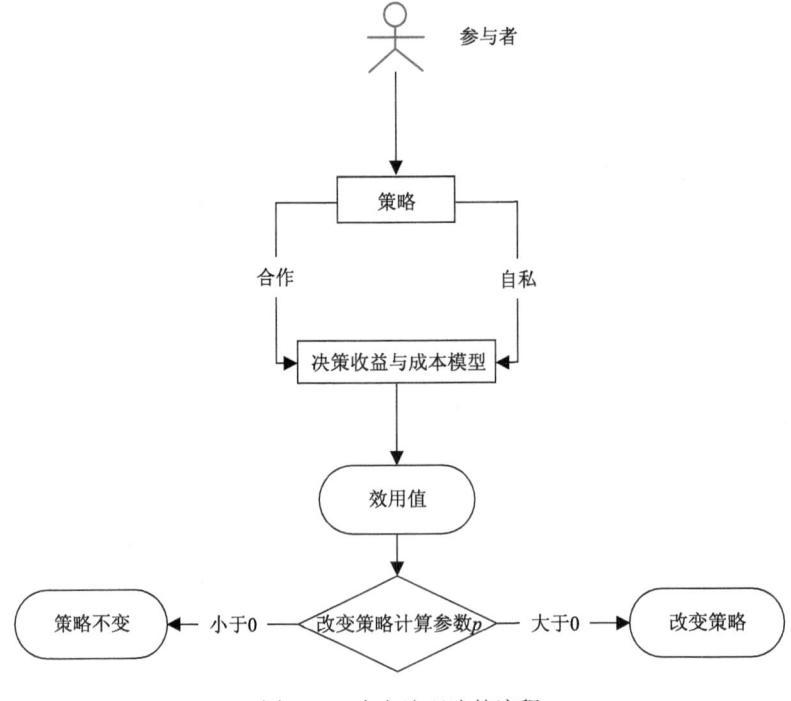

图 2.23 多方治理决策流程

为获得决策参与者效用值，需先建立大规模制造业环境中多方决策可信场景，并设定决策参与者具有以下两种策略 $S=\{s_1,s_2\}$。

诚实策略 s_1：正常的决策策略，诚实地做出是否进行追溯的决策。

恶意策略 s_2：非正常的决策策略，采取恶意的追溯决策，希望通过作恶获取私利。

基于上述场景建立信息收益模型，设大规模制造业中追溯请求的决策参与者总数为 N，选择策略 s_i 的追溯决策参与者个数为 N_{s_i}，则在总数中选择策略 s_i 的参与者占比为

$$X_{s_i} = \frac{N_{s_i}}{N} \tag{2.19}$$

$X=[x_{s_1},x_{s_2}]$ 描述了决策参与者在整体策略选择的比例状态，由各决策参与者的占比构成；当某一追溯请求 g 发起时，采用诚实策略 s_1 的参与者会获得请求者的信任，并得到成功的信誉收益 $F(g)$。收益是由请求发起者的信誉 I、公司体量 $L(c,v,n)$、企业上下游关系等信息共同决定的。其中，信誉度由慈善和违法情况等组成。另外，c 代表年度总收益，v 代表全部员工数，n 代表固定资产数目。

此外，将供应链追溯的上下游关系转化为二维坐标图，如图 2.24 所示。其中，x 代表产业链同级别的厂商之间关系强弱，y 代表不同级别，即上下游之间的关系强弱。而二者之间的距离，如 A_a 与 B_a 的距离可用式（2.20）表示：

$$d(A_a,B_a) = \sqrt{(A_a,B_a)^{\mathrm{T}} \Sigma^{-1} (A_a,B_a)} \tag{2.20}$$

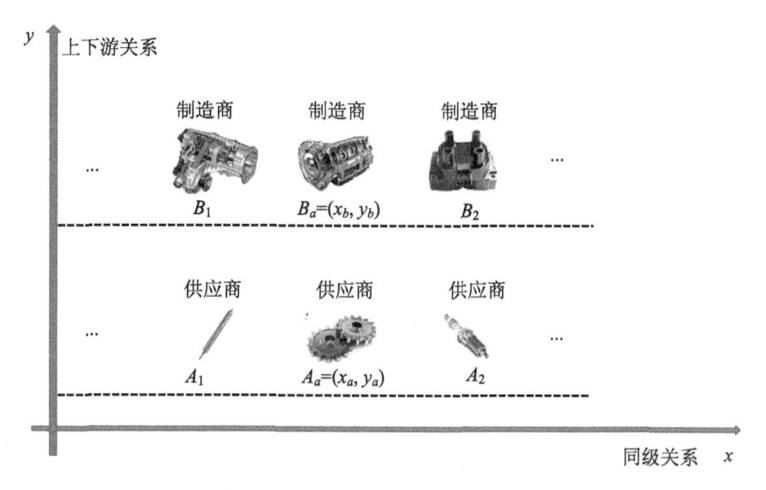

图 2.24 大规模制造业上下游距离

若追溯的两个厂商之间距离越小，则请求越可靠。可信程度与距离成反比，将距离转化为

$$D(d) = e^{-d(A,B)} \quad (2.21)$$

可知 $0 < D(d) < 1$，进而可知 $F(g) = I \cdot L(c,v,n)D(d)$。然而，当决策失败时，决策者不仅无法得到信誉收益 $F(g)$，而且会因决策失败而损失信誉收益 $p(g)$。为了激励决策者都采取诚实策略 s_1，将收益机制设置为只有选择相同策略的决策参与者平分收益，不同策略的决策参与者无法获得收益。因此，采取诚实策略 s_1 的参与者的收益计算方式如下：

$$U_{s_1} = (1-v(s_i))x_{s_1}F(g) - v(s_i) \times x_{s_1}p(g) \quad (2.22)$$

对采用恶意策略 s_2 的决策者而言，其会收获恶意所得的利益 $H(a)$，这代表他们可能更有话语权，但也要承担相应的风险，可能导致其利益 $q(g)$ 有所损失。若 $q(g) > p(g)$，请求者将更加不信任选择恶意策略的决策者，则采用恶意策略的决策者收益计算方式如下：

$$U_{s_2} = v(s_i) \times x_{s_2}H(a) - (1-v(s_i))q(g) \quad (2.23)$$

其中，

$$v(s_i) = \begin{cases} 1, & s_i = s_1 \\ 0, & s_i = s_2 \end{cases} \quad (2.24)$$

1. 有限理性策略选择

对于有限理性的追溯决策参与者而言，根据策略改变前后的效用值 ρ，以选择是否改变追溯策略。

$$\rho = \max(U(X,s_j) - U(X,s_i), 0) \quad (2.25)$$

其中，s_i 表示追溯决策参与者最初选择的策略；s_j 表示追溯决策参与者想改变的策略，且 $s_i, s_j \in S$。根据计算出的效用值 ρ 进行判断，若效用值 $\rho > 0$，则决策者将改变初始策略；若效用值 $\rho < 0$，则表示改变策略无法获得收益，故决策者会保持初始的策略[56]。

2. 策略选择的演化稳定判定

根据所有决策者采用的策略依次判断参与者整体的策略选择是否达到均衡状态和演化稳定的比例状态，若整体达到演化稳定的比例状态，则表明大规模制造业环境中已实现可信的追溯决策。

首先，根据选择诚实策略 s_i 的参与者占比计算其效用值，并统计选择更换策略的决策者数量，以判断决策者整体选择的策略是否达到均衡状态，则选择更换策略的决策者数量计算如下：

$$x_{s_i}^*(t) = x_{s_i}(t)\left[U(s_i) - \sum_{s_k \in S} U(s_k) x_{s_k}(t)\right] \quad (2.26)$$

其中，t 表示单位时间，当选择更换策略的决策者 $x_{s_i}(t) = 0$ 时，即变更决策无法带来收益，这时决策参与者整体的策略选择将达到均衡状态。

其次，在达到均衡状态的前提下，判断决策参与者整体的策略选择是否达到演化稳定的比例状态。但决策参与者是有限理性的，可能存在部分决策者的策略突变情况，需判断式（2.27）是否成立。

$$\sum_{s_i \in S} s_i^{*x} U_{s_i}\left((1-\varepsilon)X^* + \varepsilon X'\right) \geqslant \sum_{s_i \in S} s_i^{x} U_{s_i}\left((1-\varepsilon)X^* + \varepsilon X'\right) \quad (2.27)$$

其中，X^* 表示决策者选择另一种策略的比例状态；$\varepsilon \in \{0,1\}$ 表示策略选择状态从 X^* 变成 X'；当式（2.27）成立时，表示部分决策者的突发变更策略并不会彻底改变决策者整体的比例状态。当 $x_{s_i}^* = x_{s_i} = 1$ 或 $x_{s_i}^* = x_{s_i} = 0$ 时，决策参与者均会选择合作策略 s_1，如图 2.25 所示，系统将实现大规模制造业中追溯可信多方决策的可信追溯。

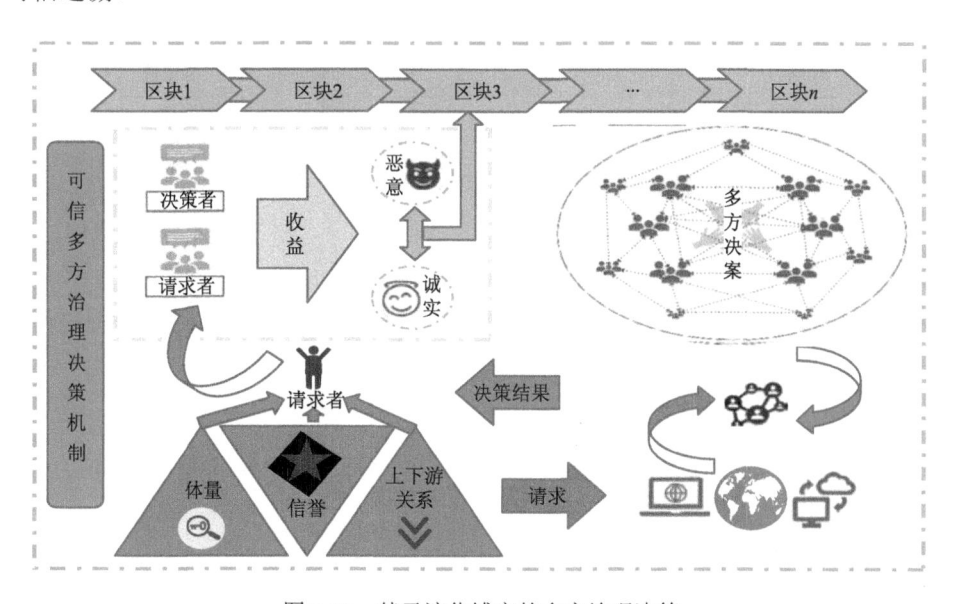

图 2.25　基于演化博弈的多方治理决策

2.3.2 治理各方信誉积分机制

为保障溯源流程可信，解决跨域数据协同带来的溯源流程不可信问题，本节提出治理各方信誉积分机制，引入主体特征以评估跨域数据可信度。该机制通过改进云模型的供应链协同信任评估方法，在保证便捷性的同时为参与方提供一种可信、安全、协同的信任机制。

供应链体系中治理各方信誉积分机制的流程如下：首先，确定被信任评估的供应商属性[57]，获取供应商属性数据。基于博弈论综合分析出供应商属性权重，再对信任等级进行划分，利用标准云生成器生成标准信任云，采集供应商属性的评价数据，对采集到的数据预处理后，通过协同信任属性云逆向生成器生成信任属性云。其次，将上述步骤得出的结果综合分析权重后，计算出综合信任度，再根据相似度计算信任评估，得到信任等级。结合历史信任值和当前信任等级综合评价出最终信任值。对供应链上下游不同厂商重复以上所有步骤，直到所有厂商被评估完毕，即可得到所有厂商的信誉值[58]。供应链上下游厂商及其属性关系示例如图 2.26 所示。

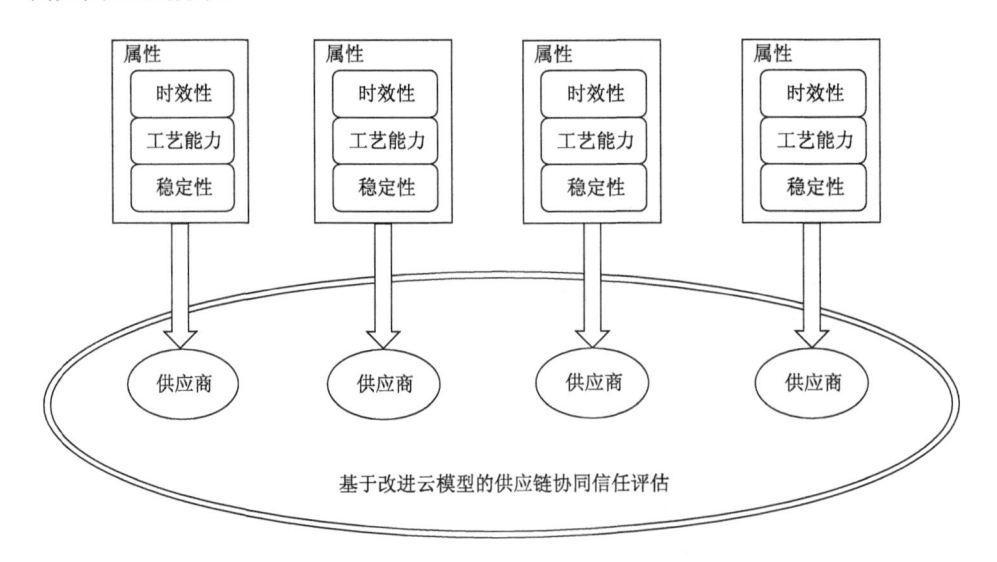

图 2.26 供应链上下游厂商及其属性关系示例图

1. 基于博弈的综合权重分析

基于博弈的综合权重分析，采用定性定量的方法，主观权重使用序关系分析法，客观权重使用 CRITIC（criteria importance though intercrieria correlation，基于指标间相关性确定权重）法，最后采用博弈论思想综合分析厂商属性的最终权重。

第一步，对供应商属性运用序关系分析法进行主观权重分析，输入专家对属性的排序以及属性间的关系，输出各属性权重，利用式（2.28）计算供应商多个主观属性权重 u_{bn}：

$$\begin{cases} u_{bn} = \left(1 + \sum_{i=2}^{n}\prod_{d=i}^{n} R_i\right)^{-1} \\ u_{bi-1} = R_i u_{bi} \end{cases} \quad (2.28)$$

第二步，计算客观权重，先对供应商的正向属性时效性、工艺能力、稳定性进行归一化处理，得到归一化正向属性 x_{ij}^{T}：

$$ij^x = \frac{X_{ij} - \min(X_{1j}, X_{2j}, \cdots, X_{nj})}{\max(X_{1j}, X_{2j}, \cdots, X_{nj}) - \min(X_{1j}, X_{2j}, \cdots, X_{nj})} \quad (2.29)$$

如果存在负向属性，则进行如下调整：

$$ij^x = \frac{\max(X_{1j}, X_{2j}, \cdots, X_{nj}) - X_{ij}}{\max(X_{1j}, X_{2j}, \cdots, X_{nj}) - \min(X_{1j}, X_{2j}, \cdots, X_{nj})} \quad (2.30)$$

随后利用标准差 x 表示供应商的属性变异性，若标准差越大，则该属性权重越大：

$$\begin{cases} \overline{x}_j = \dfrac{1}{n}\sum_{i=1}^{n} x_{ij} \\ x = S_j = \sqrt{\dfrac{\sum_{i=1}^{n}(x_{ij} - \overline{x}_j)^2}{n-1}} \end{cases} \quad (2.31)$$

第三步，计算属性相关性，由 r_{ij} 表示评价属性 i 和 j 之间的相关系数，该属性与其他属性相关性越强，则权重越小，相关计算如下：

$$R_j = \sum_{i=1}^{p}(1 - r_{ij}) \quad (2.32)$$

利用式（2.33）与式（2.34）计算出不同属性信息量 C_j，C_j 越大，属性权重 W_j 越大：

$$C_j = S_j \sum_{i=1}^{p}(1 - r_{ij}) = S_j \times R_j \quad (2.33)$$

$$W_j = \frac{C_j}{\sum_{j=1}^{p} C_j} \quad (2.34)$$

第四步，根据第一步和第二步的输出确定基本供应商的属性权重向量集，根

据 n 个属性和 m 种赋权方法，可得属性权重集 w：

$$w = \left(w_{1j}^t, w_{2j}^t, \cdots, w_{mj}^t\right), \quad j \in 1, 2, \cdots, n \tag{2.35}$$

计算综合权重，对 m 个向量进行任意的线性组合：

$$w = \sum_{i=1}^{m} a_i w_i, \quad a_i > 0 \tag{2.36}$$

对 a_i 进行优化，使 w_i 和 w 的离差极小化：

$$\min \sum_{i=1}^{m} (a_i w_i - w), \quad i \in 1, 2, 3, \cdots, m \tag{2.37}$$

由矩阵微分性质可知，最优化一阶导数为

$$\begin{pmatrix} w_1 w_1^T & w_1 w_2^T & \cdots & w_1 w_m^T \\ w_2 w_1^T & w_2 w_2^T & \cdots & w_2 w_m^T \\ \vdots & \vdots & \vdots & \vdots \\ w_n w_1^T & w_n w_2^T & \cdots & w_n w_m^T \end{pmatrix} \begin{pmatrix} a_1 \\ a_2 \\ \vdots \\ a_m \end{pmatrix} = \begin{pmatrix} w_1 w_m^T \\ w_2 w_m^T \\ \vdots \\ w_n w_m^T \end{pmatrix} \tag{2.38}$$

利用式（2.38），求得 $(a_1, a_2, \cdots, a_m)$，归一化后得到最优分配比系数 a_i^*，并通过式（2.39）进一步得到供应商属性最优综合权重 w_i^*：

$$w_i^* = \sum_{i=1}^{m} a_i^* w_i^T \tag{2.39}$$

因不同厂商对于供应商不同属性进行评价时，更倾向于采用模糊评价，例如"好"或"不好"。所以，为提高供应商属性等级评价结果可区分性，需对评价数值 1~10 进行量化，分值越大，信任度越高，规定供应商评价区间 [1,3]、[4,6]、[7,10] 分别对应信任评价"差"、"一般"和"好"。

供应商属性评价等级对应云模型数字特征计算输入 n 个子区间，输出标准信任云（standard trust cloud, STC）的期望、熵、超熵 (Ex, En, He)：

$$\begin{cases} Ex = (B_{\max} + B_{\min})/2 \\ En = (B_{\max} - B_{\min})/3 \\ He = 0.02 \end{cases} \tag{2.40}$$

2. 协同信任属性云逆向生成

设以 j 个厂商对其他供应商的 m 个属性所产生的评价作为输入，并根据协同信任属性云逆向生成器算法生成 m 个属性的信任云。将 $x_{ij}(x_{i1}, x_{i2}, \cdots, x_{im})$ $(i \in 1, 2, \cdots, n)$ 作为输入，计算供应商属性信任隶属度 μ_i：

$$\mu_i = \mathrm{e}^{\frac{2\ln 2}{n} \times i} \qquad (2.41)$$

计算并加权 j 个厂商属性期望矩阵 Ex_b、属性熵矩阵 En_b、超熵矩阵 He_b，对 $(\mathrm{Ex},\mathrm{En},\mathrm{He})$ 加权计算，设每个属性评价的权重输入为 $\lambda_a\left(a\in 1,2,\cdots,j\right)$，计算：

$$\begin{cases} \mathrm{Ex}_b = \sum_{a=1}^{j}\left(\mathrm{Ex}_{ba}\times\lambda_a\right) \\ \mathrm{En}_b = \sum_{a=1}^{j}\left(\mathrm{En}_{ba}\times\lambda_a\right) \\ \mathrm{He}_b = \sum_{a=1}^{j}\left(\mathrm{He}_{ba}\times\lambda_a\right) \end{cases} \qquad (2.42)$$

得出不同厂商对于各信任属性云的数字特征：

$$\mathrm{TPC}\left(\mathrm{Ex}_b,\mathrm{En}_b,\mathrm{He}_b\right),\quad b\in 1,2,\cdots,m \qquad (2.43)$$

3. 综合信任云生成

由 2.3.2 节中供应商属性权重 λ_a（$\sum_{i=1}^{m}\lambda_i=1$）和信任属性云数字特征，计算出供应商属性综合信任云的数字特征 $(\mathrm{Ex},\mathrm{En},\mathrm{He})$，如式（2.44）所示：

$$\begin{cases} \mathrm{Ex} = \sum_{a=1}^{j}\left(\mathrm{Ex}_i\times\lambda_i\right) \\ \mathrm{En} = \sqrt{\sum_{a=1}^{j}\left(\mathrm{En}_i^{\,2}\times\lambda_i\right)} \\ \mathrm{He} = \sum_{a=1}^{j}\left(\mathrm{He}_i\times\lambda_i\right) \end{cases} \qquad (2.44)$$

4. 供应商属性信任云相似度计算

为计算供应商属性信任云的相似度，将以上步骤得到的标准信任云 $\mathrm{TC}(\mathrm{Ex},\mathrm{En},\mathrm{He})$ 作为输入，在 TC_1 中生成以 En_1 为期望和以 He_1^2 为方差的一个正态随机数 $\mathrm{En}_i' = \mathrm{NORM}\left(\mathrm{En},\mathrm{He}^2\right)$，并在 TC_1 中生成以 En_1 为期望和 $\mathrm{En}_i'^{\,2}$ 为方差的一个正态随机数 $x_i = \mathrm{NORM}\left(\mathrm{Ex},\mathrm{En}_i'^{\,2}\right)$，最后将 x_i 代入供应商属性信任云 TC_2 的期望方程中，计算隶属度 μ_i'：

$$\mu_i' = \mathrm{e}^{-\frac{(x-\mathrm{Ex}_2)^2}{2(\mathrm{En}_2)^2}} \qquad (2.45)$$

重复在 TC_1 中生成以 En_1 为期望和以 $En_i'^2$ 为方差的一个正态随机数 $x_i = \text{NORM}(Ex, En_i'^2)$，将 x_i 代入供应商属性信任云 TC_2 的期望方程中，生成 n 个 μ_i'，计算 $\delta = \frac{1}{n}\sum_{i=1}^{n}\mu_i'$，得出供应商属性云的多个相似度值，其中与供应商属性综合信任云相似度最高的信任等级就是供应商的信任等级，则厂商的评价分的加权百分比 θ 计算如下：

$$\theta = \frac{\sum_{i=1}^{M}\lambda_i}{N} \tag{2.46}$$

第 i 等级的评价得分区间为 $\left[R_i^{\min}, R_i^{\max}\right]$，$R_i^{\max}$、$R_i^{\min}$ 分别是该区间的上限和下限，计算评价得分值 $\alpha = R_i^{\min} + \theta\left(R_i^{\max} - R_i^{\min}\right)$，最后将该值与历史信任值各赋予 50% 的权重，以此计算得出最终的供应商信任值。

最终，治理各方信誉积分机制通过上述步骤，可以得到各个厂商的信誉值。此信誉值作为路径可信与结果可信的重要输入参数，在提升本框架溯源成功率方面发挥了重要作用。

2.3.3 多方治理决策可信追溯方法

在供应链溯源的过程中，通过跨域数据的可信评估与协同分析，能够揭示出多条潜在的溯源路径。然而，由于各节点所扮演角色的差异、节点信誉度的动态变化，以及多方厂商之间的合作对溯源路径可信度的影响，整个系统始终处于动态变化的状态。为保证溯源结果可信，本节设计基于合作博弈的联盟替换算法，形成基于多方治理决策的可信追溯方案，在动态变化的系统中找到最具可信度的溯源路径，确保溯源结果的透明度和可信度。

1. 对溯源路径成功率建模

利用数学模型简化现实问题的复杂性，能够为制定决策提供理论基础。将现实中的供应链信息抽象为数学模型是合作博弈的核心过程之一，在本框架的方案中，将主体特征属性作为输入，通过数学模型计算出溯源路径成功率，其中主体属性值与方案被选择的可能性成反比的属性称为成本属性；属性值与方案被选择的可能性成正比的属性称为效益属性[59]。但属性值有多种类型，并且不同用户的不同溯源指标的属性值在大小和量纲方面存在差异，需要对其进行标准化处理。本小节用 $Z_{ij}(i=(1,2,\cdots,m), j=(1,2,\cdots,n))$ 表示标准化后第 i 个用户的第 j 个溯源指标的数值。

首先，对效益属性和成本属性进行标准化。在本框架中，设 C_i^{ST} 是企业在跨域中成功溯源（successful traceability，ST）的次数（该属性为效益属性），标准化处理后得到溯源指标 Z_{i_1}：

$$Z_{i_1} = \frac{C_i^{ST} - \min\{C^{ST}\}}{\max\{C^{ST}\} - \min\{C^{ST}\}} \quad (2.47)$$

同时，采用层次分析法和多因素综合评价法建立企业综合评价模型[60]，对效益属性企业评分进行评估。采用 100 分制对表中各个因子进行量化，采用加权求和模型对企业分值进行评价，如表 2.4 所示。

表 2.4 多因素综合评价

主因素	主因素权重	次因子	次因子权重	综合权重	排序
企业资质	0.386	是否通过 ISO 认证	0.1463	0.056	8
		通过 CCC[1) 认证比重	0.4394	0.170	1
		是否通过其他质量安全认证	0.1198	0.046	10
		是否通过体系认证	0.2945	0.114	2
质量检测	0.212	企业自检产品合格率	0.1805	0.038	13
		机构抽检合格率	0.4906	0.104	3
		自检合格率与抽检合格率比重	0.3289	0.070	6
产品追溯	0.260	企业追溯完整度	0.1616	0.042	11
		生产过程追溯信息完整度	0.3976	0.103	4
		检测追溯信息完整度	0.1463	0.039	12
		追溯信息更新效率	0.2945	0.076	5
消费者反馈	0.142	最近一年投诉次数	0.4018	0.057	7
		质量安全投诉与被追溯次数	0.2693	0.038	13
		质量安全事件处理效率	0.3289	0.047	9

1) CCC 即国家强制性产品认证（China compulsory certification）

$$Z_{i_2} = \sum_{i=0}^{n} S_i W_i \quad (2.48)$$

其中，n 表示因子指标数量；S_i 表示第 i 个因子的分值；W_i 表示第 i 个因子的权重；Z_{i_2} 表示标准化后的企业分值，分值越高说明企业的综合评价越高。另外，设 C_i^{PC} 为企业在区块链网络中以往溯源纠纷时，所统计的企业不良次数，如溯源信息造假、非法追溯等，此属性属于成本属性，其标准化处理后得到溯源指标：

$$Z_{i_3} = \frac{C_i^{\text{PC}} - \min\{C^{\text{PC}}\}}{\max\{C^{\text{PC}}\} - \min\{C^{\text{PC}}\}} \qquad (2.49)$$

一旦节点的溯源指标 Z_{i_3} 大于系统设定的阈值 α，将产生如下处罚因子：

$$Z_{i_4} = -\varepsilon \left(\frac{Z_{i_1} + Z_{i_2}}{2} + \frac{1}{1 + Z_{i_3}} \right) \qquad (2.50)$$

其中，$\varepsilon \in (0, -1)$，处罚因子 Z_{i_4} 的大小与企业属性成正比，规模越大的企业受到的处罚越严重，往往映照现实中大规模企业更加注重信誉。

其次，基于改进云模型的各方信誉积分机制，计算效益属性企业信誉值 Z_{i_5}：

$$Z_{i_5} = i_{\min}^R + \theta \times (i_{\max}^R - i_{\min}^R) \qquad (2.51)$$

设企业经济效益为 Z_{i_6}（效益属性），由净利润 p/所有者权益 e 所得

$$Z_{i_6} = \frac{p}{e} \qquad (2.52)$$

计算溯源的时效性 Z_{i_7}（效益属性），将溯源双方最近的交易记录时间引入式（2.53）：

$$Z_{i_7} = 1 - \frac{1}{2} \left(\frac{|t_1 - t_2|}{365} \right)^2 \qquad (2.53)$$

最后，计算企业 i 的单次溯源路径成功率 V_i^A 与企业溯源成功率 V_i^B：

$$V_i^A = \sum_{j=0}^{7} W_j Z_{ij} \qquad (2.54)$$

$$V_i^B = \sum_{j=0}^{6} W_j Z_{ij} \qquad (2.55)$$

其中，W_j 表示不同信誉指标对应的权重：

$$\sum_{j=0}^{7} W_j = 1 \qquad (2.56)$$

经过上述步骤，得出企业在溯源路径上的成功率 V_i^A 与 V_i^B。其中，V_i^B 将作为合作博弈分析计算的输入，并作为联盟替换算法中考虑的重要指标；而 V_i^A 作为联盟替换算法的输入。

2. 合作博弈分配企业联盟组合

在合作博弈理论框架下，提升溯源准确性被设定为合作博弈的核心目标之一。

在该框架中，各参与主体在追求最大化自身溯源效果的同时，也共同致力于实现整个联盟溯源准确性的最高标准[61]。本小节提出联盟替换算法，形成基于多方治理决策的可信溯源方案，旨在确保溯源结果的透明性和可信度。该方案的具体实施步骤如下。

第一步，假设供应链场景中共有 n 个域，且每个域内驻扎着 m 个企业，整个供应链场景中共有 P 个企业数量。其中，上下游企业 E_{gh} 与 $E_{g'h'}$ 可通过形成联盟 U_i 的方式相互联系，$U_i = \{U_1, U_2, \cdots, U_k\}, g \in n, h \in m$。组建企业联盟不仅能加强企业间的合作，还能提高双方在溯源路径上的成功率。此外，企业联盟可降低供应链中的溯源争议，提升企业声誉。

第二步，计算联盟与企业的距离。设联盟 U_i 中包含的企业总数为 N，联盟中企业 $E_{g'h'}$ 若与企业 E_{gh} 互为邻域关系，可为企业 E_{gh} 带来经济效益。该效益与企业规模和信誉呈正相关关系，但与两者间的距离成反比，需要分别考虑以下情况。

若联盟 U_i 只与企业 E_{gh} 进行合作，并未与 g 域内其他企业合作，则联盟与企业 E_{gh} 两者之间的距离 d 取 1，即为上游与下游之间的距离。

若联盟 U_i 中包含 g 域内多家企业 $E_{g'h'}$，即表示联盟不只与 g 域内 E_{gh} 单家企业合作，则联盟与企业之间的距离计算如下[62]。

首先，将联盟内企业 $E_{g'h'}$ 的属性映射进各自的维度 $D = \{D_1, D_2, \cdots, D_n\}$，得到企业向量 e_j，其中 $j = 1, 2, \cdots, m$，企业 E_{gh} 的向量为 e_i。其次，根据 $\{e_1, e_2, \cdots, e_j\}$ 计算联盟企业的中心向量 c_j，随后由式（2.57）得到中心向量 c_j 与 e_i 的距离 d_1：

$$d_1 = \sqrt{(c_j - e_i)^2} \tag{2.57}$$

因联盟与企业 E_{gh} 是上下游关系，且上下游之间的距离取 1，故最终联盟与企业 E_{gh} 的距离 d 如下：

$$d = \sqrt{1 + d_1^2} = \sqrt{1 + (c_j - e_i)^2} \tag{2.58}$$

第三步，筛选出联盟中与企业 E_{gh} 互为邻域的企业 $E_{g'h'}$，计算其为 E_{gh} 带来的经济效益总和 sum_a，其中 $g' = \{g-l, g+l\}$：

$$\text{sum}_a = \sum \frac{z_{i_2}^{g'h'} \times z_{i_5}^{g'h'}}{d} \tag{2.59}$$

第四步，计算企业的主体特征属性 $z_{i_6}^{gh}$ 所得到的经济效益，以及主体特征属性 $z_{i_1}^{gh}, z_{i_3}^{gh}, z_{i_4}^{gh}$，如下：

$$z_{i_6}^{gh} = \frac{p}{e} + \text{sum}_a = \frac{p}{e} + \sum \frac{z_{i_2}^{g'h'} \times z_{i_5}^{g'h'}}{d} \tag{2.60}$$

$$z_{i_j}^{gh} = z_{i_j}^{gh} + \frac{\sum_{k=1}^{M} z_{i_k}^{g'h'}}{M}, \quad j = \{1,3,4\} \tag{2.61}$$

第五步，计算企业 E_{gh} 加入联盟 U_i 后，溯源成功率 V_i^B 与联盟 U_i 的溯源成功率 U_i^B：

$$V_i^B = \sum_{j=0}^{6} W_j Z_{i_j}^{gh} \tag{2.62}$$

$$U_i^B = \frac{\sum_{i=1}^{M} V_i^B}{M} \tag{2.63}$$

第六步，个体加入新联盟需满足联盟替换算法的约束，即个体溯源成功率提高，同时联盟溯源成功率也得到提高，具体如式（2.64）所示[63]：

$$V_j^B > V_i^B, \quad U_j^B > U_i^B \tag{2.64}$$

最后，经过有限次的上述的联盟替换算法[64]，以达到接近最优解的联盟组合，进而选出企业溯源可信度最高的路径。采用本方法，能够针对持续动态变化的系统，不断地更新迭代企业联盟的资源分配，有效提升单个企业主体的溯源准确性，并确保整个联盟在精准度上的一致性。这一机制为构建一个可信的追溯体系提供了高度精准的保障。

2.4 本章小结

针对大规模制造产业链全域标识数据异构多源、可信度低、实时追溯和协同共享难等痛点问题，本章从多源异构数据管理架构、协同共享模型和可信追溯机理三方面进行介绍。首先，面向多源异构的全域标识数据协同管理需求，主要从多源异构数据层次链管理模型、异构区块链的跨链集成策略和异构多源区块链可信跨链查询三个方面展开研究；其次，针对大规模制造产业链全域标识数据协同共享难的问题，通过数据分级协同共享结构以支持多方协同共享的激励与授权机制，并构建多方互信的协同共享模型，包括链下数据上传到链上、链下数据分布式存储与数据验证三部分；最后，构建多方治理主体信誉评价模型，设计分类分级的数据可信评价体系，并基于博弈的多方治理决策可信追溯方法，形成多场景、多环节下的可信动态追溯机理。

本章参考文献

[1] Nakamoto S. Bitcoin: a peer-to-peer electronic cash system[EB/OL]. https://bitcoin.org/

bitcoin.pdf[2024-05-10].

[2] Wood G. Ethereum: a secure decentralised generalised transaction ledger[EB/OL]. https://ethereum.github.io/yellowpaper/paper.pdf[2024-06-04].

[3] Surjandari I, Yusuf H, Laoh E, et al. Designing a permissioned blockchain network for the Halal Industry using Hyperledger Fabric with multiple channels and the raft consensus mechanism[J]. Journal of Big Data, 2021, 8: 1-16.

[4] 邵奇峰, 金澈清, 张召, 等. 区块链技术: 架构及进展[J]. 计算机学报, 2018, 41(5): 969-988.

[5] Hasan S S, Sultan N H, Barbhuiya F A. Cloud data provenance using IPFS and blockchain technology[C]//Proceedings of the Seventh International Workshop on Security in Cloud Computing (SCC'19). New York: Association for Computing Machinery, 2019: 5-12.

[6] Liang X P, Shetty S, Tosh D, et al. ProvChain: a blockchain-based data provenance architecture in cloud environment with enhanced privacy and availability[R]. Madrid: 2017 17th IEEE/ACM International Symposium on Cluster, Cloud and Grid Computing(CCGRID), 2017.

[7] Dang T K, Duong T A. An effective and elastic blockchain-based provenance preserving solution for the open data[J]. International Journal of Web Information Systems, 2021, 17(5): 480-515.

[8] Sifah E B, Xia Q, Agyekum K O B O, et al. A blockchain approach to ensuring provenance to outsourced cloud data in a sharing ecosystem[J]. IEEE Systems Journal, 2022, 16(1): 1673-1684.

[9] Demichev A, Kryukov A, Prikhod'ko N. Business process engineering for data storing and processing in a collaborative distributed environment based on provenance metadata, smart contracts and blockchain technology[J]. Journal of Grid Computing, 2021, 19(1): 3.

[10] Dang T K, Anh T D. A pragmatic blockchain based solution for managing provenance and characteristics in the open data context[R]. Future Data and Security Engineering: 7th International Conference, 2020.

[11] Garcia R D, Ramachandran G S, Jurdak R, et al. A blockchain-based data governance framework with privacy protection and provenance for e-prescription[EB/OL]. https://arxiv.org/pdf/2112.13956[2021-12-28].

[12] Liu D X, Ni J B, Huang C, et al. Secure and efficient distributed network provenance for IoT: a blockchain-based approach[J]. IEEE Internet of Things Journal, 2020, 7(8): 7564-7574.

[13] Xu Z Y, Wang Q, Wang Z, et al. PPM: a provenance-provided data sharing model for open banking via blockchain[C]//Proceedings of the Australasian Computer Science Week Multiconference (ACSW'20). New York: Association for Computing Machinery, 2020: 1-8.

[14] Fernando D, Kulshrestha S, Herath J D, et al. SciBlock: a blockchain-based tamper-proof non-repudiable storage for scientific workflow provenance[R]. 2019 IEEE 5th International Conference on Collaboration and Internet Computing(CIC), 2019.

[15] Jyoti A, Chauhan R K. A blockchain and smart contract-based data provenance collection and

storing in cloud environment[J]. Wireless Networks, 2022, 28(4): 1541-1562.

[16] Chenli C, Jung T. Provnet: networked blockchain for decentralized secure provenance[R]. International Conference on Blockchain, 2020.

[17] Chen W H, Liang X Y, Li J, et al. Blockchain based provenance sharing of scientific workflows[R]. 2018 IEEE International Conference on Big Data, 2018.

[18] Popov S. The tangle[EB/OL]. https://assets.ctfassets.net/r1dr6vzfxhev/2t4uxvsIqk0EUau6g2sw0g/45eae33637ca92f85dd9f4a3a218e1ec/iota1_4_3.pdf[2018-04-30].

[19] Dang H, Dinh T T A, Loghin D, et al. Towards scaling blockchain systems via sharding[C]//Proceedings of the 2019 International Conference on Management of Data (SIGMOD'19). New York: Association for Computing Machinery, 2019: 123-140.

[20] Tao Y C, Li B, Jiang J J, et al. On sharding open blockchains with smart contracts[R]. 2020 IEEE 36th International Conference on Data Engineering, 2020.

[21] Amiri M J, Agrawal D, El Abbadi A. SharPer: sharding permissioned blockchains over network clusters[C]//Proceedings of the 2021 International Conference on Management of Data (SIGMOD'21). New York: Association for Computing Machinery, 2021: 76-88.

[22] Xu C, Zhang C, Xu J L. vChain: enabling verifiable boolean range queries over blockchain databases[C]//Proceedings of the 2019 International Conference on Management of Data (SIGMOD'19). New York: Association for Computing Machinery, 2019: 141-158.

[23] Wang H X, Xu C, Zhang C, et al. vChain: a blockchain system ensuring query integrity [C]//Proceedings of the 2020 ACM SIGMOD International Conference on Management of Data (SIGMOD'20). New York: Association for Computing Machinery, 2020: 2693-2696.

[24] Li P F, Lu H, Zheng Q, et al. LISA: a learned index structure for spatial data[C]//Proceedings of the 2020 ACM SIGMOD International Conference on Management of Data (SIGMOD'20). New York: Association for Computing Machinery, 2020: 2119-2133.

[25] Smith J M, Price G R. The logic of animal conflict[J]. Nature, 1973, 246(5427): 15-18.

[26] Axelrod R, Hamilton W D. The evolution of cooperation[J]. Science, 1981, 211(4489): 1390-1396.

[27] Simon H A. Models of man: social and rational[J]. American Catholic Sociological Review, 1957, 18(3): 236-237.

[28] Ramadoss R. Blockchain technology: an overview[J]. IEEE Potentials, 2022, 41(6): 6-12.

[29] Zubaydi H D, Varga P, Molnár S. Leveraging blockchain technology for ensuring security and privacy aspects in internet of things: a systematic literature review[J]. Sensors, 2023, 23(2): 788.

[30] Sunny F A, Hajek P, Munk M, et al. A systematic review of blockchain applications[J]. IEEE Access, 2022, 10: 59155-59177.

[31] Huang C Y, Wang Z Y, Chen H X, et al. RepChain: a reputation-based secure, fast, and high incentive blockchain system via sharding[J]. IEEE Internet of Things Journal, 2021, 8(6): 4291-4304.

[32] Cai Z T, Liang J Y, Chen W H, et al. Benzene: scaling blockchain with cooperation-based sharding[J]. IEEE Transactions on Parallel and Distributed Systems, 2023, 34(2): 639-654.

[33] Liu Y Z, Xing X X, Cheng H S, et al. A flexible sharding blockchain protocol based on cross-shard Byzantine fault tolerance[J]. IEEE Transactions on Information Forensics and Security, 2023, 18: 2276-2291.

[34] Li X D, Wei L B, Wang L D, et al. A blockchain-based privacy-preserving authentication system for ensuring multimedia content integrity[J]. International Journal of Intelligent Systems, 2022, 37(5):3050-3071.

[35] Pratama F A, Mutijarsa K. Query support for data processing and analysis on ethereum blockchain[C]//2018 International Symposium on Electronics and Smart Devices (ISESD). Bandung: IEEE, 2018: 1-5.

[36] El-Hindi M, Heyden M, Binnig C, et al. BlockchainDB-towards a shared database on blockchains[R]. Proceedings of the 2019 International Conference on Management of Data, 2019.

[37] Tong X, Tang H B, Jiang N, et al. SQL-middleware: enabling the blockchain with SQL[R]. Database Systems for Advanced Applications: 26th International Conference, 2021.

[38] Jia D Y, Xin J C, Wang Z Q, et al. SE-chain: a scalable storage and efficient retrieval model for blockchain[J]. Journal of Computer Science and Technology, 2021, 36(3): 693-706.

[39] Wang H, Xu C, Zhang C, et al. vChain: optimizing verifiable blockchain Boolean range queries[R]. 2022 IEEE 38th International Conference on Data Engineering (ICDE), 2022.

[40] Wu H T, Peng Z, Guo S T, et al. VQL: efficient and verifiable cloud query services for blockchain systems[J]. IEEE Transactions on Parallel and Distributed Systems, 2022, 33(6): 1393-1406.

[41] Han R, Xiao J, Dai X H, et al. Vassago: efficient and authenticated provenance query on multiple blockchains[R]. 2021 40th International Symposium on Reliable Distributed Systems (SRDS), 2021.

[42] Huang H, Chen X F, Wang J F. Blockchain-based multiple groups data sharing with anonymity and traceability[J]. Science China Information Sciences, 2020, 63: 130101.

[43] 陆丽娜, 尹丽红, 于啸, 等. 基于区块链的农业科学数据管理场景模型构建研究[J]. 情报科学, 2022, 40(9): 20-25, 37.

[44] Selten R. Evolutionary stability in extensive two-person games-correction and further development[J]. Mathematical Social Sciences, 1988, 16(3): 223-266.

[45] 张伯钧, 郭一晨, 王子凯, 等. 基于智能合约的数据共享激励机制研究[J]. 计算机工程, 2022, 48(8): 37-44.

[46] 黄凯南. 演化博弈与演化经济学[J]. 经济研究, 2009, 44(2): 132-145.

[47] Cho I K, Matsui A. Learning aspiration in repeated games[J]. Journal of Economic Theory, 2005, 124(2): 171-201.

[48] Gui Y L, Du C Y, Gao L X. A matrix approach to the modeling and analysis of network

evolutionary games with mixed strategy updating rules[J]. Mathematics, 2022, 10(19): 3612.

[49] Niehoff S, Matthess M, Zwar C, et al. Sustainability related impacts of digitalisation on cooperation in global value chains: an exploratory study comparing companies in China, Brazil and Germany[J]. Journal of Cleaner Production, 2022, 379: 134606.

[50] Jiang C X, Kuang L L, Han Z, et al. Information credibility modeling in cooperative networks: equilibrium and mechanism design[J]. IEEE Journal on Selected Areas in Communications, 2017, 35(2): 432-448.

[51] Gaing Z L. Particle swarm optimization to solving the economic dispatch considering the generator constraints[J]. IEEE Transactions on Power Systems, 2003, 18(3): 1187-1195.

[52] 钟锦, 汪家权. 基于粒子群算法的水环境规划演化博弈分析[J]. 合肥工业大学学报(自然科学版), 2009, 32(2): 155-158.

[53] Fan R J, Yin L, Gao S Y, et al. A cross-domain data trusted fusion method of energy IoT based on blockchain and metadata[R]. 2023 IEEE 6th International Conference on Electronic Information and Communication Technology (ICEICT), 2023.

[54] Sigmund K, Nowak M A. Evolutionary game theory[J]. Current Biology, 1999, 9(14): R503-R505.

[55] Sandholm W H. Evolutionary game theory[C]//Sotomayor M, Pérez-Castrillo D, Castiglione F. Complex Social and Behavioral Systems: Game Theory and Agent-based Models. New York: Springer, 2020: 573-608.

[56] Fan W, Wang S, Gu X, et al. Evolutionary game analysis on industrial pollution control of local government in China[J]. Journal of Environmental Management, 2021, 298: 113499.

[57] 张育维. 多属性决策于 ERP 系统厂商选择之研究[R]. 武汉: 基于互联网的商业管理学术会议, 2010.

[58] 张仕斌, 许春香. 基于云模型的信任评估方法研究[J]. 计算机学报, 2013, 36(2): 422-431.

[59] 申自浩, 贺舒含, 王辉, 等. 结合智能合约和 MADM 信誉评估的匿名区构建方案[J]. 北京邮电大学学报, 2023, 46(6): 108-114.

[60] 钱建平, 范蓓蕾, 李洁, 等. 支持分布环境的农产品协同追溯平台构建[J]. 农业工程学报, 2017, 33(8): 259-266.

[61] Liu Z, Zheng X X, Li D F, et al. A novel cooperative game-based method to coordinate a sustainable supply chain under psychological uncertainty in fairness concerns[J]. Transportation Research Part E: Logistics and Transportation Review, 2021, 147: 102237.

[62] De Santo A, Galli A, Gravina M, et al. Deep learning for HDD health assessment: an application based on LSTM[J]. IEEE Transactions on Computers, 2022, 71(1): 69-80.

[63] Zhao N, Wu H, Chen Y L. Coalition game-based computation resource allocation for wireless blockchain networks[J]. IEEE Internet of Things Journal, 2019, 6(5): 8507-8518.

[64] Li Y, Su S, Chen S. Social-aware resource allocation for device-to-device communications underlaying cellular networks[J]. IEEE Wireless Communications Letters, 2015, 4(3): 293-296.

第 3 章　大规模制造产业链全域数据溯源共识算法和敏感数据按需共享机制

大规模制造企业有着主体数量多、主体关系复杂以及订单规模庞大等特点，因此在产品溯源过程中，各主体之间的信任问题成为影响产品溯源系统整体效率的关键因素之一。在大规模制造产业中，多主体之间信任的建立是企业之间达成共识以及敏感数据按需共享的前提。随着大规模制造产业溯源数据量的日益增加，如何确保数据的真实性、建立多主体之间的信任关系，已成为大规模制造产业发展的关键挑战。因此，在第 2 章的基础上，本章介绍面向大规模制造产业链的全域数据溯源共识算法和敏感数据按需共享机制。

溯源共识算法通过识别供应链溯源业务中的关键主体，选择业务相关性较大的主体节点完成溯源数据的共识过程，该算法通过减少参与共识主体数量的方式提高了共识效率。

敏感数据按需共享机制研究介绍了最大完整-最小披露的敏感数据按需共享机制，该机制实现了在数据隐私保护的基础上进行溯源敏感数据的安全共享，为企业溯源数据共享过程中面临的信任缺失问题提供了解决方案。针对溯源数据共享传输过程中存在的传输速率低、可扩展性差等问题提出了一种能够提高数据传输速度、安全性和可扩展性的端到端动态数据切片传输模式。

本章内容安排如下。3.1 节介绍大规模制造产业关键主体一致的可信溯源共识算法，通过建立多主体之间的信任网络筛选参与区块链共识的节点，从而减小网络传输带宽，提高共识效率；3.2 节介绍大规模制造产业敏感数据按需共享机制，并设计基于区块链与联邦学习的溯源敏感数据按需共享系统；3.3 节提出大规模制造产业敏感数据切片式实时共享传输机制，通过设计端到端的敏感数据传输网络架构解决传输时遇到的速率低以及可扩展性差等问题。

3.1　大规模制造产业关键主体一致的可信溯源共识算法

大规模制造产业的供应链是由供应、采购、生产、仓储、物流运输、销售和售后服务等多个环节紧密协作组成的复杂系统。这个系统中包含的主体数量庞大且主体间业务关系复杂多变，在产品追溯过程中涉及众多企业的不同生产环节，导致产品追溯时难以确保数据的真实性。在这种复杂的产业链中进行产品溯源、确保数据真实可靠并提升企业之间的信任成为关键挑战[1]。面对这些挑战，关键在于识别供应链中的主要参与主体，构建主体之间的信任网络并形成有效的共识算法。

3.1.1 关键主体识别

溯源业务涉及大规模制造产业中的众多环节，包括供应采购环节、生产环节、仓储环节、物流运输环节、销售环节、售后服务环节等；涉及的主体包括供应商、制造商、运输商、各级服务商以及监管方等[2]。由于溯源业务涉及环节广泛、主体众多，因此在共识网络中识别业务相关性较强的主体是提升共识算法效率的关键。关键主体识别旨在通过分析业务相关性，筛选溯源过程中起决定性作用的主体。关键主体识别不仅有利于简化溯源流程，还有助于提高溯源效率和准确性。同时针对溯源对象的不同层次的定义，不同商业环境对溯源对象流转的影响、溯源关键环节的定义等也是溯源业务主体亟须解决的问题。在区块链的信任机制下，针对大规模制造产业链中溯源主体众多的现实环境，业务相关性对于精确识别整个产业链中的相关主体有决定性的影响。因此如何通过业务相关性选择关键主体完成业务共识是本章研究的重点问题。

1. 溯源业务相关性分析

业务间的相关性具有多种表现模式，涵盖功能性关联、信息交互、操作权限和访问权限等多个层面。这些层面反映了业务流程之间的深度互联和相互依赖，强调了为保持业务连贯性和效率所需的紧密协作。这种业务的连贯性和效率在供应链中体现为任一主体和其他主体间的业务关系关联程度，本章研究中的业务可以理解为主体间溯源相关的交易业务。业务相关性分析结合供应链溯源业务考虑交易主体间的业务关系，通过构建主体间业务相关的网络模型，对网络中的关键主体进行识别。溯源业务涉及的供应链数据由各环节的主体提供，然而需要存储在区块链中的业务数据涉及的利益相关主体众多，因此需要考虑选择业务相关性比较高的业务主体，进而对这些业务数据达成共识。同时为了提高共识效率，可以采用代理机制的方式选择部分节点参与共识。溯源业务相关性分析以业务相关性为指标，从主体业务关系网络中识别关键主体，选择关键主体对应的节点参与共识。通过业务关系网络选出的关键主体在整个业务关系网络中具有重要的影响力和地位，在溯源业务关系网中，每个关键主体都关联着其他主体，这些主体在业务方面具有较高的代表性和信誉度，在共识过程中能够保证节点的诚实性，从而确保共识数据的真实性与共识结果的可信度。

业务相关性是不同溯源业务交易主体间的一种属性，而业务关联性则是业务本身的一种属性，业务相关性是由不同业务主体间的业务交易而产生的业务关联性的集中表现,因此可以通过构建业务主体的业务交易活动网络模型来完成业务相关性的测量,以主体间的业务交易记录作为建模要素,通过对主体业务交易历史数据进行处理,来构建网络模型分析主体间的业务相关性。

业务相关性存在于溯源业务流程中的方方面面,因此溯源业务流程中的业务相关性无法脱离溯源业务环境单独进行分析。业务关联性的存在是确保业务相关性在溯源业务流程的各环节顺利进行的一个关键性因素。因此为了获得符合实际情况、应用效果较好的溯源业务模型,不仅需要在构建模型时考虑业务各主体负责的功能,也需要对其所具有的业务相关性进行分析。但并非所有的业务相关性的影响因素都需要考虑,将这些因素全部考虑到溯源业务流程模型中会使业务流程模型复杂化,并影响建模的实际效果。因此可以选取适当的指标来简化业务相关性的衡量方法,本章选择溯源业务流程中的历史交易数据来判定业务相关性的大小。溯源业务流程的稳定性体现在能对溯源业务流程中业务关系的变化做出反应,适应不同的业务运作环境。而业务相关性将溯源业务流程中的业务环节主体进行了关联连接,从关联性的角度来看,溯源业务流程实际上是一个由业务环节主体为节点、业务关联性为连接线构成的网状图,因此如何正确维持网状图的结构就成了保证溯源业务流程稳定的前提。当溯源业务流程中发生业务环节主体的更新、删除、添加时,如果不考虑业务主体间的关联性,则有可能会破坏这个网状图的结构,由此导致溯源业务流程出现不稳定、不能正确执行等问题。

在业务关联度的溯源业务模式下,将涉及溯源链的各个业务环节主体通过关联关系网络进行连接,使得各个业务主体相关性更加突出。当主体的业务相关性达到一定程度时,该业务主体就难以被替代,其影响力需要多个强业务相关性主体来分担,这样由多个强业务相关性主体合作完成溯源业务关键环节的模式能够促使业务关联主体之间的协作,从而形成业务关联的多主体业务关系网络。业务关联的业务关系网络形成如图 3.1 所示。

2. 社交网络模型及相关性度量

在社交网络分析中[3],相关性度量是一个关键概念,它用于量化网络中节点之间的关系强度、相似度或联系的紧密程度。这种度量通常通过一系列指标来实现,包括但不限于边的权重、节点间的距离、共同邻居的数量,以及更复杂的统计模型(如皮尔逊相关系数或余弦相似度)等。相关性度量使我们能够评估社交网络中个体之间的互动频率和质量,识别紧密联系的群体或个体,以及理解网络结构的整体特征,如社区形成、信息流动路径等。

1) 邻接矩阵

邻接矩阵(adjacency matrix)是表示顶点之间相邻关系的矩阵,用一个一维数组存放图中所有顶点数据;用一个二维数组存放顶点间关系(边或弧)的数据,

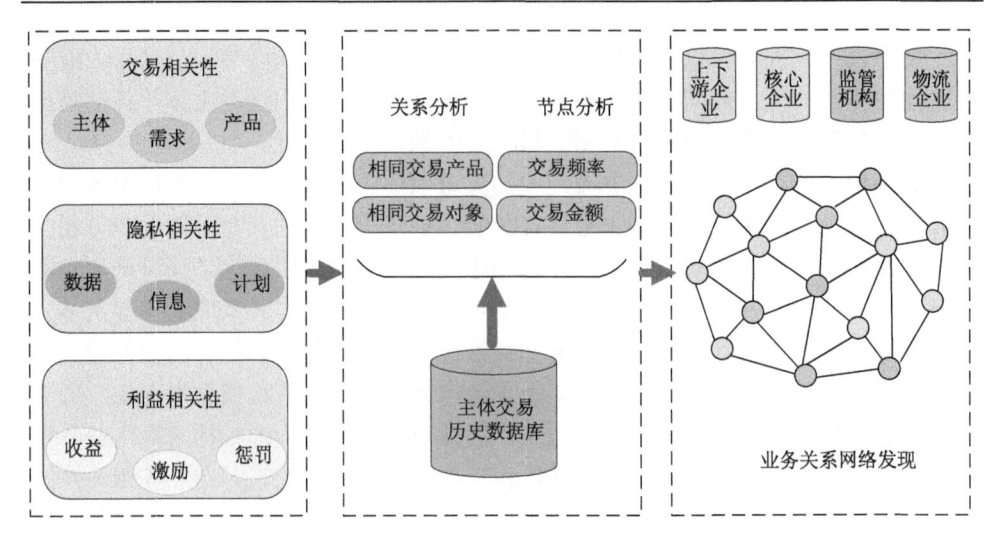

图 3.1　业务相关性分析

这个二维数组称为邻接矩阵。用邻接矩阵表示图，很容易确定图中任意两个顶点是否有边相连。邻接矩阵分为有向图邻接矩阵和无向图邻接矩阵，对无向图而言，邻接矩阵一定是对称的，有向图则不一定如此。我们先构建主体间的关系邻接矩阵，并通过邻接矩阵构建业务关系网络图，具体构建方法如图 3.2 所示。

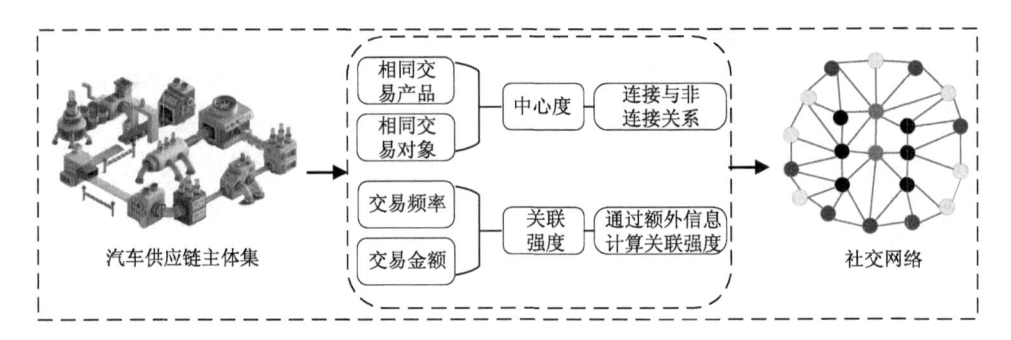

图 3.2　主体业务关系社交网络发现

定义供应链网络中主体集为 $V = \{v_1, v_2, v_3, \cdots, v_n\}$，对于任意主体 $v_i \in V$，在共识周期开始时，遍历查询其历史交易数据库，主体如果存在与其他主体的交易记录则记为 1，否则记为 0，生成主体间的邻接矩阵。邻接矩阵如式（3.1）所示。

$$A = \begin{bmatrix} 1 & 0 & 1 & 1 \\ 0 & 1 & 0 & 0 \\ 1 & 0 & 1 & 0 \\ 0 & 1 & 0 & 1 \end{bmatrix} \quad (3.1)$$

下面我们考虑业务关系网络中两个主体间连接关系的强度，在社交网络图中体现为节点间连边的权重。在业务关系网络中，主要通过交易记录来综合评价主体间的业务关系强度，主体间交易的频率、交易金额、交易时间等可以客观地反映两者间的关联强度，因此我们考虑借鉴 RFM（recency, frequency, monetary，近度、频度、额度）模型来计算主体间的关系强度。

2）RFM 模型

RFM 模型最早是 1994 年亚瑟•修斯（Arthur Hughes）提出的，它是一个站在企业角度，综合考量客户一般购买行为的分析模型。RFM 模型是衡量客户价值和客户创造利益能力的重要工具与手段，被广泛应用于客户终身价值衡量以及客户细分和行为分析。RFM 在进行客户价值评价时，主要考察客户的三个指标，分别是近度（recency，R）、频度（frequency，F）以及额度（monetary，M）。

R 表示从客户最后一次购买日期到统计周期结束日期间的时间间隔。F 表示在统计期间客户的购买次数。F 值越大，客户忠诚度越高，再次购买意愿越强。M 表示在统计期间客户的购买支出总额。一般来说，总购买量越高，顾客的忠诚度越高。它可以直接衡量用户的收入水平与购买能力。RFM 模型能够较为直观、动态并且准确地展示一个长期消费者在一定周期内的行为特征，可以作为衡量企业消费者整体价值和消费者持续留存发展能力的重要工具和评价手段之一[4]。

借鉴 RFM 模型，我们考虑主体间的交易关系强度。在主体间交易关系模型中，R 指的是主体间发生距离最近交易行为时的那次间隔时间，F 指的是固定一个时间段内主体间发生交易行为的总次数，M 指的是固定一个时间段内主体间的总交易金额，三个指标共同决定了交易关联关系强度。交易时间间隔越小，交易频率越高，说明两个主体间的交易往来越频繁，关系强度越大；反之，则越小。同时，交易金额大小则是衡量两个主体间交易关系强度的直接指标，交易金额越大，主体间业务关系强度越大。

根据 RFM 模型，对于主体间关系强度的判断，为主体间的边赋权。考察存在交易的两个主体间的关系强度，通过其最近交易时间间隔、最近交易次数、最近交易金额三项指标，归一化加权后，得到两个主体间边的权重。使用式（3.2）计算两个主体间连边的权重：

$$W_{(v_i,v_j)} = W_r \times R + W_f \times F + W_m \times M \tag{3.2}$$

其中，$W_{(v_i,v_j)}$ 表示主体 v_i,v_j 的连边权重；W_r 表示交易间隔的权重；W_f 表示交易次数的权重；W_m 表示交易金额的权重；R、F、M 分别表示各指标经过标准化处理后的值。通过式（3.2），可以计算出相应的两个主体间的业务关系关联强度，以此为依据对主体节点间的连边赋权重。

3）构建有权无向社交网络模型图

通过上述主体间业务关系邻接矩阵和关系强度，构造有权的邻接矩阵，有权邻接矩阵如式（3.3）所示：

$$A' = \begin{bmatrix} \infty & \cdots & 3 \\ \vdots & & \vdots \\ 5 & \cdots & \infty \end{bmatrix} \quad (3.3)$$

然后根据加权邻接矩阵构建有权无向网络图，如图 3.3 所示。

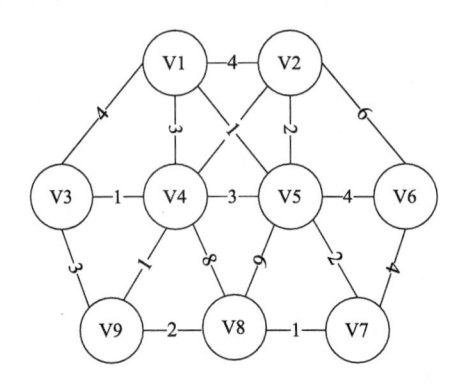

图 3.3　加权社交网络图

完成社交网络模型图的构建后，溯源业务中的各个主体的业务关系更加直观地表现在图结构上，这有利于更好地分析业务关系网中各主体之间的关系和利用图结构的性质分析主体节点的性质。

社交网络由节点及节点间的连边组成，若网络中至少存在一条边具有方向，则该社交网络为有向网络；反之，为无向网络。我们可以通过中心性方法分析社交网络中节点的影响力和重要性。

3. 基于中心性的关键主体识别

在社交网络分析与图论中，中心性是判断节点重要性的指标之一[5]。最常用的中心性度量指标有度中心性、接近中心性、介数中心性与聚类系数四种。度中心性关注于一个节点连接的节点数，直观地反映了节点的活跃度和影响力。接近中心性衡量一个节点到网络中其他所有节点的平均距离，反映了节点的可达性和信息流通的效率。介数中心性通过考察经过特定节点的最短路径数量，来评价该节点在网络中的控制力和桥梁作用。聚类系数衡量一个节点的邻居节点间连接的紧密程度，反映网络的局部群聚特性[6]。这四种指标从不同的角度刻画了节点在网络中的地位和作用，相互之间既有联系也有区别，共同构成了对网络结构和节点角色深入理解的基础。

1）度中心性

节点度中心性的主要思想是通过计算与节点直接相邻的节点数量来衡量其重要程度。在无向网络中，与节点直接关联的边的数量称为节点的度；在有向网络中，节点的度为入度与出度的总和。在我们的模型中，节点的度结合了连边的权重，表现为节点的强度。定义加权网络节点的强度为 $D_{v_i} = \sum w_{(v_i,v_j)} e_{(v_i,v_j)}$，节点 v_i 和节点 v_j 相连，则 $e_{(v_i,v_j)} = 1$；否则 $e_{(v_i,v_j)} = 0$。节点 v_i 的强度中心性可由式（3.4）计算：

$$\text{Str}_{v_i} = \frac{D_{v_i}}{n-1} \tag{3.4}$$

节点的强度中心性与其直接相连的邻居节点个数有关，节点的强度值越大，反映出与其直接相连的节点越多，但只能判定该节点在有限范围内的节点集中重要性高，而忽略了其处于整个网络范围内的重要程度。

2）接近中心性

节点的强度中心性仅考虑了节点与直接相连的节点间的关系，接近中心性在此基础上考虑了该节点在网络中与其他非相邻节点的间接联系。如果节点到网络中其他节点的最短距离都很小，那么该节点的接近中心性就高，该节点越接近网络的核心位置。接近中心性的计算方法如式（3.5）所示：

$$\text{Clo}_{v_i} = \frac{n-1}{\sum_{j=1}^{n} d_{(v_i,v_j)}} \tag{3.5}$$

其中，$d_{(v_i,v_j)}$ 表示节点 v_i 到节点 v_j 的最短路径长度；n 表示节点的数量。当节点与网络中其余节点均有联系时，其接近中心性为 1。节点接近中心性的取值范围为 $(0,1]$。

3）介数中心性

信息在非相邻的节点间传播需依赖于网络中的其他节点，特别是传播路径上的节点，它们控制着信息的传播效率。介数中心性是一种衡量网络中节点在节点间通信中所起作用的指标，它表示一个节点经过其的最短路径的数量。介数中心性认为，若某个节点位于多个非相邻节点对的最短路径上，这类最短路径数量越多，则认为该节点越重要。介数中心性展现了节点对于网络中流动信息的影响力。节点的介数中心性计算方法如式（3.6）所示：

$$\text{Bet}_{v_i} = \sum_{s \neq v_i} \frac{st_{v_i}^{\eta}}{\eta_{st}} \tag{3.6}$$

其中，s 与 t 表示网络中与 v_i 不相同的两个节点。当节点 v_i 位于节点 s 与节点 t 的最短路径上时，$st_{v_i}^{\eta}=1$；当节点 v_i 不在节点 s 与节点 t 的最短路径上或节点 s 与节点 t 间不存在最短路径时，$st_{v_i}^{\eta}=0$。式（3.6）的分子为节点 s 与节点 t 之间经过节点 v_i 的所有最短路径数目，分母为节点 s 与节点 t 之间所有最短路径的数目，介数中心性为二者的商值。

节点的介数中心性越大，表明其在网络中越重要，起到了网络信息传播中不可或缺的桥梁作用。介数中心性可用于设计网络通信协议，但由于时间复杂度较高，因此应用受限。

4）聚类系数

聚类系数用来衡量网络中节点的聚集程度。在现实世界的网络中，尤其是社交网络，节点更易形成紧密连接的群体，群体内部的节点间拥有较高的连接密度。聚类系数分为局部聚类系数与网络聚类系数。局部聚类系数量化了当前节点与邻居节点之间的连接情况，网络聚类系数则反映了整个网络内节点的紧密程度。对于节点 v_i，局部聚类系数可表示为式（3.7）：

$$\text{Clu}_{v_i} = \frac{2|E_{v_i}|}{|D_{v_i}(D_{v_i}-1)|} \qquad (3.7)$$

其中，$|E_{v_i}|$ 表示节点 v_i 与其直接相邻节点间的连接边数，即由节点 v_i 及其领域范围内两个节点形成的三角形数量；D_{v_i} 表示节点 v_i 的强度值。Clu_{v_i} 的取值范围为[0,1]。

关键主体识别根据选择的指标不同可能会形成不同的结果，一般社交网络中节点的影响力主要考察节点和边结构。通常使用度中心性进行度量，接近中心性是度中心性的延伸，主要反映某一节点与网络中其他节点的紧密程度，介数中心性主要衡量节点位于网络中每个节点对间最短路径上的数量，聚类系数用来衡量网络中节点的聚集程度。

3.1.2 基于关键主体博弈的共识机制

基于熵值法的关联主体博弈是平衡各方利益、优化协同工作机制、促进资源有效利用和促进风险共担的有效手段[7]。在信息论中，熵是指系统的混乱程度或无序程度，用于度量不确定度。在熵值法框架下，信息量越大，不确定性就越小，熵就越小；信息量越小，不确定性越大，熵也就越大。可以用熵值来判断某个指标的离散程度，指标的离散程度越大，该指标对综合评价的影响越大。客观评估各主体在整个业务网络中的影响权重，能够揭示各参与方在信息共享、资源分配和决策制定等方面的相对重要性，为理解和分析各关联主体间的合作与竞争关系提供量化依据,并以此为基础识别关键影响因素和潜在的合作或冲突点。熵值法有助于在复杂业务网络中实现高效协作,推动整个系统向稳定、高效的方向发展。

业务关系网络中心性的评价指标比较多,在综合评价业务关系网中的节点的业务相关性(即节点影响力)时,我们通过主体的业务关系构建了节点社交网络图,根据节点社交网络图计算出节点影响力,也就是我们需要的主体的业务相关性,因此我们需要给各个指标赋权,统筹评价节点的影响力,得到各个主体的业务相关性,同时识别社交网络中的关键角色,即关键主体[8]。

尽管关键角色的识别问题在不同领域已经得到了广泛的应用,但对于不同角色的划分标准一直众说纷纭。当采用的方法不同时,甚至会导致结果更加混乱。在角色识别中,对网络中的角色节点进行影响力分析,是一种常见且有效的方法。

1. 指标数据标准化

定义式(3.8)作为节点业务相关性指标的量化:

$$R_{(v_i)} = w_1 \times \text{Str}_{v_i} + w_2 \times \text{Clo}_{v_i} + w_3 \times \text{Bet}_{v_i} + w_4 \times \text{Clu}_{v_i} \tag{3.8}$$

其中,w_1、w_2、w_3、w_4 表示不同指标的权重,$w_1 + w_2 + w_3 + w_4 = 1$;$\text{Str}_{v_i}$、$\text{Clo}_{v_i}$、$\text{Bet}_{v_i}$、$\text{Clu}_{v_i}$ 分别表示节点的度中心性、接近中心性、介数中心性和聚类系数的值。因为度中心性、接近中心性、介数中心性和聚类系数四个指标的值不可公度,为了便于评价与比较,需要将其进行归一化处理。使用 Max-Min 标准化方法对原始数据进行线性变换,使用公式(3.9)对原始数据 X_{ij} 进行处理,使得数据值变换到区间 $[0,1]$ 内。

$$\begin{aligned} X_{ij} &= \frac{X_{ij} - \min(X_i)}{\max(X_i) - \min(X_i)} \text{(正向指标)} \\ X_{ij} &= \frac{\max(X_i) - X_{ij}}{\max(X_i) - \min(X_i)} \text{(负向指标)} \end{aligned} \tag{3.9}$$

原始数据无量纲化后得到指标数据矩阵:

$$X_{ij} = \begin{bmatrix} x_{11} & \cdots & x_{1m} \\ \vdots & & \vdots \\ x_{n1} & \cdots & x_{nm} \end{bmatrix} \tag{3.10}$$

2. 建立熵权法评价模型

熵权法的基本思路是根据指标变异性的大小来确定客观权重,若某个指标的信息熵值越小,代表其值的变异程度越小,在综合评价中就起到了较大的作用,那么权重就会越大。熵权值的计算方法如图 3.4 所示。

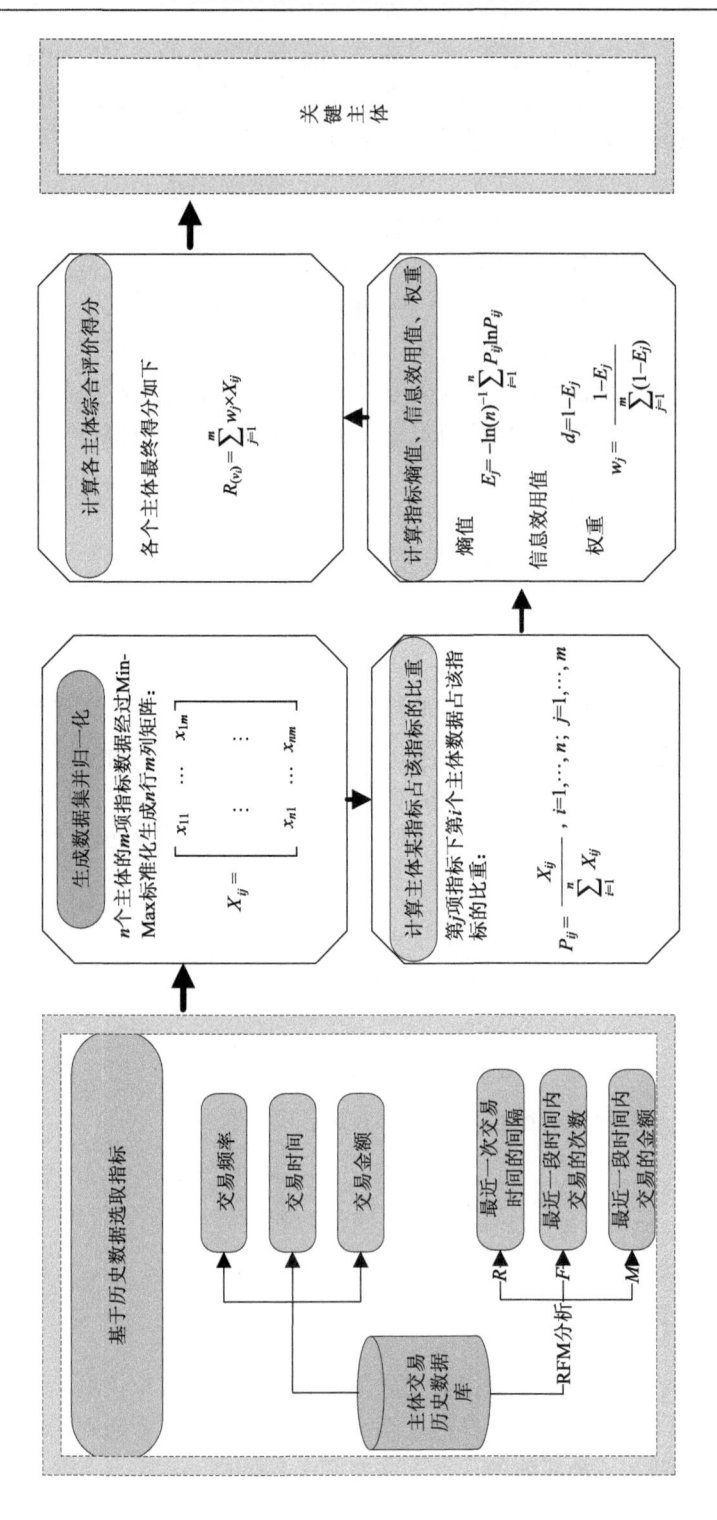

图 3.4 基于熵值法的关键主体选择

假设存在 m 个评价指标，n 个评价对象，构造原始的数据矩阵 $X=(x_{ij})_{n \times m}$，对于某一指标 i，指标值 x_{ij} 的差异越大，则该指标在综合评价中所起的作用就越大；如果指标值相等，则该指标几乎不起作用。熵权法对指标进行赋权分为以下几个步骤。

（1）指标归一化得到数据矩阵

$$X_{ij} = \begin{bmatrix} x_{11} & \cdots & x_{1m} \\ \vdots & & \vdots \\ x_{n1} & \cdots & x_{nm} \end{bmatrix}$$

（2）通过公式（3.12）计算各指标的信息熵。计算第 j 项指标下第 i 个评价对象占该指标的比重：

$$P_{ij} = \frac{X_{ij}}{\sum_{i=1}^{n} X_{ij}}, \quad i=1,\cdots,n; \ j=1,\cdots,m \tag{3.11}$$

第 j 项指标的熵值为

$$E_j = -\ln(n)^{-1} \sum_{i=1}^{n} P_{ij} \times \ln P_{ij} \tag{3.12}$$

当 $P_{ij}=0$ 时，定义 $\lim_{P_{ij} \to 0} P_{ij} \ln P_{ij} = 0$。

（3）根据信息熵公式计算出各指标的信息熵为 $E_1, E_2, \cdots, E_m$。通过式（3.13）来计算第 j 个指标的权重 w_j：

$$w_j = \frac{1-E_j}{\sum_{j=1}^{m}(1-E_j)} \tag{3.13}$$

其中，$0 \leqslant w_j \leqslant 1$，$\sum_{j=1}^{m} w_j = 1$。

（4）各个指标的熵权确定后，根据式（3.14）计算主体节点 v_i 业务相关性 $R_{(v_i)}$：

$$R_{(v_i)} = \sum_{j=1}^{m} w_j \times X_{ij} \tag{3.14}$$

最后，在计算出各主体的业务相关性后将节点按照任务相关性降序排列，得到业务相关性排在前面的相关主体，为关键主体共识做准备。

通过分析影响主体之间业务相关性的指标，构建主体间的社交网络。然后，使用社交网络的多项中心性指标以及熵值法对各项指标进行赋权，以便进行综合评价，由此得出主体业务相关性指标，最后通过业务相关性选择关键主体参与共识，使共识流程与供应链主体结合得更加紧密，同时将主体的业务行为属性考虑到节点选择中，使选出的节点具有代表性和可靠性，为后续数据层面共识提供可靠的共识节点。

3.1.3 共识算法

PBFT 算法通过一种高效的三阶段消息交换机制确保了即使在存在恶意节点的情况下，系统也能达成一致性和正确性，而无须依赖高昂的计算证明[9]。这种算法特别适用于分布式网络环境，因为它能够在多个节点之间快速达成共识，保证信息的一致性和系统的可靠性，同时具有较低的延迟和较高的吞吐量，使其成为处理大规模主体共识问题的理想选择[10]。此外，PBFT 算法的设计允许它能有效地处理节点故障和恶意攻击，确保网络在面对不诚实节点时仍能正常运作，从而维持整个系统的稳定性和安全性[11]。PBFT 共识算法无须选出记账权的优胜者，而是让网络中的参与者直接利用投票的方式来决定新区块的产生[12]。拜占庭容错（Byzantine fault tolerance，BFT）共识机制是一种算法或协议，用于在分布式计算系统中达成一致性，即使在一些节点可能出现故障或行为恶意（即"拜占庭将军问题"）的情况下也能保持系统的正常运作。相较于 BFT 机制，PBFT 共识算法解决了 BFT 共识算法效率较低的问题，将算法复杂度从指数级降低至多项式级，使得 BFT 机制可在实际中得以应用[13]。但 PBFT 算法存在异常节点被选为主节点、共识过程中通信开销大、视图切换频率高等问题，于是本章提出基于业务相关性的 PBFT 改进方案，通过主体的业务相关性来筛选共识节点，降低节点作恶概率，有效提高了共识效率。

1. PBFT 算法容错原理

PBFT 算法除了需要支持容错故障节点之外，还需要支持容错作恶节点。假设集群节点数为 N，有问题的节点数为 f。有问题的节点中，可以既是故障节点，也是作恶节点，或者只是故障节点或者只是作恶节点[14]。那么会产生以下两种极端情况：一是，这 f 个有问题的节点既是故障节点，又是作恶节点，那么根据少数服从多数的原则，集群里正常节点只需要比 f 个节点再多一个节点，即 $f+1$ 个节点，正常节点的数量就会比故障节点数量多，那么集群就能达成共识，即总节点数为 $f+(f+1)=n$，也就是说这种情况支持的最大容错节点数量为 $\dfrac{n-1}{2}$。二是，故障节点和作恶节点都是不同的节点。那么就会有 f 个作恶节点和 f 个故障节点，当发现节点是作恶节点后，会被集群排除在外，剩下 f 个故障节点，那么根据少数服从多数的原则，集群里正常节点只需要比 f 个节点再多一个节点，即 $f+1$ 个节点，正常节点的数量就会比故障节点数量多，那么集群就能达成共识。

所以，所有类型的节点数量加起来就是 $f+1$ 个正常节点，f 个故障节点和 f 个作恶节点，即 $3f+1=n$。因此 PBFT 算法支持的最大容错节点数量是 $\dfrac{n-1}{3}$。

2. PBFT 算法流程

PBFT 算法中节点的角色可以分为 Client、Primary、Replica 节点。Client 表示客户端节点，负责发送交易请求；Primary 表示主节点，负责将交易打包成区块和区块共识，每轮共识过程中有且仅有一个 Primary 节点；Replica 表示副本节点，负责区块共识，每轮共识过程中有多个 Replica 节点，每个 Replica 节点的处理过程类似。

PBFT 算法通过 3 个过程来实现，即客户端请求、共识过程、节点反馈，如图 3.5 所示。如果在最终反馈阶段收到超过 $f+1$ 个不同节点的一致签名消息，则共识阶段输出的交易消息有效。常规机制包含 4 个阶段，即 request 阶段、pre-prepare 阶段、prepare 阶段和 commit 阶段。客户端在 request 阶段向主节点发送请求，在收到来自客户端的请求后，主节点开始 pre-prepare 阶段，给每个请求分配唯一编号并广播 prepare 消息，该消息中包含编号、客户端请求信息、摘要信息等。如果共识网络中的副本节点接收预准备信息，那么该节点就进入了准备阶段。副本节点在 prepare 阶段进行投票，当副本节点接收到 $2f$ 个与预准备阶段消息一致的准备消息时，则该节点完成准备阶段，进入下一个确认提交阶段。通过投票的节点执行请求，然后给客户端回复。在 commit 阶段，如果副本节点接收了 $2f+1$ 个一致的确认消息，那么表明该消息经过了网络中大部分节点的一致确认。最终每个副本节点都将 commit 确认信息返回给客户端，当客户端接收到 $2f+1$ 个相同的 reply 消息后，表明网络中的大部分诚实节点已经产生了共识结果[15]。至此，客户端提出的 PBFT 共识流程就完成了。

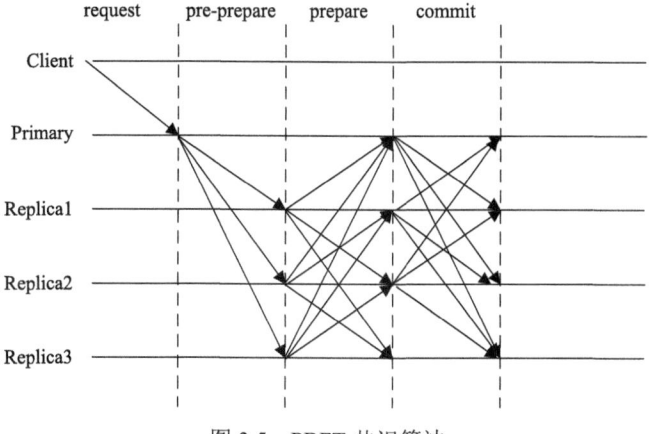

图 3.5 PBFT 共识算法

3. 基于业务共识的共识算法

基于业务共识的共识（business-based practical Byzantine fault tolerance，B-PBFT）算法考虑了大规模制造产业链中各主体在溯源环节中的共识需求，从代理机制的思路改进 PBFT 算法。区别于针对节点行为分析的 PBFT 算法改进方式，我们主要针对节点对应的主体行为和状态进行分析，考察大规模制造产业链溯源环节中各主体间的业务关系，从业务关系网出发，引入业务相关性这个指标，识别出业务关系网络中的关键角色，形成关键主体集，然后通过关键主体来确定 PBFT 共识算法中的共识节点，由业务关系网中关键角色的特征属性来保证上链数据在考虑业务、价值、隐私等方面的可靠性，以及在区块链共识中节点的诚实性。B-PBFT 算法架构如图 3.6 所示。

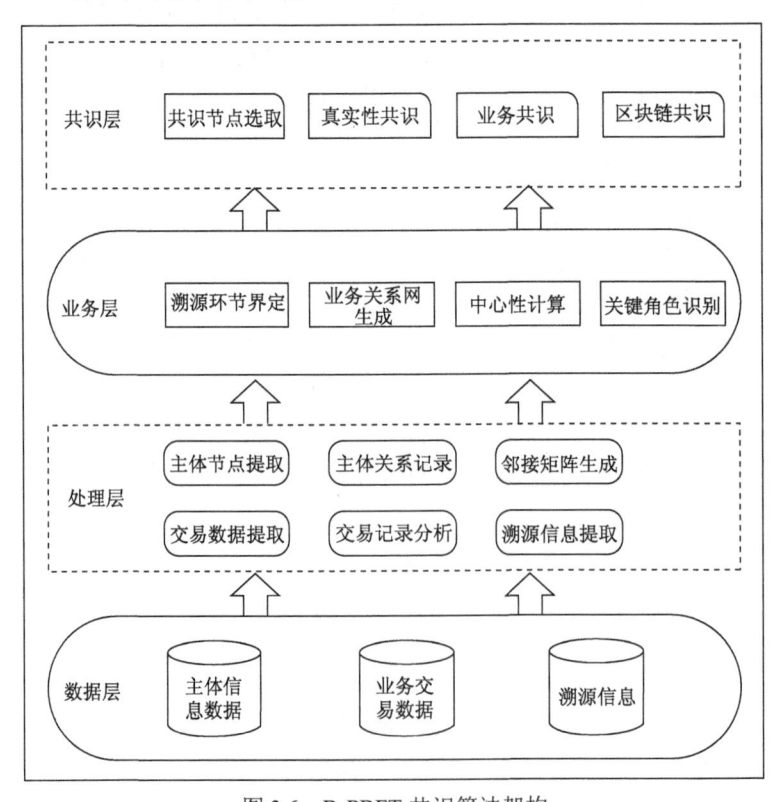

图 3.6　B-PBFT 共识算法架构

4. B-PBFT 共识算法流程

B-PBFT 共识算法流程如图 3.7 所示，执行过程以固定的共识周期为单位，每一轮执行过程分为准备、共识、更新 3 个阶段。在第一轮共识过程开始前，需要

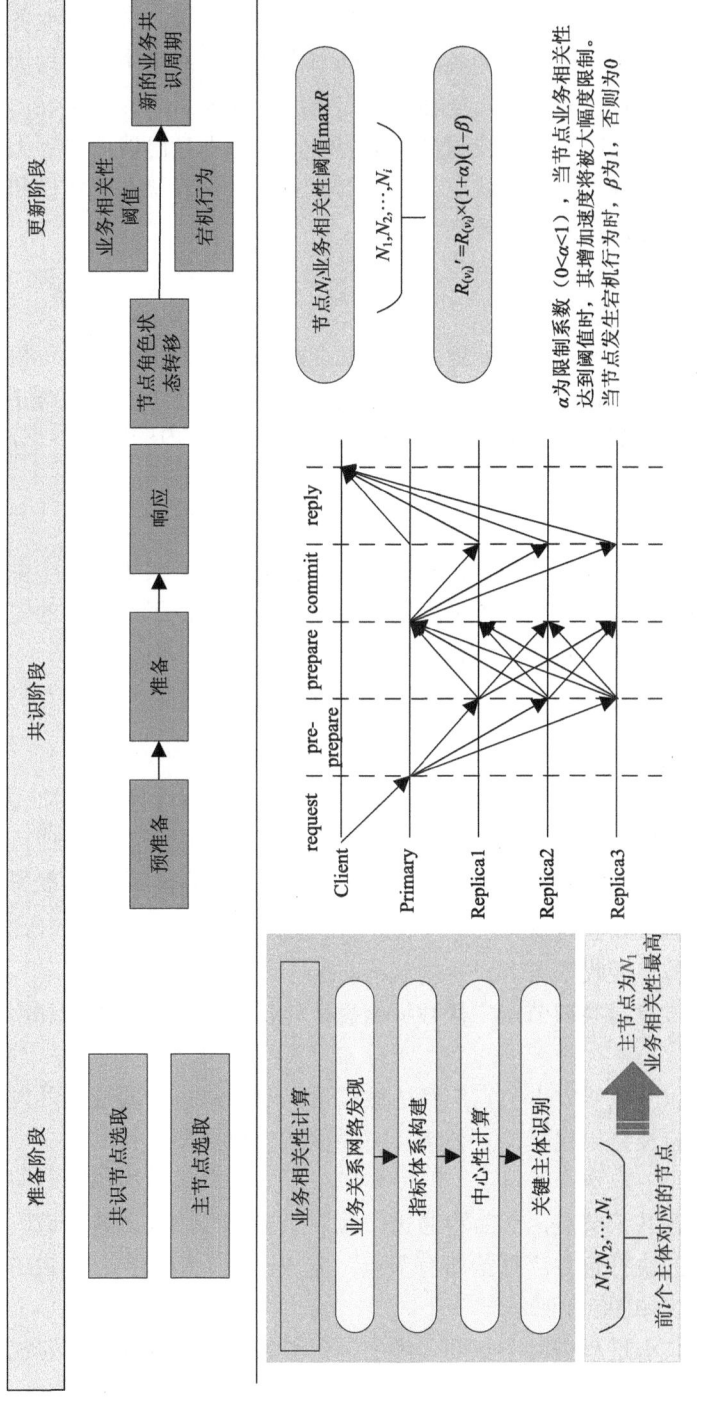

第 3 章　大规模制造产业链全域数据溯源共识算法和敏感数据按需共享机制　·91·

图 3.7　B-PBFT 共识算法流程

通过社交网络法确定系统中所有节点的初始业务相关性。选择高业务相关性的节点来执行共识操作，由于高业务相关性的节点在业务网络中影响力大，因此它们作恶成本比作恶收益高得多，能够在一定程度上保证系统的安全性。因此在业务相关性的影响下，B-PBFT 共识过程中的共识节点不会出现作恶行为，只需要考虑节点出现宕机或者故障的状况。这样 B-PBFT 共识算法在容错性和通信复杂度上能够得到优化，提升共识效率。

1）准备阶段

A. 共识节点选取

在一个共识时间段 T 开始前，通过社交网络模型和熵值法评价模型，从溯源业务主体中选择关键主体，选择按照业务相关性由大到小排序的前 i 个主体对应的节点形成共识节点集 $\{N_1, N_2, \cdots, N_i\}$ 来完成时间段 T 内的所有共识，其他节点为备份节点，负责同步账本信息。

B. 主节点选取

主节点负责接收上链数据，打包区块。在 B-PBFT 共识机制中主节点由参与本轮共识的节点中业务相关性最高的节点来担任，保证了主节点的安全性。主节点 L 的选择如公式（3.15）所示。

$$L = N_i, \quad i = \{i \mid \max R_{(v_i)}\} \tag{3.15}$$

2）共识阶段

在共识阶段，由于共识节点是依据业务相关性指标选择出来的，因此 B-PBFT 共识算法选择出的节点成为恶意节点的概率较低，完成一次通信即可认为完成一致性协议。同时在相应的共识周期 T，共识节点 $\{N_1, N_2, \cdots, N_i\}$ 大概率为非拜占庭节点，所以 B-PBFT 共识算法可以省去 commit 阶段。共识阶段具体流程如下。

（1）主节点接收来自客户端的 request。

（2）主节点向共识节点广播数据消息，包括公钥、时间戳和利用私钥生成的信息摘要。

（3）共识节点接收主节点广播的数据后，对消息进行验证，并发送验证结果给主节点。验证结果包括节点公钥、时间戳和信息摘要。

（4）当主节点接收 $f+1$ 个一致消息后，对上链消息做出最终判断，并将判断结果发送给各共识节点，然后将通过一致性验证的信息放入待上链区块中，积累到一定量将区块打包并广播给所有节点，完成区块上链操作。B-PBFT 共识算法的一致性协议如图 3.8 所示。

在整个共识过程中，节点间传递的信息量较传统 PBFT 算法减少了 commit 阶段的信息以及视图转换的信息，降低了整个网络的通信复杂度。

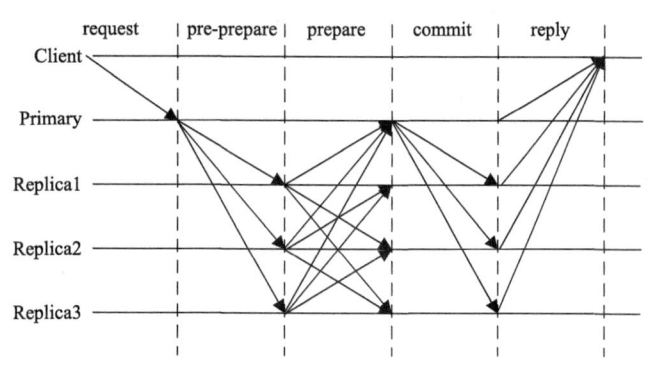

图 3.8 B-PBFT 共识算法的一致性协议

3）更新阶段

在 B-PBFT 的更新阶段，B-PBFT 需要完成节点对应主体业务相关性的更新、宕机离线节点的记录等工作。随着共识周期中的共识次数的增加，主体的业务相关性会不断增加，到后期可能形成中心化趋势，所以需要在更新阶段限制业务主体的业务相关性，同时排除共识过程中的宕机节点，具体计算方法如公式（3.16）所示。

$$N_i' = N_i \times (1+\alpha)(1-\beta)\frac{n!}{r!(n-r)!} \quad (3.16)$$

其中，α 表示限制系数（$0<\alpha<1$）。当节点业务相关性达到阈值时，其增加速度将被大幅度限制。当节点发生宕机行为时，β 为 1，否则为 0，N_i' 为更新后的主体业务相关性，如下所示。

$$R_{(v_i)}' = R_{(v_i)} \times (1+\alpha)(1-\beta)$$

在 B-PBFT 共识算法的更新阶段，主体的业务相关性受到限制，以防共识节点在多轮共识中固定不变。在共识周期结束后，新的共识周期开始前，重新计算主体节点的业务相关性后，进入新的共识周期。

5. 性能分析

B-PBFT 共识机制流程在传统 PBFT 的基础上筛选了共识节点，结合业务相关性，增加了共识节点的可信性，其在通信复杂度、容错性、共识效率等方面有一定性能提升，具体分析如下。

1）通信复杂度分析

B-PBFT 比 PBFT 减少了 commit 阶段，其通信情况如下：request 阶段的通信次数为 1，pre-prepare 阶段的通信次数为 $n-1$，prepare 阶段的通信次数为 n^2-n，reply 阶段的通信次数为 1，则总通信次数：

$$f(n) = 1 + n - 1 + n^2 - n + 1 = n^2 + 1 \quad (3.17)$$

2）容错性分析

假定节点总数是 N，故障或宕机节点数为 f，则剩余正确节点数为 $N-f$，B-PBFT 和传统 PBFT 共识算法本质上相同，只要收到 $N-f$ 个消息且 $N-f>f$ 就能做出决定。但与传统 PBFT 算法不同的是，B-PBFT 算法筛选出来的共识节点在一定程度上剔除了拜占庭节点，将可信节点集合到关键主体集对应的节点集中，则正确消息数为 $N-f$。为达到多数一致，正确消息必须占多数，也就是 $N-f>f$，因此 N 至少等于 $2f+1$。

3）共识效率对比

图 3.9 和图 3.10 分别展示了 Fabric 平台在使用 B-PBFT 算法和 PBFT 算法时，不同节点数量下吞吐量和平均延迟的对比。

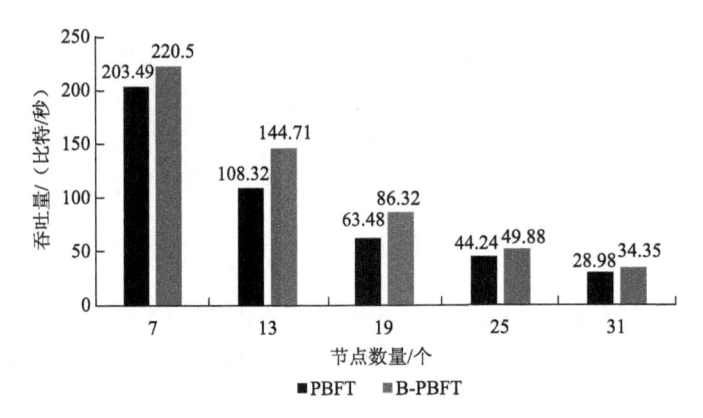

图 3.9 系统吞吐量对比

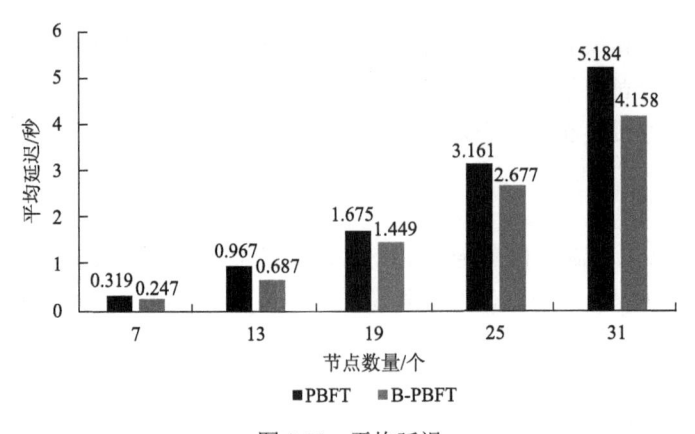

图 3.10 平均延迟

对比使用两个共识算法的吞吐量和平均延迟发现，由于 B-PBFT 算法减少了共识节点的数量，降低了通信次数，因此 B-PBFT 算法的吞吐量较高，平均延迟较低。同时，由于 B-PBFT 共识算法的机制，其主节点为好的节点的概率更高，降低了视图转换次数，使得其共识效率更高。

3.2 大规模制造产业敏感数据按需共享机制

大规模制造产业溯源业务需要上下游企业交换和共享数据，这些数据包含产品全生命周期内各个环节的信息，其中不乏一些企业敏感信息，因此大多数企业不愿主动共享[16]。目前存在一些基于区块链的溯源数据共享平台虽然在一定程度上避免了数据隐私泄露以及遭到篡改的风险，但未能考虑到企业之间的业务相关性与溯源数据共享范围、共享主体之间的关系，因此现存的数据共享平台仍然无法解决在保障企业隐私的前提下最大限度地实现数据共享的问题，企业共享数据的范围与方式依然是个难题[17]。本节针对企业数据共享过程中隐私泄露的问题设计了大规模制造产业敏感数据按需共享机制。3.2.1 节提出了大规模制造产业敏感数据共享新模式，并构建了基于区块链与联邦学习的敏感数据共享系统；3.2.2 节围绕业务主体关联性与数据敏感性设计了溯源敏感数据分类分级方案；3.2.3 节基于上述系统架构与数据分类分级方案设计了敏感数据共享提取算法。

3.2.1 敏感数据共享模式

目前，我国现有的大规模制造产业溯源业务系统大多数采用集中式的数据存储方式，这种模式被广泛采用和推广，它为企业内部不同部门以及外部合作伙伴之间的信息交流提供了便捷的接口，有力促进了跨企业、跨部门间信息的共享，从而提高了合作企业之间业务交流的灵活性。图 3.11 为制造溯源常见的集中式数据存储模式，该模式下溯源数据包含原料管理、生产监控、质量管理等过程，这些数据通过二维码采集等技术集中存储在企业溯源系统当中，当产品出现质量问题时用户可通过统一的接口访问到详细的产品数据。

与集中式数据管理模式不同，点对点共享模式使得数据交换方之间能够跳过中心服务器或中介实现信息的传输[18]。点对点共享模式具有集中式管理模式不具备的优势。首先，点对点共享模式有助于保护数据的隐私和安全，因为数据在传输过程中跳过了连接中心服务器的流程，所以降低了数据在此过程中遭到拦截的风险。此外，点对点通信采用加密技术进一步增强数据的保密性。介于数据集中式管理与点对点管理之间的是半开放数据共享模式，这种模式是点对点共享信息模式与集中数据管理模式的集成化表现，是对上述两种模式的集成与有机结合。半开放数据共享模式既包括企业间点对点数据共享，也包括数据的集成处理、分析与共享。其核心是建立一个专业的数据共享服务平台，该平台涵盖数据信息采集模块、分析模块、共享选择模块及共享评价模块几部分。

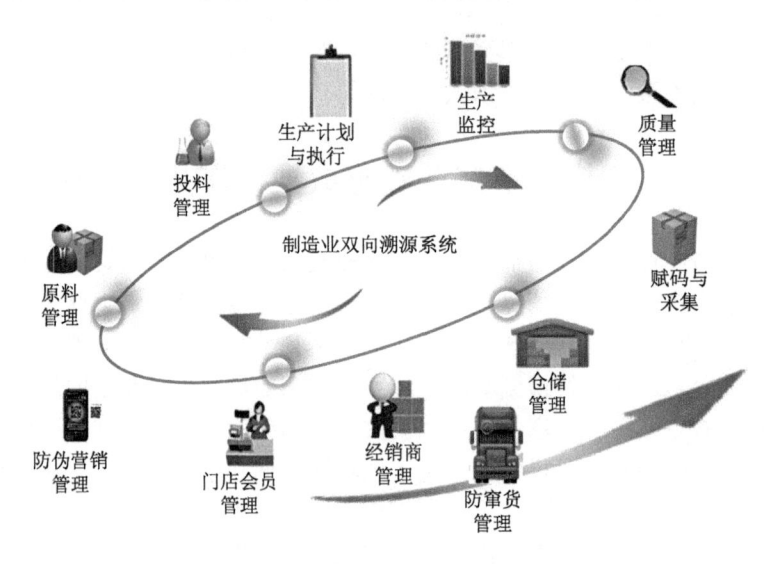

图 3.11　制造业传统双向溯源模式

本节内容阐述上述几种数据共享模式下溯源敏感数据共享存在的优缺点，并分析大规模制造产业的敏感数据共享新需求，利用区块链与联邦学习技术设计最大完整-最小披露的敏感数据共享方案，实现多维数据提取算法。

1. 联邦学习数据共享框架

近年来，许多溯源数据共享系统采用了联邦学习（federated learning，FL）技术，通过多方共同学习的方式保证数据隐私安全。联邦学习技术由谷歌提出，是在保障大数据交换时的信息安全、保护终端数据和个人数据隐私、保证合法合规的前提下，在多参与方或多计算节点之间开展高效率机器学习的一种新兴人工智能基础技术，与分布式机器学习不同的是联邦学习需要一种去中心化分布式系统来保证用户的隐私安全，在保障数据安全、训练效率的前提下进行有效的机器学习。区块链作为一个去中心化、数据加密、不可篡改的分布式共享数据库，可以为联邦学习的数据交换提供数据保密性来对用户隐私进行保障[19]，保证各参与方之间的数据安全，也可以保证多参与方提供数据进行模型训练的数据的一致性。区块链的价值驱动激励机制也能够提高各参与方之间提供数据、更新网络模型参数的积极性。联邦学习本质上是一种分布式机器学习技术，其流程如图 3.12 所示。

客户端（如平板电脑、手机、物联网设备）在中心服务器（如服务提供商）的协调下共同训练模型，其中客户端负责训练本地数据得到本地模型（local model）。中心服务器负责加权聚合本地模型，得到全局模型（global model），经过多轮迭代后最终得到一个趋近于集中式机器学习结果的模型 w，能有效地降低传统机器学习源数据聚合带来的许多隐私风险。

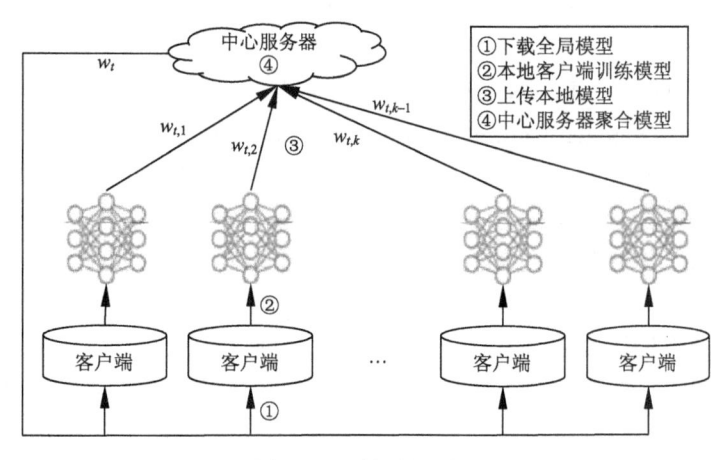

图3.12 联邦学习流程

联邦学习的一次迭代过程如下。

（1）客户端从服务器下载全局模型 w_t。

（2）客户端 k 训练本地数据得到本地模型 $w_{t,k}$（第 k 个客户端第 t 轮通信的本地模型更新）。

（3）各方客户端上传本地模型更新到中心服务器。

（4）中心服务器接收各方数据后进行加权聚合操作，得到全局模型 w_t（第 t 轮通信的全局模型更新）。

综上，联邦学习技术具有以下几个特点。①参与联邦学习的原始数据都保留在本地客户端，与中心服务器交互的只是模型更新信息。②联邦学习的参与方联合训练出的模型 w 将被各方共享。③联邦学习最终的模型精度与集中式机器学习相似。④联邦学习参与方的训练数据质量越高，全局模型精度越高。

2. 基于区块链与联邦学习的敏感数据共享框架

尽管联邦学习是当前人工智能背景下实现数据隐私保护的有效办法，但现有的联邦学习隐私保护方案仍存在以下两个方面的问题：一是中间参数隐私泄露问题。联邦学习避免了由数据收集而引起的数据泄露问题，但仍然存在中间参数的隐私泄露情况，尤其是梯度隐私泄露。现有机器学习中的模型攻击、数据攻击、推理攻击（inference attack）、后门攻击（backdoor attack）、链接攻击（linkability attack）、投毒攻击（poisoning attack）等方法都可对中间参数包括梯度进行原始时间推断[20]，导致节点本地的敏感数据泄露。二是节点多方信任问题。在模型聚合过程中，可能存在半诚实或者恶意的参数服务器与参与节点。首先，参数服务器可能滥用或者泄露数据，通过将模型泄露给第三方获得额外收益。其次，参与节点出于自利性考虑，可能会提供虚假参数以提高活跃度与贡献度，存在"搭便车"行为。

针对上述两点问题，本章提出的基于区块链与联邦学习的敏感数据共享（blockchain and federated learning sensitive data sharing，BFLSDS）模型通过利用区块链代替中央服务器，交换训练过程中的本地模型，并且验证和发放奖励，能克服单点故障问题以及公共网络不可信问题的同时激励更多的节点参与共享。本节所提出的 BFLSDS 模型的整体工作流程如图 3.13 所示。在数据共享过程中，数据请求方根据自身需求发布联邦模型，并在共享平台选择相应的数据标签，该标签通过识别数据提供方拥有的数据上传至平台；平台接收到数据请求方的请求命令与标签列表后，会进行标签匹配操作，在网络中选择拥有标签数据的节点；计算出候选节点后平台根据节点历史信誉值选择本轮联邦学习节点，该信誉值作为交易存储在区块当中；选定联邦学习节点之后，各节点开始提供数据参与联邦训练；当达到模型迭代次数后，联邦学习完成，平台根据每次迭代节点的贡献程度与数据提供的成本进行激励值分配，并记录在区块当中进行信誉值的累加。

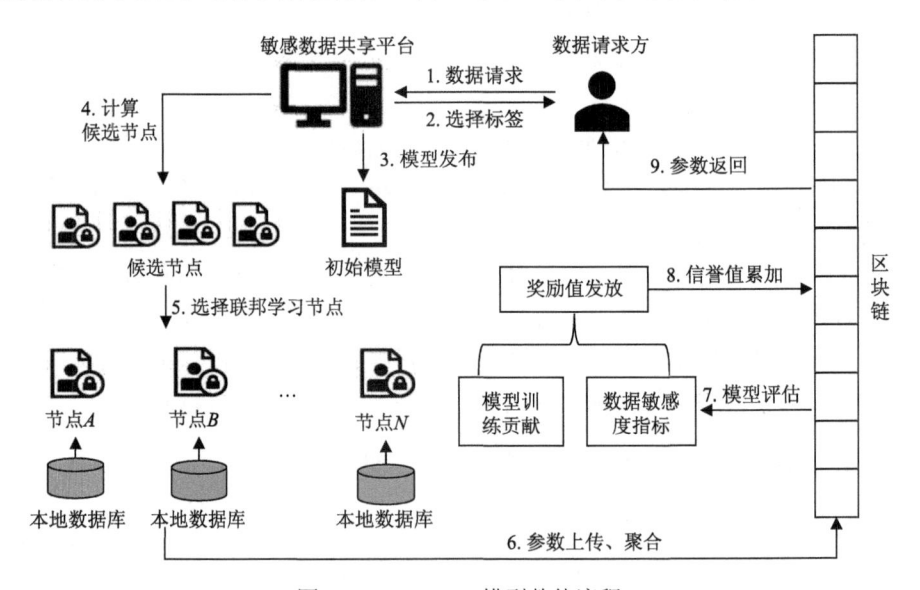

图 3.13 BFLSDS 模型整体流程

为了保障共享数据的安全性，本章提出的模型用到的区块链类型为联盟区块链，其公开程度位于公链与私链之间。用户的加入需要符合联盟链的准入条件，为系统提供了一定的安全性[21]。为避免链上数据直接存储带来的节点存储负担，该联盟链负责记录用户的数据摘要信息、共享中的交易信息以及激励记录信息，使参与共享的用户不用上传本地数据，提供了一定的安全性。在 BFLSDS 模型初始化阶段，要对首次加入系统的用户分配唯一身份标识（identifier，ID）进行注册。同时，用户需要上传自己的数据摘要信息，如数据类型、数据格式和数据大小等供数据请求者选择。联盟链中区块负责记录数据摘要信息、请求交易信息和共享交易信息，如图 3.14 所示。

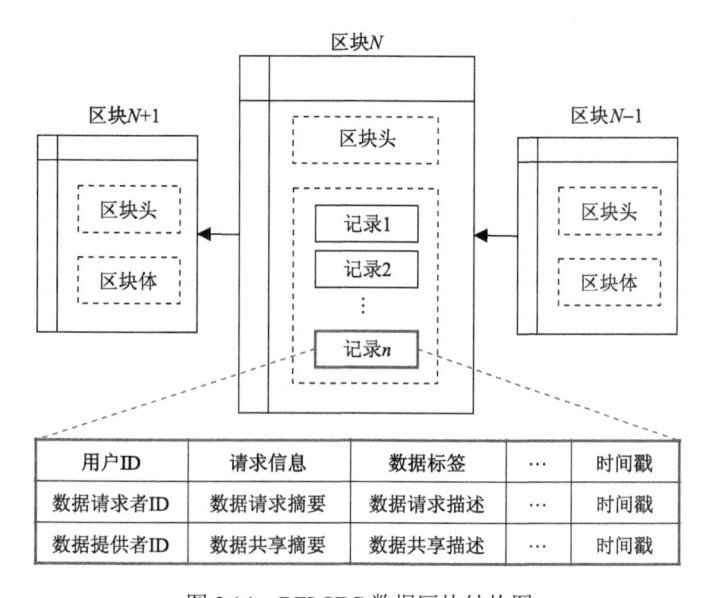

用户 ID	请求信息	数据标签	…	时间戳
数据请求者 ID	数据请求摘要	数据请求描述	…	时间戳
数据提供者 ID	数据共享摘要	数据共享描述	…	时间戳

图 3.14　BFLSDS 数据区块结构图

上述区块记录的每项信息所包含的具体内容如下。

（1）数据请求摘要：针对一个特定的数据请求 Req，由数据请求者 R 将该请求信息作为交易，存储在区块链系统中。数据请求记录中包含了 R 的 ID、请求描述信息和对应的时间戳等。其中，请求描述信息包含 R 对请求的数据类型、格式和大小等的说明。该请求交易信息的作用在于数据检索，有助于对联邦学习的参与节点进行选择。具体而言，根据该数据的请求信息，采用相似度匹配算法与链上各节点的数据摘要信息进行检索，查询和定位与请求数据相关的数据提供者，并转发该请求，以此来提高模型效果，更好地满足请求者的数据需求。

（2）数据共享摘要：系统针对数据请求 Req，在响应数据请求的相关数据提供者 $P=\{P_1,P_2,\cdots,P_n\}$ 之间执行联邦学习。在每轮模型更新阶段，由经过共识机制选取出的节点负责将本次的更新记录作为共享交易信息上传至链上，以便对数据共享交易过程进行溯源。共享交易信息中主要包含数据请求者的 ID、共享过程信息和时间戳等。其中，共享过程信息记录 Req 的编号、参与共享的数据提供者集合 P、更新的全局参数和当前迭代次数等。

联邦学习在训练初始阶段需要在训练过程中由区块链系统完成参数交换以及聚合工作，节点在本地完成参数更新操作，这就需要联邦学习协调模块。联邦学习协调模块如图 3.15 所示，该模块由数据匹配模块、激励机制模块、区块链存储模块以及参数传递模块四部构成。其中，数据匹配模块根据上传的数据标签计算节点与数据之间的相关性，并读取区块链中的历史信誉值筛选该轮联邦学习的学习小组；激励机制模块负责根据各个节点提供数据的敏感程度指标以及模型训练贡献计算各个节点参与训练的奖励；区块链存储模块负责存储节点的激励信息以及累计的信誉值；参数传递模块负责存储联邦学习过程中更新的参数，将其作为证据以计算节点的贡献，下文将详细介绍数据匹配模块、区块链存储模块以及参数传递模块的工作流程，由于现有关于激励机制的研究十分全面，因此本书中不再单独阐述。

图 3.15 联邦学习协调模块

1）数据匹配模块

数据匹配模块针对大规模制造业溯源业务中数据复杂度高，各方拥有的数据类型、格式不统一，数据敏感程度不同等问题[22]提出了解决方案。当发生数据共享请求时，为了减少系统在数据共享过程中的时间消耗以及模型迭代次数，BFLSDS 模型针对数据请求中的数据类别、数据格式等内容执行检索操作，对数据请求信息和数据拥有方上传的数据标签与数据描述进行数据相似度匹配，筛选特定的节点作为联邦学习节点。具体的匹配流程如图 3.16 所示。

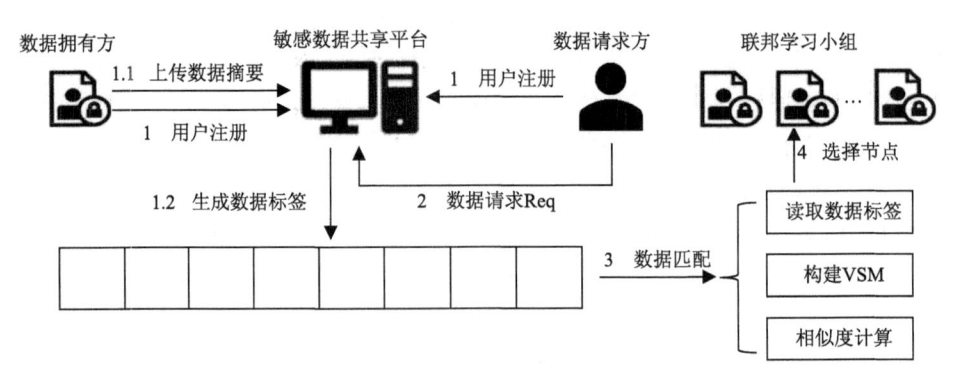

图 3.16 数据匹配流程

VSM 为向量空间模型（vector space model）

由于数据标签以及请求方上传的请求描述信息大多数是文本数据，而文本数据一般是非结构化的，且通过自然语言表示，机器难以识别出来[23]。因此需要首先对数据标签和请求描述信息中的文本进行预处理，将其表示为计算机可以识别的形式。主要方法是，将上述文本信息的相似问题转换为数学向量中的距离问题。通过构建VSM，使文本转换为空间向量，通过计算向量间的距离来确定相似性。向量通过特征项和权值表示，其中权值表明对应特征项在文本中的重要程度。VSM中部分定义如下。

特征项：特征项是VSM中的最小单元，且无法再分。通常，一个文本由其含有的特征项的集合来表示，该集合为$T=\{t_1,t_2,\cdots,t_n\}$，其中t_k是特征项，且$1 \leqslant k \leqslant n$。

项的权重：针对具有n个特征项的文本$T=\{t_1,t_2,\cdots,t_n\}$，每一特征项t_k都依据一定的原则被赋予一个权重w_k，表示其在文本中的重要程度。因此，文本Text可用它含有的特征项及项的权重来表示：$\text{Text}=T(t_1,w_1;t_2,w_2;\cdots;t_n,w_n)$，其中$w_k$就是特征项$t_k$的权重。

对于给定的$\text{Text}=T(t_1,w_1;t_2,w_2;\cdots;t_n,w_n)$，需要满足以下两个条件。

（1）各特征项$t_k(1 \leqslant k \leqslant n)$互异。

（2）各特征项t_k不具备先后顺序关系，即忽略文档的内部结构。

在以上两个条件约束下，以特征项$(t_1,t_2,\cdots,t_n)$为VSM中的坐标系，权重$(w_1,w_2,\cdots,w_n)$为各坐标轴上对应的值，则Text可以表示为VSM中的向量，所构建的VSM如图3.17所示。

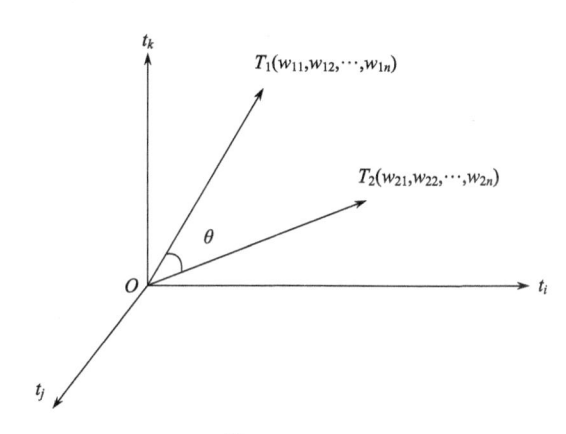

图 3.17 VSM

数据匹配模块对数据请求信息和数据描述信息进行相似度匹配，主要采用的方法是：根据两个向量之间的欧氏距离对数据进行划分，得出与本次数据请求相关性较高的一组数据描述信息,以此定位相关的数据提供方,选择出本轮的联邦学习小组。

2）区块链存储模块

联邦学习十分注重数据模型的质量与节点的可靠性问题,以预防恶意节点攻击造成模型质量下降甚至数据泄露[24]。为解决这一问题,区块链存储模块根据节点在每轮训练中的表现存储了累计的信誉值,节点信誉值反映了节点可靠性程度,数据需求方可以根据信誉值筛选合适且可靠的数据节点参与联邦学习[25]。在区块链存储模块中,数据节点的信誉值综合考虑了节点历史参与训练的信誉度以及参与频次（根据时间的远近为每次的信誉值进行权重分配）。区块链技术为节点信誉值的存储提供了可靠的介质,保证了信誉记录公开可查询且不可篡改,同时所保存的信誉记录也是节点匹配模块选择联邦学习节点的一个指标值。

如图 3.18 所示,在 BFLSDS 模型中,数据需求方发布联邦学习任务后各个节点可以根据模型的数据需求以及自身拥有的数据提交联邦学习参与申请,平台接收到节点的参与申请之后可以根据区块链记录中的信誉值进行排序,选择出信誉值高的节点参与到联邦学习当中。

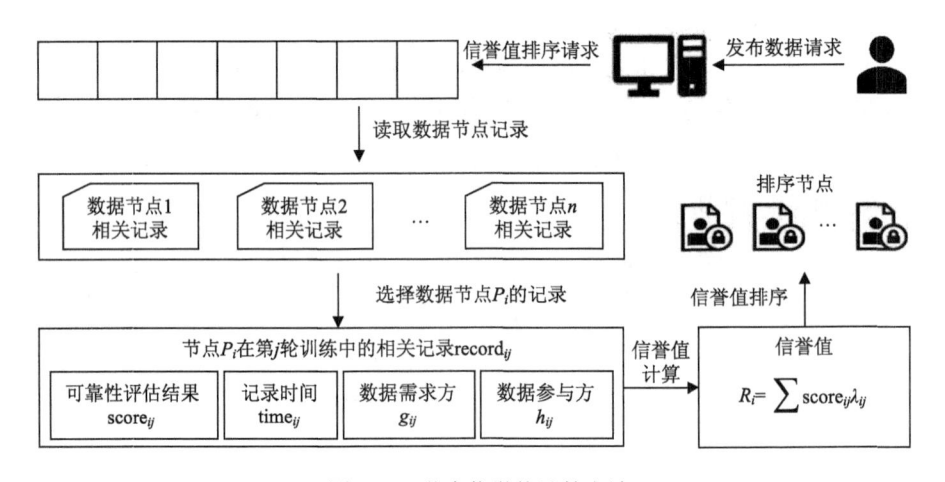

图 3.18　节点信誉值计算方法

3）参数传递模块

在对初始模型 O 进行联邦训练的过程中,节点会与系统之间进行大量的参数传递,并负责系统中其他模块之间的协调与调用工作。该模块的具体工作包括:①向各参与节点分发初始模型 O;②收集训练过程中梯度更新参数以及中间模型的验证;③调用其余模块的参数并进行模型聚合操作;④调用区块链存储模块进行节点信誉值更新以及奖励分配。

当数据请求方上传初始模型 O 并发起训练请求时,节点选取模块会进行内容匹配计算,并从区块链存储模块中获取节点当前的信誉值排序,最终选择参与训练的节点。如图 3.19 所示,参数传递模块将初始模型 O 传递给各个参与节点 P_i,该过程是将初始模型的全局参数以及对其的特征信息加密传递给各参与节点。各节点收到初始模型参数之后将其保存在本地,形成本地模型 M_{local},节点更新本地模型时会在 M_{local} 的基础上进行训练,每次更新形成的模型为 M_{train}。节点训练完成之后,参数传递模块会获取 M_{train} 的全局模型参数 W,并将获取的数据加密传输给数据请求者。

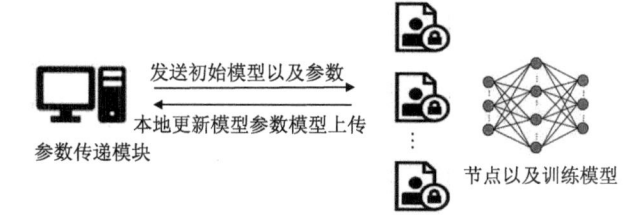

图 3.19 参数传递流程

参数传递模块会对各个参与节点的模型数据进行收集和验证,并将数据传递给激励机制模块与区块链存储模块,以计算各个节点的奖励值和信誉值。激励机制模块会根据参数传递模块获取的模型更新数据验证计算,并对各节点进行奖励分配,区块链存储模块调用奖励数据以及可靠性评估信息计算节点信誉值并进行存储。

3.2.2 最大完整-最小披露敏感数据按需共享机制

上述 BFLSDS 模型叙述了系统数据共享的全流程。本节围绕数据范围、主体时空限制方面,基于 3.2.1 节设计最大完整-最小披露的敏感数据按需共享机制。

1. 协同主体数据关联度分析

大规模制造产业主体数量庞大且业务关系复杂多变[26],庞大的数据体量以及复杂的业务关系使得主体之间的关联关系分析尤为复杂。本节介绍的大规模制造产业链协同主体之间的关联度分析方法以社区发现算法为理论基础,结合节点之间的业务关系、数据时间新鲜度等指标评估节点之间的关联程度。

在 BFLSDS 模型中,将每个制造主体看作一个点,将主体之间的业务往来(交易内容、交易量、交易时间)看作边,主体以及相互作用关系构成一个大的关系网络。在网络中有的主体之间连接较为紧密而有的主体之间连接较为稀疏。其中,可以将连接较为紧密的部分看成一个社区,社区内部节点之间有较为紧密的连接,而两个社区之间的节点连接较为稀疏,整个社区的结构被称为社团结构。如图 3.20 所示,各个节点集呈现出社区的结构。

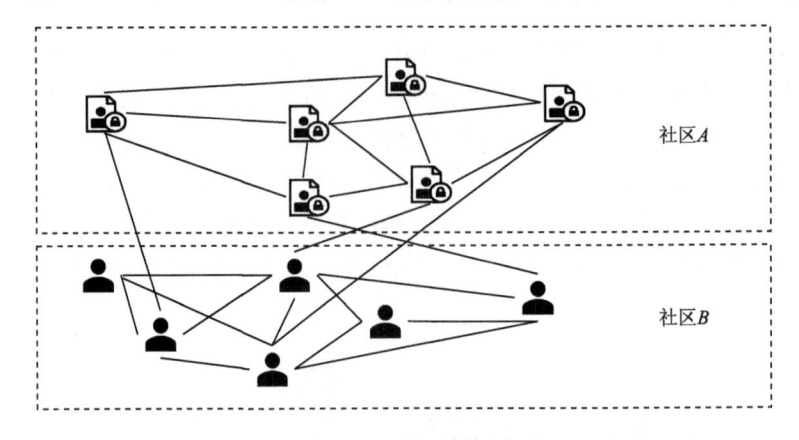

图 3.20 社区结构图

图 3.20 中社区 A 与社区 B 将整个网络分为两部分，这两个部分的内部连接较为紧密，而这两个社区之间的连接较为稀疏。表 3.1 为本节相关符号及其定义。

表 3.1 相关符号及其定义

符号	定义
Q	模块度
A_{ij}	i、j 之间连接的权重
k_i, k_j	i、j 节点所有边的权重和
c_i, c_j	i、j 节点所属的社区
N	节点集合
S	社区集合

社区分组的模块度公式为

$$Q = \frac{1}{2m} \sum_{i,j} \left(A_{ij} - \frac{k_i k_j}{2m} \right) \sigma(c_i, c_j) \tag{3.18}$$

其中，

$$\sigma(u,v) = \begin{cases} 1, & u = v \\ 0, & 其他 \end{cases} \tag{3.19}$$

$$m = \frac{1}{2} \sum_{ij} A_{ij} \tag{3.20}$$

通过推导可得

$$Q = \frac{1}{2m}\left(\sum_{ij} A_{ij} - \frac{\sum_i k_i \sum_j k_j}{2m}\right)\sigma(c_i, c_j)$$
$$= \frac{1}{2m}\sum_c\left(\sum\text{in} - \frac{\left(\sum\text{tot}\right)^2}{2m}\right) \tag{3.21}$$

其中，$\sum\text{in}$ 表示社区 c 内的边权重之和；$\sum\text{tot}$ 表示与社区 c 内的节点相连的权重之和。模块度代表了社区连接的紧密程度，内部连接越稠密，外部连接越稀疏，则模块度越高。初始化阶段时有 N 个节点、N 个社区，即一个节点视作一个社区。随机选出节点 i，判断将其放到邻居 j 的社区是否有增益，如果有则将其放到增益最大的 j 社区[27]；如果没有则不做处理。整个过程直到没有更多增益为止，第一阶段结束。此时，模块度达到最大，节点的合并不会带来模块度增加。

模块权重度考虑了社区分类的关联程度，而节点权重度考虑了与某个节点有关的所有边的权重和，包括该点的邻边（连接至其他点）以及该点的自环边（连接至该点自身）；社区内部权重度是从该社区的权重度中去掉该社区和其他社区之间的边的权重，即为该社区的内部权重度；全图权重度是指图中所有节点的权重度的和。假设节点 i 与其邻边节点 j 之间的权重为 $w_{A_{i-j}}$（权重的计算考虑交易量与交易时间），节点 i、j 所属的社区 A 的权重度总和为 w_A，社区 A 与其他社区之间边的权重为 $w_{A\text{-else}}$，则节点 i 的权重度为 $w_{A_{i-j}}$，社区 A 内部权重为 $w_A - w_{A\text{-else}}$，全图权重为 $\sum w_s - w_{s\text{-else}}$。

经过上述社区发现算法的计算可将参与溯源数据共享的相关主体分成社区 $S = \{s_1, s_2, \cdots, s_n\}$，社区内的节点业务关系较为密切，而各个社区间的业务关系较为稀疏。可以认为，同一个社区内的溯源主体数据关联程度较高，而不同社区的溯源主体之间数据关联程度较低或不存在业务关系往来。

2. 最大完整-最小披露的敏感数据共享方案

大规模制造产业链溯源业务不仅要在最大限度地满足溯源共享需求的前提下保护数据隐私不被无关主体获取或用于非法渠道，又要同时满足监管方的监管要求，实现数据共享与隐私保护之间的平衡。因此，在数据共享过程中，不仅要实现溯源数据的分类分级管理，同时要在对数据共享主体进行关联度划分后确定主体的权限以限定共享数据范围。本小节中通过社群发现算法已经将溯源主体划分为社区集合 $S = \{s_1, s_2, \cdots, s_n\}$，其中社区 s_k 中包含节点 $k_1, k_2, \cdots, k_m$。通过本小节的论述我们将大规模制造企业溯源相关数据敏感性分为 l_1、l_2、l_3 三级，这里考虑到单个社群之间关联关系薄弱，因此将各社群之间数据相互隔离，数据的共享仅在社群内部发生，限制了数据被外部恶意节点获取，并且当数据泄露或遭到恶意使用时只需从社区节点中寻找责任主体即可。数据按需共享流程如图 3.21 所示。

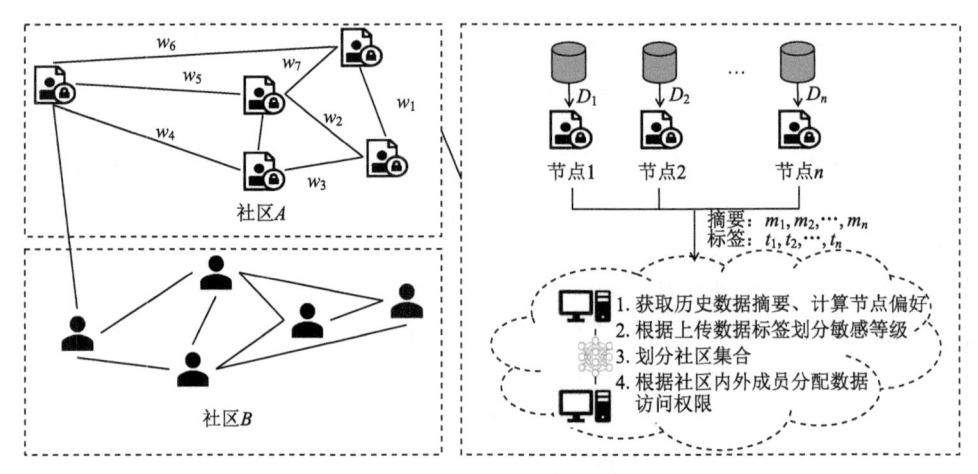

图 3.21 数据按需共享流程

节点从本地数据库中获取要上传的数据，根据数据共享系统中规定的数据标签选择数据类型，并同时上传数据标签；数据系统根据上传的数据标签、摘要信息以及节点之前上传的标签信息计算各个节点之间的关联权重，同时更新模块度直到达到设定的最优值，最后组建不同的社区；在不同的社区内数据的共享形成隔离，非本社区的成员无法访问该社区的数据，而社区内部的成员会根据关联权重分配权限，从而访问不同敏感程度的数据。

3.2.3 敏感数据共享提取算法

经过 3.2.1 节和 3.2.2 节的介绍我们已经对溯源敏感数据的按需共享形成了一套完整的理论框架，本节基于前文的介绍形成敏感数据共享提取算法，该算法可为溯源敏感数据形成一套统一的分类标准，并针对不同敏感级别的溯源数据进行动态分类。对数据的敏感性进行分析能够为实现数据按需、按权限共享提供方法基础。本小节主要对大规模制造企业数据进行分类分级，并从业务角度对数据敏感性进行分析，形成数据敏感性分析方案并实现数据按需提取。

1. 敏感数据分类分级方案

数据分类是指根据组织数据的属性或特征，按照一定的原则和方法区分与归类。数据分类是数据保护工作的关键部分之一，是建立统一、完善的数据架构的基础，是实现集中化、专业化、标准化数据管理的基础。数据分类工作主要包括以下几点内容：①指导数据安全策略的制定。根据不同级别的数据分类，可以制定针对性的安全策略和措施。高风险数据要实施更加严格的访问控制、加密存储、数据备份等，低风险数据的安全策略相对简单一些。②优化资源分配。基于数据的风险等级分配相应的资源进行保护，如对高风险数据分配更多的存储空间或更高性能的服务器等。避免因分级不清产生资源浪费或分配不当。③支持数据生命周期管理。数据分类可以指导各级别数据的创建、使用、共享、归档和销毁等管理工作[28]，如高风险数据应定期审计和更新，低风险数据可以定期归档或清理。④评估数据安全合规性。通过数据安全分类可以衡量目前的数据保护状况是否满足各类数据的安全需求，评估安全策略和措施是否到位，确保达到产业标准和法规的合规要求。通常数据分类分级框架如图 3.22 所示。

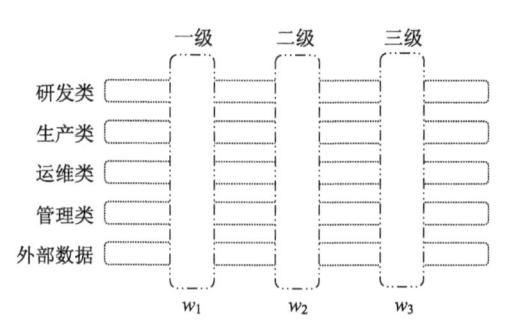

图 3.22 大规模制造业数据分类分级框架

图 3.22 的数据分类分级框架根据产业要求、特点、业务需求、数据来源和用途等因素对大规模制造产业的数据进行分类，并根据数据遭到篡改、破坏、泄露或者非法获取、非法利用，对国家安全、公共利益或者个人、组织合法权益等造成的危害程度，工业和信息化领域数据分为一般数据、重要数据和核心数据三级。确定数据分类目标以及分类依据之后，要建立分类体系，并确定分类主题。最终根据分类体系和规则将本次要分类的数据进行划分和归类，并实行分类方案管理以保证分类方案的有效性。在分类过程中，首先要根据数据的属性特征进行粗分类，再根据每个大分类中的内容、生命周期、系统、所有者、访问权限等进行细分，将同类数据归为一类。可以采用分类树的形式层层细分数据类型，形成详细清晰的分类方案。分类树形式如图 3.23 所示。

数据分级是指按照公共数据遭到破坏（包括攻击、篡改、泄露、非法使用等）后对侵害各合法权益（国家安全、社会秩序、公共利益以及公民、法人和其他组织的权益）的危害程度，对公共数据进行定级，对数据全生命周期制定安全策略。数据分级通常有以下几种方式：①根据数据敏感度，将数据分为高、中、低三个级别。高敏感度数据如个人信息、财务数据等；中敏感度数据如产品数据、合同协议等；低敏感度数据如一些对外公开的企业资讯等[29]。②根据数据所在系统的重要性。

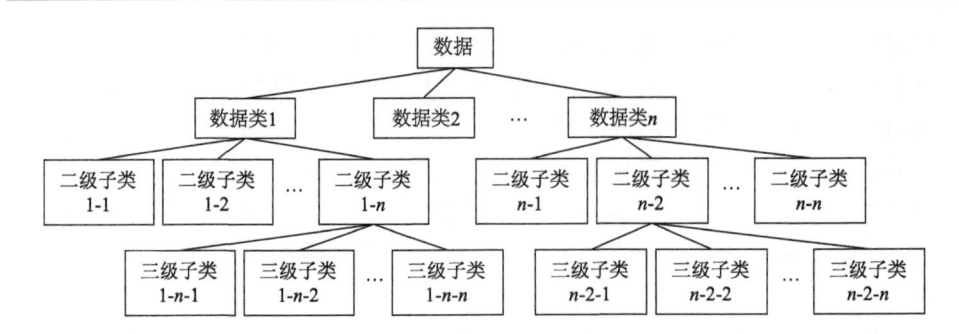

图 3.23　数据分类线分法

如果数据所在系统对业务至关重要（如数据泄露后对企业或公共组织从事经营活动或例行社会管理功能、事务处理等一系列活动产生重大影响），则数据级别高；如果系统中断对业务影响较小，则数据级别为中或低。③根据数据丢失或泄露的影响程度。数据丢失或泄露会造成重大损失和影响的属高级别，影响较小的属中低级别。数据定级流程如图 3.24 所示。

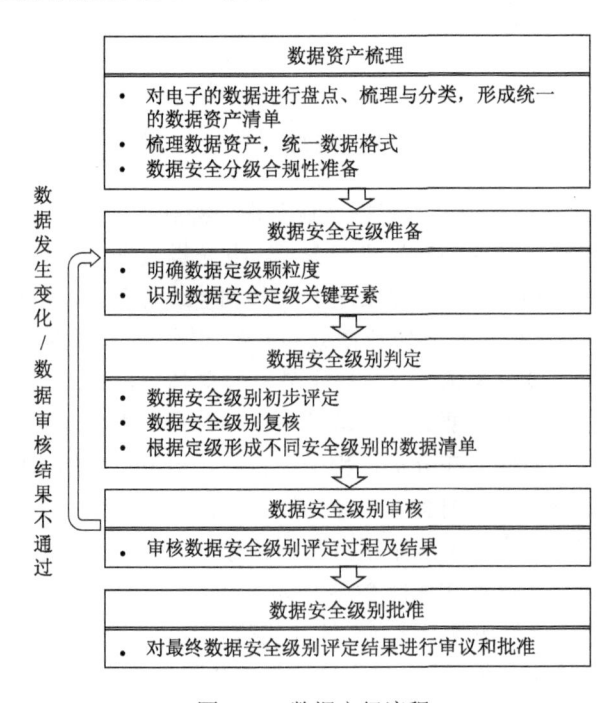

图 3.24　数据定级流程

根据图 3.24，数据定级第一步要对数据进行盘点、梳理与分类，形成统一的数据资产管理，并进行数据安全定级合规性相关准备工作。在数据资产梳理完成之后即为数据安全定级准备。首先明确数据定级的颗粒度（如库文件、表、字段等）；其次识别数据定级的关键要素，对数据安全级别进行判定。按照数据定级规则，结合国家及产业有关法律法规、部门规章对数据安全等级进行初步判定，综合考虑数据规模、数据时效性、数据形态（如是否经汇总、加工、统计、脱敏或匿名化处理等）等因素，对数据安全级别进行复核调整形成数据安全评定结果及定级清单。最终对数据安全级别进行审核，审核数据安全级别评定过程及结果，使安全级别的划定与本机构数据安全保护目标一致[30]。根据上述分类分级标准与方案，大规模制造业的敏感数据分类分级结果如表 3.2 所示。

表 3.2 大规模制造业敏感数据分类分级表

一级子类	二级子类	内容	最低敏感级别参考
研发	谈判类	合同、概要设计说明书	3
	研发准备类	里程碑计划、交付物计划、资源计划、费用计划、风险评估、项目进度计划、启动会材料	3
	需求调研文件	需求调研计划、需求调研问卷、需求调研记录、数据采集表、需求调研总结、系统实施方案（详细设计说明书）、需求变更流程	2
	开发测试	产品设计文档、测试文档、问题清单	3
生产	设备属性	生产日期、规格型号、编号、性能	2
	生产成本	生产总成本、物料消耗、试剂检验费、装配运输费、办公费、劳动保护费、环境保护费、劳务费、产品变动成本、产品固定成本、设备折旧率	2
	生产计划	产量、计划量、计划完成率、计划批次、人员配置、排班情况、劳动生产率、投入产出率	2
	运行信息	设备温度、电流电压	2
	产品生产信息	产品尺寸、数量、规格、型号	2
	产品质量信息	产品合格数、产品合格率、半成品合格率、各工序返工率	2
	产品文档	工程图纸、仿真数据、测试数据	3
	生产监控数据	生产监控拍摄的图片、语音声音、视频	2
	环境参数	光电、热敏、声敏、湿敏等工业传感器信息	2
运维	物流数据	库存量、入库量、出库量、库存周转率、库存掌握程度、物资入库差错率、物资缺损率、物资入库合理性、库存结构分析、呆滞料率	2
	产品售后服务数据	客户退货次数	2
	故障诊断	产线可用度、维修费用、整体设备效率、产能利用率、问题编号、工厂编号、零件编号、零件名称、零件来源、零件供应商、项目号、产品系、缺陷类型、发生时间、停工时间、缺陷发生环节、缺陷遏制环节、缺陷零件数量、原因类型、责任划分、供应商编号	2

续表

一级子类	二级子类	内容	最低敏感级别参考
管理	客户与产品信息	姓名、联系方式、购买次数、消费金额、产品类别、购买日期	3
	系统设备资产信息	设备规格、设备数量	1
	产品供应链数据	合作企业名称、订货量、物料采购计划、库存周转率、订单号、零件编号、零件名称、项目号、项目名称、零件单价、合同文件	2
	业务统计数据	净营业利润、成交总额、合同文件、年营业额、平均毛利、税负率、库存周转天数、资金负债率、销售增长率、合同执行比率、市场份额、产品毛利率、资金周转率、投资收益率	3
外部数据	外部数据	客户评价	1

注：3 为高敏感级别，2 为中敏感级别，1 为低敏感级别

2. 多维数据按需提取方案

对数据敏感性进行分级之后，依据数据敏感性对数据进行权限管理，实现对溯源敏感数据的按需提取。在 BFLSDS 模型设计中，数据匹配模块根据数据敏感程度匹配相应的用户权限，同时激励机制模块根据数据敏感性指标计算节点 P_i 提供的数据资源 D_i 相应的成本 $cost_{ij}$，从而进行节点的可靠性评估并发放奖励。数据提供方上传数据摘要时，根据内容匹配算法对上传的数据进行敏感识别，将数据分为 level1、level2、level3 三个等级，平台的权限管理功能会动态调整用户访问或获取数据的权限，确保拥有不同权限的用户可以获取相应敏感等级的数据，以防数据被非法获取。

数据分类分级方案为制造企业数据共享时实现精准化数据开放，同时满足企业数据安全管理需求与数据请求方数据共享需求提供了有力的工具，并且指导制造企业统一进行资产价值评定。在 BFLSDS 模型中，节点的激励值与数据提供者提供的数据资产价值直接相关，而数据资产价值评估是实现数据资产化的基础。要针对不同的评估目的和资产类别设计适用的数据资产价值评估模型，使用户既能了解数据资产的总体价值，也能了解数据资产价值的各部分构成，从而分析出影响数据资产价值的因素，更加高效地实现数据资源共享。在充分借鉴成熟的资产评估体系和已有的数据资产框架的基础上，本节构建了如图 3.25 所示的数据资产评估框架。

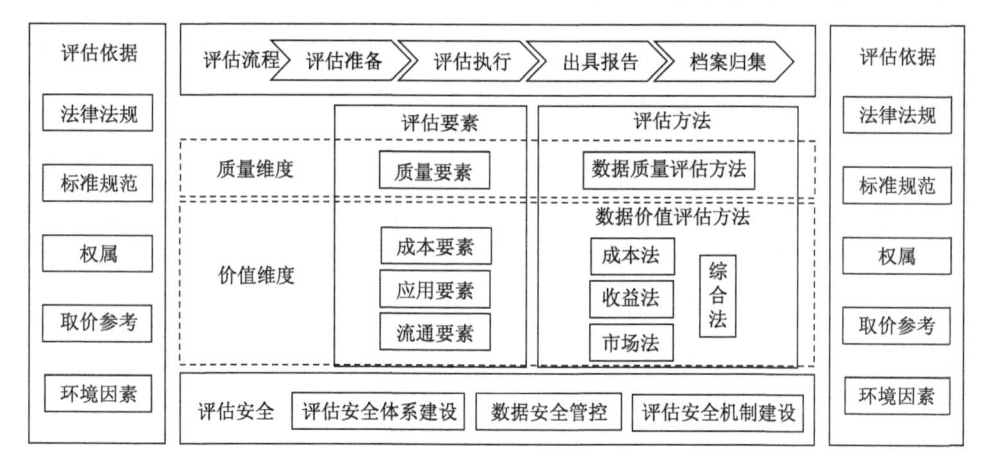

图 3.25 数据资产评估框架

如图 3.25 所示，该数据资产评估框架包括评估依据、评估流程、评估要素、评估方法和评估安全。数据资产评估遵循法律法规、标准规范、权属、取价参考和环境因素等评估依据，通过评估准备、评估执行、出具报告和档案归集等评估流程，在技术、平台和制度保障下，采用数据质量评估方法，选用成本法、收益法、市场法和综合法等数据价值评估方法，进行质量要素、成本要素、应用要素和流通要素等要素的评估，并通过评估安全体系建设、数据安全管控以及评估安全机制建设确保评估安全。本章将数据敏感度作为数据价值评估指标，利用成本法建立评估模型，数据资产价值为 P，则利用成本法构建的模型如下。

$$P = \sum_{i=1}^{n} C_{i1} + C_{i2} + C_{i3} + C_{i4} + t_i + p_i \tag{3.22}$$

其中，C_{i1} 表示每个数据集重置规划的成本；C_{i2} 表示每个数据集重置建设的成本；C_{i3} 表示每个数据集重置维护的成本；C_{i4} 表示每个数据集其他重置成本；n 表示数据集的个数；t_i 表示每个数据集流通的税费；p_i 表示每个数据集流通的利润。各个数据集的重置成本与其敏感级别呈正相关，数据集敏感性越高，其重置成本相应越高，而敏感性低的数据集重置成本也越低，其中，$C_i = f(l)$；$l = l_1, l_2, l_3$，代表数据集的三级敏感性。$f(l) = \sum_{i=1}^{3} k_i l_i$，$k_i$ 为不同敏感等级所赋予的权重，系数大小可在初始化时自行设定。

3.3 大规模制造产业敏感数据切片式实时共享传输机制

大规模制造产业敏感数据传输面临着数据安全性、实时性和可扩展性等方面的挑战。一方面，敏感数据在传输过程中容易受到安全攻击；另一方面，敏感数据传输的速度和可扩展性也会受到网络带宽和流量急剧增长的制约[31]。为解决上述挑战问题，提高敏感数据传输的可靠性、高效性和安全性，3.3.1 节设计了敏感数据传输网络架构，构建了敏感数据共享传输系统；3.3.2 节使用分布式和区块链技术实现端到端的敏感数据传输，保障数据的安全性和完整性；3.3.3 节根据数据的传输特性、传输需求和网络环境，设计了动态切片共享传输算法，通过将数据进行动态切片，提高数据传输的效率。

3.3.1 敏感数据传输网络架构

敏感数据实时共享传输需要在各个区块链网络上部署智能合约，以确保对分布式区块链系统（即 IPFS）中的数据进行细粒度的授权和访问控制。通过区块链身份验证、加密技术和跨链通信协议的综合应用，实现不同区块链之间的数据传输和访问控制。

智能合约用于管理数据传输的权限和控制逻辑，在每个涉及的区块链上部署智能合约，可以确保 IPFS 中的数据只能由授权的节点进行访问和传输，这种授权可以通过数字身份验证、密钥管理或其他身份验证机制来实现，确保参与者的身份是合法且可信的。加密技术是实现数据安全传输的关键组成部分，在数据传输过程中，可以对 IPFS 中的数据进行加密处理，以确保只有拥有相应解密密钥的节点才能够还原数据，这种加密方法有助于防止未经授权的访问和窥探，增强了数据传输的机密性。

另外，为了保障敏感数据安全、高效地在不同区块链之间进行传输，本节引入跨链通信协议和中继机制来保障数据的一致性以及数据在传输过程中不被篡改。通常，中继节点或者跨链协议的设计需要考虑数据的完整性、可用性以及不同区块链网络的特殊性。智能合约不仅负责授权和加密，还需要定义数据传输的条件和触发机制，在智能合约中监听特定的事件（如用户请求、外部条件变化或其他智能合约的状态更新），可以实现数据传输的及时响应和控制。事件触发机制为数据传输提供了灵活性和实时性，在各个区块链上部署智能合约、应用加密技术和跨链通信协议，可以实现数据在不同区块链之间的跨链传输控制，这种方法结合了区块链的安全性、智能合约的可编程性以及加密技术的隐私保护，为数据的跨链传输提供了全面的解决方案。

智能合约实现数据的跨链传输控制是一个多层次的过程，在每个涉及的区块链上，需要定义和部署智能合约来管理数据传输过程，包括访问控制逻辑、身份验证机制、加密和解密操作以及可能的事件触发条件。智能合约运行在区块链上确保只有满足特定条件的节点才能够进行数据的跨链传输。在智能合约的身份验证层面，可以使用数字身份、区块链地址或其他身份验证机制来确认参与者的身份，确保了只有合法身份的节点才能够参与数据传输。同时，通过定义明确的访问控制规则，确保只有授权的节点能够进行跨链传输操作，从而保障数据的安全性。加密和解密是实现数据机密性的关键步骤，数据在传输过程中将被加密，以确保只有具有相应解密密钥的节点才能够还原和访问数据。这一步骤是防止未经授权访问的关键环节，加强了跨链传输的安全性。

智能合约还需要实现跨链通信协议，确保数据可以在不同区块链之间传输，包括协调跨链通信、验证数据一致性，并确保数据在传输过程中不被篡改。跨链协议的设计需要考虑数据的完整性、可用性以及不同区块链网络的特殊性。在智能合约中实现事件触发机制，例如外部条件、用户请求或其他智能合约的状态变化时，可以确保数据传输的及时响应和控制。这使得数据传输可以根据实时需求或特定条件进行动态调整，增强了系统的灵活性。智能合约的审计及日志记录功能记录所有关键操作和事件，有助于监控数据的流动，进行安全审计以及在发生问题时进行故障排除。

中继节点实现数据的跨链传输是通过引入一个不同区块链网络之间的中继机制，中继节点充当了连接不同区块链的桥梁，协调并确保数据能够在这些区块链之间高效传输。在涉及跨链传输的不同区块链上部署中继节点，并与 IPFS 网络集成，主要负责监听来自不同区块链的请求，然后将相应的数据传输到目标区块链，中继节点需要在区块链之间进行数据格式转换等操作以适应目标链的要求。跨链通信协议确保中继节点可以在不同区块链网络之间传递信息，并保障数据传输的安全性和可靠性，数据加密和解密确保数据传输过程中的保密性。中继节点还需要维护跨链传输的顺序和一致性，并与各个区块链的节点进行协商、监控跨链传输的状态，以确保它能够适应不同的环境和要求。

此外，中继节点的安全性至关重要，其需要具备防范各类攻击的能力，包括身份验证攻击、中间人攻击等，通过加密通信、数字签名等安全机制来确保中继节点的安全性，以防范潜在的数据篡改和伪造。中继节点的性能和可扩展性用于保证高效且持续的跨链传输，包括对数据传输性能进行优化，以应对不同区块链网络的变化和负载。中继机制在构建多链互通的数据传输网络架构中发挥着重要的作用，推动了区块链技术的整合和应用。

3.3.2 端到端传输模式

端到端传输是一种数据直接从源头传输到目的地，无须经过中间节点的传输方式，这种方式通过最短路径直接传输，减少了中间节点的干扰，提高了传输的速度、安全性和可靠性。与此相对，跨链传输是指在不同区块链网络之间进行数据传输，解决了区块链孤岛效应。端到端传输和跨链传输在控制层面上有一定的关系，端到端传输通过最短路径直接传输，跨链传输则用于在不同区块链之间直接传输数据。端到端传输和跨链传输的结合可以在去中心化的环境中提供更加安全、快速、可靠的数据传输,确保数据在不同系统之间更自由地流通。实时共享传输机制中的端到端传输模式是基于 IPFS[32]的分布式数据传输来实现的,通过机制中的 IPFS 交互模块与文件系统进行交互,实现数据的端到端传输以及下载、上传、删除等相关操作。以下是数据实时共享传输机制通过 IPFS 实现端到端传输的关键步骤。

1. 内容寻址

基于 IPFS 的数据传输使用内容寻址机制,将文件内容的哈希值用作其唯一标识符。当添加文件到 IPFS 时,系统会计算文件内容的哈希值,并将文件存储在网络的节点中,该哈希值成为文件的地址。Merkle 有向无环图(Merkle directed acyclic graph,Merkle DAG[33])是 IPFS 存储对象的数据结构,内容寻址、防篡改和重复数据删除等机制就是基于该设计实现的[34],当文件添加到 IPFS 时,它会被分割成若干分片(分片大小默认为 256KB①),每个块都被分配属于自己的内容标识符(content-ID,CID)[35],每个块的 CID 通过对内容进行哈希计算并添加一些元数据来获取,当所有块都被分配 CID 之后,IPFS 就会构造一个文件的 Merkle DAG[36]。因此,文件的地址即其内容的哈希值。

2. 分布式哈希表

数据传输网络使用分布式哈希表(distributed Hash table,DHT)来存储文件的位置信息。每个节点都维护一个 DHT[37],通过哈希表将文件地址映射到存储文件的节点。各个节点需要优先保存与自己的节点哈希值 ID 距离较小的文件,距离通过两个哈希值进行异或(exclusive or,XOR)来计算[38]。当检索文件时,IPFS 会通过 DHT 找到存储文件的节点。

3. 路由和网络

通过 Libp2p 协议处理节点之间的路由和网络通信[39],Libp2p 是一个模块化且可扩展的网络堆栈,提供了安全点对点通信所需的协议,包括对等发现、连接建立和协议多路复用等功能,使其适用于构建去中心化系统。

4. 缓存和本地存储

节点可以缓存先前检索的文件,以提高文件的可用性和传输速度。此外,节点可以选择将文件保留在本地存储中,以便其他节点在需要时更快地获取文件。

---

① KB 为千字节(kilobyte)。

节点间以点对点方式直接相互通信[33]，当节点想要检索文件时，会查询 DHT 以查找具有所需内容的节点，然后与这些节点建立直接连接以检索文件并进行数据的端到端传输，这种通信模型的去中心化性质确保了网络的容错性。

传输机制实现端到端传输的关键是内容寻址、DHT、路由和网络，使得机制能够以去中心化、高效、安全的方式传输数据，而不依赖传统的中心化服务器。

敏感数据切片式实时共享传输机制中的各个模块间的工作流程架构如图 3.26 所示。敏感数据切片式实时共享传输机制中的 IPFS 交互模块负责各节点与 IPFS 交互，节点在进行上传、下载、删除等数据操作时，通过子线程执行相应命令从而与其进行交互，并对命令执行的返回信息进行处理和保存，更新该节点当前拥有的文件信息。IPFS 交互模块负责在文件上传、下载、删除等操作时，使用命令行进程执行相应命令并读取输出。在对数据动态切片时也需要通过 IPFS 交互模块对各文件进行重新分片。在从节点程序中创建命令执行线程和输出读取线程，命令执行线程负责执行相应的命令，输出读取线程负责读取命令执行后的输出，在从节点程序开始时，命令执行线程和输出读取线程先加锁等待，当需要交互模块收到执行命令消息时，唤醒命令执行线程并向其发送需要执行的命令，线程执行命令结束后会进行加锁等待并唤醒输出读取线程，输出读取线程需要判断执行的命令是否为 IPFS 命令，执行 IPFS 命令时输出读取的缓冲区会被占满从而导致程序无法正常结束，因此需要将输出实时写入到文件中以保证程序正常运行，输出读取结束后需要对命令执行的输出进行处理，获取相应的交互信息并进行保存。以下是不同数据操作的实现细节。

1）数据下载过程

先输入文件的哈希地址，之后使用哈希地址访问 IPFS 网络并通过 DHT 查找该文件是否存在，如果存在则通过哈希值取出相关数据，并查找各数据块的拥有者节点，然后开始端到端传输数据。

2）数据上传过程

拥有者节点在上传数据时先将数据添加到 IPFS 仓库中，再对文件进行分片，并对每个分片进行哈希计算得出哈希值。每个分片都可以进行单独的下载、删除等操作，之后将哈希地址存储到 DHT 中，然后返回 IPFS 中的数据 Merkle 树根节点的哈希值，以此作为该文件数据的哈希值索引。

3）数据删除过程

拥有者节点需要在 IPFS 仓库中删除某文件数据时，应先提供该文件的哈希值索引访问 IPFS 网络，之后通过 DHT 查找该文件是否存在，然后再根据哈希值在 IPFS 仓库中删除该文件并在 DHT 中删除该文件的各数据块哈希值。

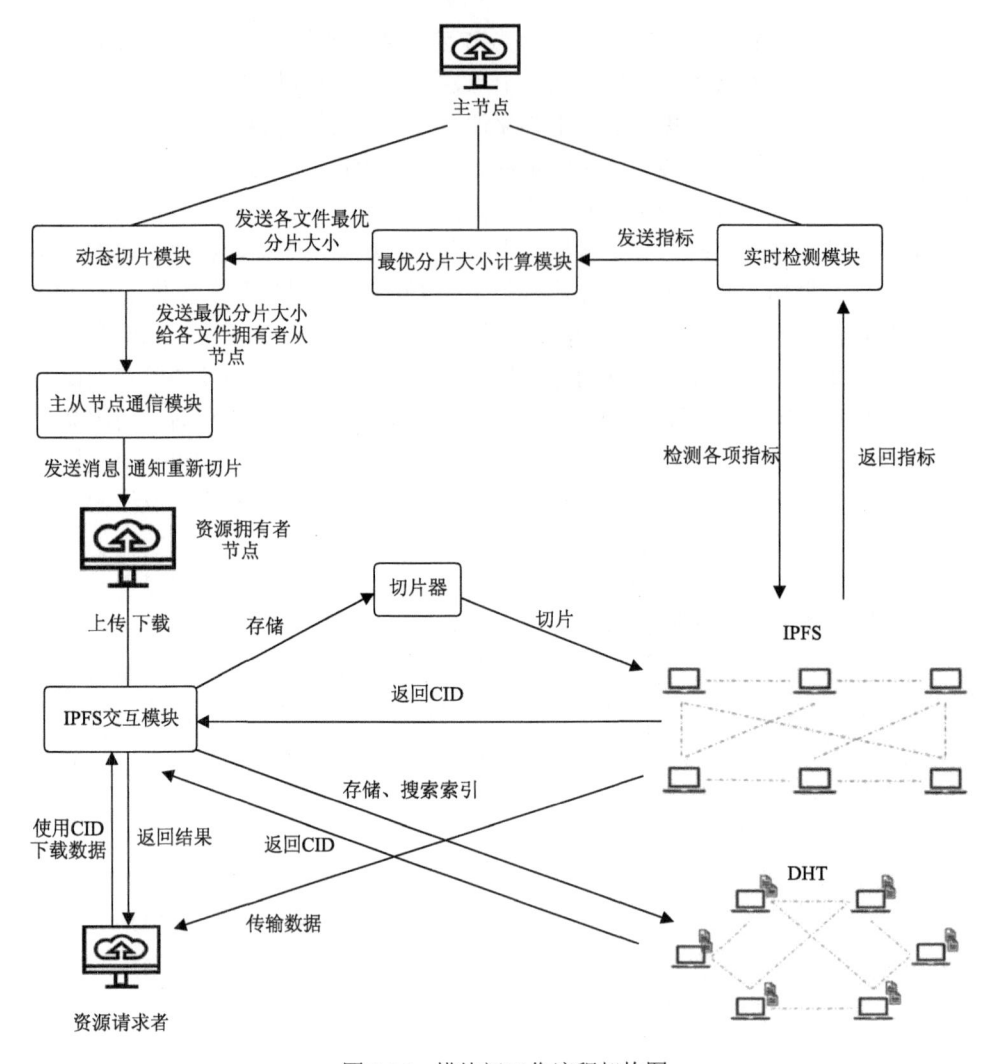

图 3.26 模块间工作流程架构图

尽管实时共享传输机制的端到端传输强调了直接分布式数据传输，但在面对大文件或高负荷时，仍存在性能瓶颈和传输延迟等问题。而动态分片通过将文件切分成小块进行按需传输，弥补了端到端传输在处理大文件时的不足。这种分片方式提高了传输效率，允许用户按需检索和传输数据的部分数据块，从而减少了数据的传输时长。动态分片机制与端到端传输的结合，可以提高实时共享传输机制的性能、可用性和适应性，为用户提供更为高效、可靠的数据传输。

3.3.3 动态切片共享传输算法

1. 动态切片

端到端传输和动态切片机制的结合可以提高网络传输的效率、可靠性和灵活性。动态切片是将文件动态拆分成若干数据块，允许各分片单独传输，端到端传输则是数据从源头直接传输到目的节点，无须经过中间节点。动态切片在敏感数据传输机制中的应用可以使数据的传输更为灵活，能够高效地按需获取数据，同时降低依赖中心化服务器的需求。动态切片与端到端传输相辅相成，共同构建一种去中心化、高效的数据传输模式。敏感数据动态切片式实时共享传输机制首次将动态切片引入到分布式数据传输中，动态切片优化机制采用主从节点结构，主节点负责检测网络中各节点拥有文件情况和网络环境等指标，综合计算不同文件在当前环境下的最优分片大小并发送给各从节点，从节点再对拥有的文件进行重新分片。从节点在下载、上传、删除文件时通过命令与系统进行交互，系统收到命令后通过子线程来执行相应的 IPFS 命令与其交互并获取命令执行的返回结果，再对结果进行处理并保存当前节点所上传的文件大小、类型和分片大小等信息。

在最优分片大小计算策略的设计中，先在搭建的私有网络中收集不同条件下各种文件的传输时长，并收集相应的指标数据集，之后对数据集进行分析，计算出各项指标的权重，从而拟合出最优分片大小的计算公式。在动态切片过程中，主节点定时向各从节点发送收集指标消息，从节点收到消息后开始检测当前的传输速率，并将传输速率和拥有的文件信息等封装成消息发送给主节点。主节点综合处理各从节点的消息并保存当前网络中的各节点的网络环境和文件等信息，之后再针对不同文件计算其在当前环境下的最优分片大小，并将不同文件的最优分片发送给拥有者节点，各节点收到消息后文件进行重新分片。

2. 节点间交互

主节点每隔一段时间便通过实时检测模块对当前网络中的各节点及其文件情况和网络传输速率进行收集检测，并且还会通过主从节点通信模块与各从节点进行消息交互，对当前收集到的各项信息进行汇总分析，获得计算最优分片大小所需的各项指标。之后主节点将各项指标发送给最优分片计算模块，通过最优分片计算策略得出不同文件最适合当前网络环境下的分片大小，并将最优分片通过通信模块发送给其拥有者节点，通知各从节点进行重新分片。在从节点对文件进行重新分片的过程中，需要通过 IPFS 交互模块来执行相应命令并对执行后的输出进行读取处理，以保证重新分片的有效性。在最优分片的计算过程中，需要同时计算分片不同取值的传输时长估计值，选择令传输时长取最小值的分片作为最优分片大小，之后将各文件计算好的最优分片与文件哈希值建立一个哈希索引表，并通过主从节点通信模块将分片信息发送给各文件的拥有者节点。

数据的分片过程如图 3.27 所示，各从节点接收到交互模块发送的动态切片指令以及各文件的最优分片大小后，使用相应命令与 IPFS 进行交互，将文件上传至本地仓库中，之后设置分片器的分片大小为所计算的最优分片大小，使用分片器将文件分成若干数据块，对每个数据块单独进行哈希计算得出哈希值以此作为该数据块的索引，并将索引上传到文件系统的 DHT 中，然后将各数据块组织成 Merkle 树数据结构，并将根节点的哈希值作为整个文件的索引存储到 DHT 中。

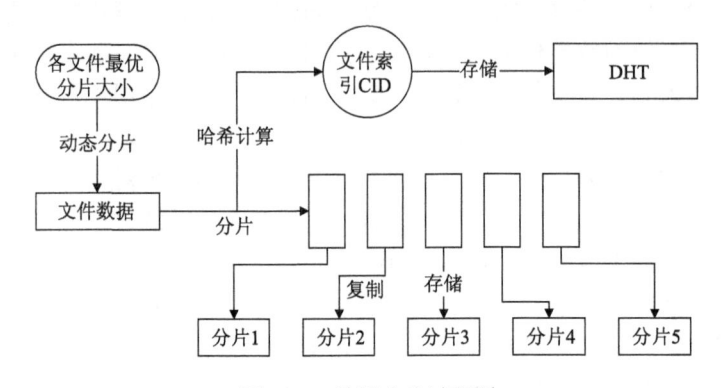

图 3.27 数据分片过程图

在实验过程中，将上传、下载速率限制在 500KB/秒、300KB/秒时，在搭建的私有网络中分别使用传统的固定分片和动态切片下不同文件的传输时长，由图 3.28 和图 3.29 可见动态切片共享传输机制对数据传输性能的优化较为明显。

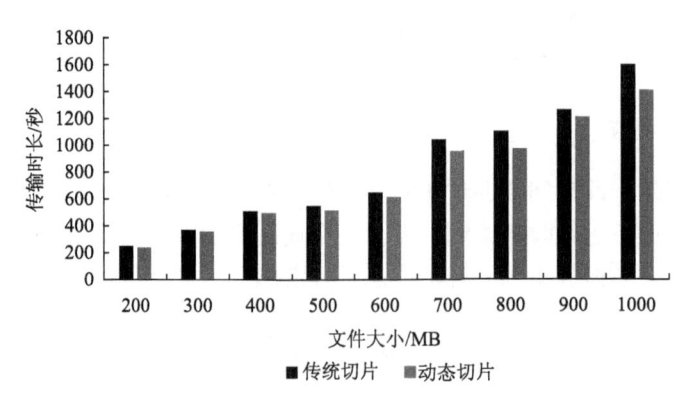

图 3.28 限速在 500KB/秒时不同文件大小的传输时长

MB 为兆字节（megabyte）

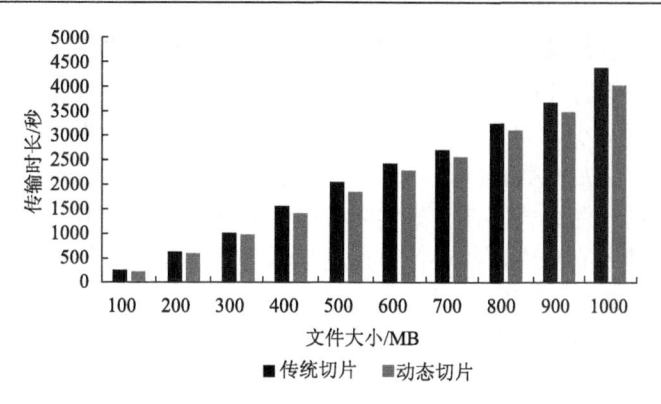

图 3.29　限速在 300KB/秒时不同文件大小的传输时长

3. 最优分片计算过程

在收到动态切片模块发送的当前网络的各文件的大小、拥有者节点数等指标后，通过对各项指标综合分析计算出当前网络的平均传输速率，再使用最优分片计算策略求出各文件的最优分片大小。在计算最优分片大小的过程中，需要同时将分片大小的不同取值（1、1024、chunker）代入传输时长预测公式中，求出传输时长估计值，并选择令传输时长取最小值的分片大小，将其作为最优分片的大小，之后将各文件计算好的最优分片大小与文件哈希值建立成一个哈希索引表并发送，通过主从节点通信模块将分片信息发送给各文件的拥有者从节点。chunker 的计算见公式（3.23）：

$$\text{chunker} = \frac{-b \pm \sqrt{b^2 - 4ac}}{2a} \tag{3.23}$$

其中，a 取值约为 -3.61×10^{-7}；c 是根据指标计算出的固定值。设 speed 为 IPFS 网络的当前平均传输速率，filesize 为文件大小，peernum 为文件的拥有者节点数，b 的取值见公式（3.24）：

$$\begin{aligned} b \approx & \, 2 \times (4 \times 10^{-3}) + 2 \times (4.41 \times 10^{-7}) \text{speed} + 2 \\ & \times (3.45 \times 10^{-7}) \text{filesize} - (3.8 \times 10^{-5}) \text{peernum} \end{aligned} \tag{3.24}$$

传输时长预测公式中的 X_{updim} 为升维后的特征矩阵，Coef 是对应的系数矩阵，传输时长的公式则为系数矩阵 Coef 与升维后的特征矩阵 X_{updim} 对应项相乘之后加上截距，从而得到传输时长公式（3.25）：

$$\text{Time}_{\text{trans}} = \sum_{i=1}^{m} \sum_{j=1}^{n} \text{Coef}_{ij} \times X_{\text{updim}\,ij} - 7.3 \times 10^5 \tag{3.25}$$

在最优分片计算策略的推导过程中，先选取可能会影响数据传输时长的各项指标，然后在搭建的 IPFS 私有网络上进行实验，对不同网络环境下，不同拥有者节点数量，不同大小、类型的文件使用不同的分片大小进行各项指标和传输时长数据集的收集，之后对数据集进行分析，计算得出不同参数的相应权重，并拟合得出传输时长的预测公式。在收集实验数据集的过程中，使用服务器节点配置相应的环境来搭建私有网络，并对各节点进行适当限速来模拟网络中的物理距离。在实验程序的实现中，主节点控制其他从节点与 IPFS 进行交互，以汇总各项指标，并在网络中测试不同指标下文件的传输时长，之后对数据集进行分析并计算不同指标的权重，从而推导得出最优分片的计算策略，推导过程如图 3.30 所示。

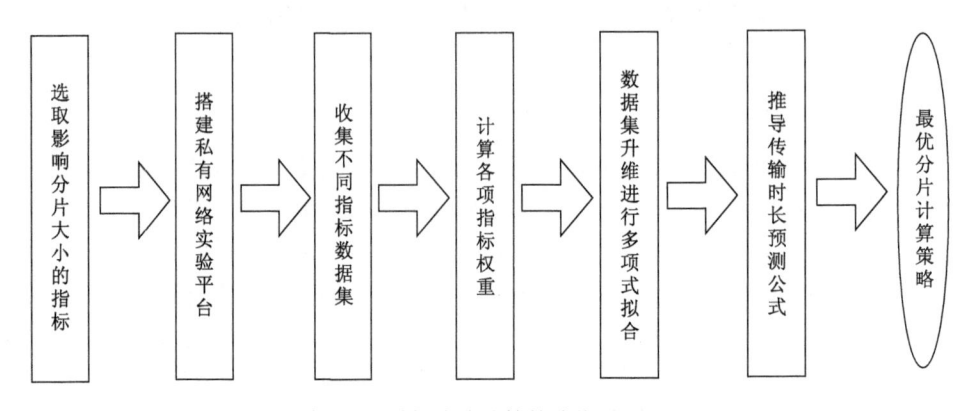

图 3.30　最优分片计算策略推导过程图

3.4　本章小结

本章从大规模制造产业链全域数据溯源业务出发，探究了大规模制造产业溯源的创新模式。溯源区块链技术解决了在没有可信的中心机构以及信息不对称、不确定的情况下，通过构建一个"信任"生态体系来满足活动发生、发展的需求。共识算法作为区块链的核心技术，是区块链运行效率的关键影响因素。3.1 节建立了基于 RFM 的溯源区块链共识网络，解决了大规模制造产业链中共识效率低下的难题；3.2 节提出的敏感数据按需共享机制为解决溯源数据共享时主体权限不明与共享披露范围模糊的问题提供了思路；3.3 节针对目前数据传输面临的数据安全性、速度和可扩展性等方面的问题，设计了切片式实时共享传输机制，解决了 IPFS 分布式数据传输中固定分片无法适用于不同网络环境和文件的问题，提高了数据传输的效率和可靠性。

本章参考文献

[1] Kros J F, Liao Y, Kirchoff J F, et al. Traceability in the supply chain[J]. International Journal of Applied Logistics (IJAL), 2019, 9(1): 1-22.

[2] Noori-Daryan M, Taleizadeh A A, Jolai F. Analyzing pricing, promised delivery lead time, supplier-selection, and ordering decisions of a multi-national supply chain under uncertain environment[J]. International Journal of Production Economics, 2019, 209: 236-248.

[3] 陈轶洲, 刘旭生, 孙林檀, 等. 基于图神经网络的社交网络影响力预测算法[J]. 南京大学学报(自然科学), 2022, 58(3): 386-397.

[4] 杨佳欣. 基于 RFM 改进模型 LFMN 的新浪微博用户价值分析[D]. 贵阳: 贵州财经大学, 2022.

[5] 李慧. 融合拓扑势的有向社交网络关键节点识别模型[J]. 小型微型计算机系统, 2021, 42(7): 1492-1499.

[6] 李斌. 基于社交网络的拍卖机制设计理论研究[D]. 成都: 电子科技大学, 2021.

[7] 汤茗清. 基于社交网络的群体性事件关键角色识别方法研究[D]. 徐州: 中国矿业大学, 2021.

[8] Hastig G M, Sodhi M S. Blockchain for supply chain traceability: business requirements and critical success factors[J]. Production and Operations Management, 2020, 29(4): 935-954.

[9] Zhu S, Zhang Z Y, Chen L Q, et al. A PBFT consensus scheme with reputation value voting based on dynamic clustering[R]. Quzhou: Security and Privacy in Digital Economy: First International Conference, 2020.

[10] Xu G Q, Bai H P, Xing J, et al. SG-PBFT: a secure and highly efficient distributed blockchain PBFT consensus algorithm for intelligent Internet of vehicles[J]. Journal of Parallel and Distributed Computing, 2022, 164: 1-11.

[11] Zhang Z J, Zhu D L, Fan W. QPBFT: practical Byzantine fault tolerance consensus algorithm based on quantified-role[R]. 2020 IEEE 19th International Conference on Trust, Security and Privacy in Computing and Communications (TrustCom), 2020.

[12] Li Y X, Qiao L, Lv Z H. An optimized Byzantine fault tolerance algorithm for consortium blockchain[J]. Peer-to-Peer Networking and Applications, 2021, 14: 2826-2839.

[13] Tang S, Wang Z Q, Jiang J, et al. Improved PBFT algorithm for high-frequency trading scenarios of alliance blockchain[J]. Scientific Reports, 2022, 12(1): 4426.

[14] Castro M, Liskov B. Practical Byzantine fault tolerance and proactive recovery[J]. ACM Transactions on Computer Systems (TOCS), 2002, 20(4): 398-461.

[15] Zheng X D, Feng W L, Huang M X, et al. Optimization of PBFT algorithm based on improved C4.5[J]. Mathematical Problems in Engineering, 2021, 2021(2): 1-7.

[16] Kuhn M, Funk F, Zhang G L, et al. Blockchain-based application for the traceability of complex assembly structures[J]. Journal of Manufacturing Systems, 2021, 59: 617-630.

[17] Lu D, Moreno-Sanchez P, Mitra P, et al. Toward privacy-aware traceability for automotive supply chains[J]. SAE International Journal of Transportation Cybersecurity and Privacy, 2021, 4(2): 61-82.

[18] Sim R H L, Zhang Y, Chan M C, et al. Collaborative machine learning with incentive-aware model rewards[R]. 37th International Conference on Machine Learning, 2020.

[19] Song T S, Tong Y X, Wei S Y. Profit allocation for federated learning[R]. 2019 IEEE International Conference on Big Data (Big Data), 2019.

[20] Martinez I, Francis S, Hafid A S. Record and reward federated learning contributions with blockchain[R]. 2019 International Conference on Cyber-enabled Distributed Computing and Knowledge Discovery (CyberC), 2019.

[21] Orekondy T, Oh S J, Schiele B, et al. Understanding and controlling user linkability in decentralized learning[EB/OL]. https://arxiv.org/pdf/1805.05838v1[2018-05-15].

[22] Kang J W, Xiong Z H, Niyato D, et al. Reliable federated learning for mobile networks[J]. IEEE Wireless Communications, 2020, 27(2): 72-80.

[23] Bagdasaryan E, Veit A, Hua Y, et al. How to backdoor federated learning[R]. International Conference on Artificial Intelligence and Statistics, 2020.

[24] Pyrgelis A, Troncoso C, de Cristofaro E. Knock knock, who's there? Membership inference on aggregate location data[EB/OL]. https://arxiv.org/pdf/1708.06145[2017-09-29].

[25] Yan X D, Cui B J, Xu Y, et al. A method of information protection for collaborative deep learning under GAN model attack[J]. IEEE/ACM Transactions on Computational Biology and Bioinformatics, 2021, 18(3): 871-881.

[26] Hitaj B, Ateniese G, Perez-Cruz F. Deep models under the GAN: information leakage from collaborative deep learning[C]//Proceedings of the 2017 ACM SIGSAC Conference on Computer and Communications Security (CCS'17). New York: Association for Computing Machinery, 2017: 603-618.

[27] Melis L, Song C, De Cristofaro E, et al. Inference attacks against collaborative learning[EB/OL]. https://arxiv.org/pdf/1805.04049v1[2018-05-10].

[28] Barreiro-Gomez J, Tembine H. Blockchain token economics: a mean-field-type game perspective[J]. IEEE Access, 2019, 7: 64603-64613.

[29] 颜亮, 姬少培, 董贵山, 等. 面向数据共享交换的文本数据分类分级模型的建立方法: 201911224374.0[P]. 2019-12-04.

[30] 梁静, 蔡淑琴, 汤云飞, 等. 供应链中的信息共享及其共享模式[J]. 工业工程与管理, 2004, 9(4): 83-87,92.

[31] Zeng R B, You J L, Li Y, et al. An ICN-based IPFS high-availability architecture[J]. Future Internet, 2022, 14(5): 122.

[32] Benet J. IPFS-content addressed, versioned, P2P file system[EB/OL]. https://arxiv.org/pdf/1407.3561[2014-07-14].

[33] Trautwein D, Raman A, Tyson G, et al. Design and evaluation of IPFS: a storage layer for the

decentralized web[R]. Amsterdam: ACM SIGCOMM 2022 Conference.

[34] Chen Y L, Li H, Li K J, et al. An improved P2P file system scheme based on IPFS and Blockchain[R]. 2017 IEEE International Conference on Big Data (Big Data), 2017.

[35] Khudhur N, Fujita S. Siva-the IPFS search engine[R]. 2019 Seventh International Symposium on Computing and Networking (CANDAR), 2019.

[36] Steichen M, Fiz B, Norvill R, et al. Blockchain-based, decentralized access control for IPFS[R]. 2018 IEEE International Conference on Internet of Things (iThings) and IEEE Green Computing and Communications (GreenCom) and IEEE Cyber, Physical and Social Computing (CPSCom) and IEEE Smart Data (SmartData), 2018.

[37] Maymounkov P, Mazières D. Kademlia: a peer-to-peer information system based on the XOR metric[R]. International Workshop on Peer-to-Peer Systems, 2002.

[38] Henningsen S, Florian M, Rust S, et al. Mapping the interplanetary filesystem[R]. 2020 IFIP Networking Conference (Networking), 2020.

[39] Agostinho P, Dias D, Veiga L. Smartpubsub: Content-based pub-sub on IPFS[R]. 2022 IEEE 47th Conference on Local Computer Networks (LCN), 2022.

第4章　大规模制造产品全生命周期数据实时追溯及可监管隐私保护技术

本章在第2章和第3章的理论和机制基础上，给出大规模制造产品溯源过程中的关键技术，主要包括数据快速定位与高效标识寻址技术、数据实时追溯技术和数据可监管隐私保护技术三部分内容。

大规模制造产品可信溯源需要在技术层面实现数据标识寻址和数据追溯。数据标识寻址通过唯一的数据标识进行寻址，实现对产品材料、零件和部件的数据内容精确定位与动态检索。数据追溯通过数据标识的关联追溯，实现产品的监测、记录和追踪。随着大规模制造业的快速发展，材料、零件和部件的加工与交易过程频繁，数据量增长快，对全生命周期海量异构数据的寻址和追溯过程的实时性提出了极高要求。

此外，全生命周期数据中包含企业不愿披露的敏感数据，企业隐私保护需求也存在差异性，需要相应的机制差异化保护企业隐私。同时，监管机构需要在特定条件下对大规模制造产品全生命周期数据进行监督和审查，确保平台运营合法合规。这需要寻求隐私保护和可监管之间的合理平衡。

本章面向大规模制造产品溯源的实时性、隐私保护和可监管需求，遵循产品供应、制造、运输、销售等多环节的业务流程逻辑，介绍产品数据快速定位与高效标识寻址技术、数据实时追溯技术和可监管隐私保护技术等三个关键技术。本章的主要结构如下：4.1节介绍产品全生命周期数据快速定位与高效标识寻址，4.2节介绍基于数据关联分析的跨链实时追溯，4.3节介绍监管友好的数据分级隐私保护方法。

4.1　产品全生命周期数据快速定位与高效标识寻址

大规模制造产品全生命周期数据量增长快，海量数据无法快速定位。传统的数据库定位方案存在中心化、扩展性差、缺乏高效的数据检索机制等缺点，无法满足快速增长的海量数据场景。本节介绍一种以Merkle山脉数据结构、哈希算法、数据切片、分布式存储为基础的内容标识寻址算法。该算法将切片后的数据分别用哈希计算并分散存储在多个网络节点上，以便并行处理和高效索引，从而满足全生命周期异构数据快速定位的需求。并且，通过缓存策略缩短数据的传输时间，负载均衡策略优化资源分配、提高系统可用性和支持扩展性来提升整体的寻址速度,最终实现对全生命周期海量异构数据的高效标识寻址。其中,4.1.1 节介绍产品全生命周期数据快速定位,4.1.2 节介绍高效标识寻址技术。

4.1.1 产品全生命周期数据快速定位

数据生命周期问题的产生,源于数据从创建直至最终销毁所经历的一系列不同阶段。在每个阶段,数据都面临不同的管理挑战和需求。为了解决全生命周期数据管理的挑战,本节提出一种全生命周期异构数据的可信标识方法。该方法通过哈希算法和 Merkle 山脉数据结构为数据赋予唯一标识符,并且将这些标识符以交易的形式发送到区块链进行存储,确保标识在整个生命周期内可靠、可信,可以实现对数据的准确定位。下面从数据的生命周期及管理、全生命周期数据管理的挑战和全生命周期异构数据可信标识建立三方面进行介绍。

1. 数据的生命周期及管理

数据的生命周期(data life-cycle,DL)是指数据从产生或获取到销毁的整个过程[1]。数据的全生命周期可以分为以下几个阶段:数据采集、数据存储、数据整合、数据呈现与使用、数据分析与应用、数据归档以及数据销毁。数据可以根据其热度分为几种不同类型的价值。频繁使用、价值较高且支持实时查询和展示的数据称为热数据;相反,使用频率较低、价值较低且用于数据筛选和检索的数据称为冷数据。使用频率和价值介于热数据与冷数据之间的数据称为温数据。

在数据生命周期中,数据的价值决定了其全生命周期的长度[1]。热数据主要为决策管理者服务,其存储和计算引擎占用空间较小,但需保证数据的时效性、稳定性和可用性;温数据更多地为数据分析人员服务,其所需的存储和计算引擎应具备充足的存储空间、高性能计算资源,并支持多种数据分析工具;冷数据主要面向数据科学家,需依赖大容量、具备批量计算能力及可扩展存储技术的存储和计算引擎。

数据价值随时间递减,同时数据采集粒度与时效性、存储方式、整合的完善程度、可视化程度、分析的深度和应用衔接的程度,均会影响数据价值的体现。因此,应针对数据生命周期各阶段的特征采取不同的管理策略和控制措施,在成本可控、可量化、可管理的前提下,从数据中挖掘更多有效价值。

此外,数据全生命周期管理(DL management,DLM)与企业数据战略密不可分。数据生命周期管理是一种基于策略的方法,用于管理信息系统的数据在整个生命周期内的流动:从采集和存储,到最终归档和销毁,即指某个集合的数据从产生或获取到销毁的过程[1]。建立良好的数据生命周期管理流程可以为企业数据提供结构化管理,提高数据安全性和可用性。数据生命周期管理的目标通常包括：数据能够被准确地识别和区分，防止数据重复或错误；确保合适的数据访问控制和数据共享机制，以支持数据的及时获取和使用，满足业务需求和决策支持。

下面介绍大规模制造行业中的数据生命周期管理相关内容。大规模制造行业已发展成一个高度分工的产业。每辆汽车和每部手机通常由成千上万个零部件组成，涉及研究设计院、组装制造厂、零部件原料供应商、物流仓储单位以及全国各地的零售、销售商等多个参与主体。同时，这些产品还受到质检部门、政府监管机构以及工商部门等多个国家管理部门的监督和审查。

下面，以汽车制造为例介绍产品溯源中各个环节的业务需求，其他大规模制造业也与汽车制造业务逻辑相似。

1）设计院数据安全需求

通常情况下，设计院会根据生产单位的需求，利用 SolidWorks、UG 等三维软件设计出符合要求的零部件。随后，它们会利用 MATLAB 等仿真软件对零部件的力学性能、运动轨迹和抗疲劳等特性进行初步验证。接下来，使用数控机床仿真软件模拟加工过程，以确保生产过程的精确性和效率。最后，制造样品进行检测，验证零部件各项指标，最终将成品交付给客户。与制造企业不同，设计院的核心竞争力在于其人才和设计图纸的质量。因此，设计院对图纸存储的安全性有着重要需求。过去采用冷存储方式来保存设计图纸，这样做解决了数据存储安全的问题，但不利于企业信息化建设的推进。利用区块链的防篡改特性，可以建立数据存在性证明系统和数据版权系统。设计院可以计算已完成图纸的哈希值，并将该哈希值存储在区块链中。在面临产品召回等重大事件时，首先验证图纸的哈希值与链上存储的哈希值的一致性，以确定用于追责的图纸是否遭到篡改，从而减少对纸质图纸的依赖。同时，整车厂需要将用于组装的图纸哈希值存入车辆识别号（vehicle identification number，VIN）索引中，以建立与设计相关环节链的关联，便于后续溯源工作的开展。

2）零部件供应商的溯源业务要求

零部件供应商在生产完零部件后，专职人员需要根据生产日期、生产人员、尺寸等一系列元数据，生成全链唯一的零部件标识，并将与该零部件相关的设计图纸和生产工艺流程图的身份 ID 附加到该标识下。在零部件生产过程中，对于物联网水平较低的企业，需专职人员记录上传铸造、热处理、机械加工等生产过程中产生的关键数据，并使用照相设备记录加工过程。最后记录质检员信息和质检结果并上链。对于物联网水平较高的企业，采用物联网设备采集加工过程的关键数据，包括批次信息、毛坯数据、零部件成型方式、力学数据和质检数据等。采用物联网设备采集和上传数据不但可以降低上链工作量，还可以避免人为干预，从而保证上链数据质量。

3）整车制造商的溯源业务要求

在国内汽车供应链中，整车制造商多处于核心位置，需承担协调供应链内部各主体间合作、统筹各企业制定溯源管理的关键点和技术指标以及确定供应链内部奖惩机制等产业链层面业务。整车制造商按照设计图纸订购发动机、轮毂、轮胎等所需的零部件，并根据预先设计好的装配图在流水线上完成整车装配。整车装配完毕之后，质检部门对车辆进行质检以防止不合格产品流入市场，分配给每辆汽车唯一标识身份的产品 ID，也被称为 VIN，并将该产品的流水线信息、装配时间、质检结果等元数据信息记录在该 VIN 索引之中。最后，将配件标识存入 VIN 的索引中，由此建立两条链之间的关系，构建产品追溯的锚点，便于溯源能够跨链进行。汽车零部件生产具有批量大、产品质量稳定、同一批次产品生产数据同质化高的特点，因此可以根据实际需要调整上链策略，即同一批次的产品对应相同的数据。从而减少采集数据和上链操作的工作量，避免区块链中保存大量重复数据，降低对存储和网络带宽的使用。

4）仓储物流企业的溯源业务要求

仓储物流企业在供应链管理和敏捷制造中发挥着关键作用。当零部件制造企业和整车厂将原材料和产品进行存储时，管理人员需执行入库、分拣、存储及出库等一系列操作。当零部件入库时，管理人员应根据零部件标识读取批次信息、供应商、零部件种类和生产工艺等信息，并进行分批分类和分拣。在完成零部件入库后，需要将存储时间、地点、操作员和保存环境等信息追加到零部件标识索引中。在使用零部件时，应尽量确保同一批次的零部件用于同一批产品，以减少零部件之间的排列组合。这不仅可以保证产品质量的稳定性，还可以降低上链数据量。物流运输通常使用货车进行，而重型卡车通常由专业司机驾驶至销售方。在此过程中，需要记录运输前的初始状态、运输条件、关键地点的全球导航卫星系统（global navigation satellite system，GNSS）信息、运输保险信息以及到达时的车辆状态等数据。仓储物流企业需要保护这些信息，确保数据的完整性，使得每个运输环节都可被准确追溯。

5）销售商的溯源业务要求

在汽车供应链中 4S 店扮演着集整车销售（sale）、零部件适配（sparepart）、售后服务（service）和信息反馈（survey）四位一体的角色，是整个供应链系统的输出终端和反馈源。4S 店根据需求从整车厂订购整车和零部件，整车厂根据库存情况就近调度产品，最终由物流公司完成物流配送。当消费者订购产品时，系统根据订单信息自动生成标准化的订单。当产品运输至 4S 店时，负责验收人员首先根据订单内容核对产品信息，然后根据产品 ID 读取产品数据保证产品质量，最终完成订单签收。在完成产品签收后，4S 店的工作人员会将订单信息追加到产品 VIN 索引下。在消费者购买整车或更换零部件时，可以通过产品 VIN 获取产品加工、流通过程中产生的数据标识，并在对应的链中进行追溯，使消费者买得放心、用得安心。如果产品出现质量问题，消费者到 4S 店进行更换时，会将维修信息追加至产品 VIN 索引下。每次维修信息的追加都会触发系统的统计功能。当某一批次产品维修次数达到系统阈值时，系统会将该产品信息通过预留在系统中的邮箱地址和手机号，以邮件和短信的形式发送给整车厂的质检部门。质检部门根据具体的维修记录决定是否大规模召回使用该批次零部件的车辆。消费者通过该系统不仅可以读取产品溯源信息，还可以反馈用户意见。这种做法使得用户诉求能够直接传递到整车厂的设计部门，建立起用户与设计部门之间的沟通渠道，从而缩短了信息传递的环节，减少了中间链路。

6) 监管部门的溯源业务要求

监管部门由国家权力机关和第三方质量监督组织组成，其监督范围覆盖汽车设计、制造和销售的整个生命周期。在汽车设计过程中，监管部门通过专门的平台记录软件仿真数据和样车测试数据。这些数据的记录和监督能确保设计过程的严谨性和安全性，防止潜在设计缺陷进入生产环节。在制造过程中，监管部门的角色尤为关键。它们负责对车辆的生产过程进行监督，以防止生产企业使用劣质材料或在生产过程中偷工减料。这包括对关键生产数据的实时监控，如铸造、热处理和机械加工等环节的数据。通过严格的质量控制措施，监管部门可以确保每辆汽车在制造过程中都符合既定的质量标准和安全规范。在车辆的销售阶段，监管部门会继续监督，以确保销售的车辆符合所有质量和安全标准。车辆的出厂检测数据、销售记录、客户反馈等都会被记录和监控。监管部门还会对市场上的车辆进行抽检，确保车辆在使用过程中依然符合安全和质量要求。

通过严格的监管和监督，监管部门不仅可以确保汽车产品的质量和安全，而且可以提升消费者对汽车产品的信任。同时，监督的严谨性和透明性也推动了整个汽车行业的规范化和高质量发展，确保了市场的公平竞争和健康发展。

2. 全生命周期数据管理的挑战

在数据生命周期管理的过程中，虽然通过有效的策略和工具可以提升数据管理的效率和质量，但仍然面临诸多挑战。这些挑战主要包括数据的完整性、安全性、一致性和可追溯性等问题，这些问题在全生命周期产品溯源过程中尤为突出。下面详细探讨这些挑战，并为后续探讨全生命周期异构数据可信标识的建立打下基础。

在全生命周期数据管理中，数据的完整性和安全性是基础。然而，由于数据涉及的环节众多、参与主体复杂，全生命周期管理往往面临巨大挑战。以汽车制造为例，整个过程包括研究设计院、组装制造厂、零部件供应商、物流仓储单位以及全国各地的零售、销售商等多个主体。不同主体使用各自独立的系统和数据格式，这增加了数据整合的复杂性和难度。例如，设计院使用的仿真数据和样车测试数据需要与制造厂的生产数据无缝衔接，但由于系统的不兼容，常常会出现数据丢失或不一致的情况。此外，在生产过程中，任何环节的数据错误都可能导致产品质量问题。例如，零部件供应商在记录生产工艺和质检数据时，如果发生人为错误或系统故障，都会影响后续环节的数据准确性。这不仅会增加溯源的难度，还可能导致严重的质量问题和经济损失。

数据安全和隐私保护是全生命周期数据管理面临的重要挑战之一。随着数据量的增加和数据共享的广泛应用，数据泄露的风险也在不断上升。全生命周期数据管理涉及大量敏感数据，包括设计图纸、生产工艺、物流信息和客户数据等。这些数据一旦泄露，不仅会损害企业的商业利益，还会危及客户的隐私安全。此外，数据在存储和传输过程中也面临安全性问题。例如，虽然区块链技术提供了一种防篡改的数据存储方式，但其本身也存在性能和成本问题。因此，企业需要采用多层次的数据安全措施，包括数据加密、访问控制、数据备份和灾难恢复等，以保护数据的安全性和隐私性。

数据的一致性也是全生命周期数据管理面临的挑战之一。大规模制造产业链全域标识数据格式的差异性，使得数据在共享过程中易发生信息缺失或不完整等问题，这为数据存储的可信性带来了挑战。不同数据在不同供应环节中遵循不同的存储标准，结构化数据、半结构化数据和非结构化数据并存，且相互耦合。同时，全域标识数据在生产环节中变化频繁，零件编号在传递过程中不断变化，显著提升了溯源数据的管理、协同共享与可信追溯难度。

数据的可追溯性是全生命周期数据管理的重要目标之一，其实现过程也面临诸多挑战。企业需要在各个环节布置传感器和数据采集设备，建立数据采集、存储和分析的系统框架。同时，还需要确保系统的可靠性和稳定性，以应对复杂的生产和物流环境。在出现产品质量问题时，能够实时追溯问题的根源是非常重要的。然而，实时追溯对系统的响应速度和数据处理能力提出了很高的要求。如何在保证系统性能的同时，实现高效的实时追溯，是全生命周期数据管理需要解决的关键问题。

综上所述，全生命周期数据管理在大规模制造业中扮演着至关重要的角色。企业需要在数据完整性、安全性、一致性和可追溯性等方面进行深入研究和优化，并结合先进技术和管理策略，只有这样才能实现高效的全生命周期数据管理，提升企业竞争力，满足监管要求。这些挑战也为后续讨论全生命周期异构数据可信标识的建立奠定了基础。通过构建可靠的数据标识体系，企业可以进一步提升数据管理的水平，确保数据在全生命周期内的真实性和可靠性。

3. 全生命周期异构数据可信标识建立

在溯源场景中，可信标志是指一种能够验证产品或物品来源、生产过程、传递路径等信息的标识或特征[2]。这类标志通常由行业组织、认证机构或者生产商自身提供，并且具有一定的权威性和可信度，以确保信息的准确性和可追溯性。

传统标识通常是通过申请审核制度来获取的，这种制度存在一些问题和不足。首先，传统标识的申请审核流程通常较为烦琐，需要提交大量的申请材料，并经过相关机构的审核和审批，会消耗申请者大量的时间。其次，传统标识更新周期较长，不适用于产品快速迭代和更新的场景。对于一些需要频繁更新标识的产品，传统标识制度可能显得不够灵活[3]。在大规模制造产业溯源背景下，生产商自身提供产品标识进行溯源具有一定的可行性。针对这些问题，本小节提出了全生命周期异构数据可信标识建立算法，这种产品标识无须经过烦琐的申请审核流程，可以根据需要随时生成和更新标识。这种灵活性和快速响应能力非常适合需要快速追溯产品信息的大规模制造产业。

为了更好地实现产品信息的追溯，我们放弃了传统的基于文件路径定位的文件系统，转而采用基于内容寻址的方法来定位和检索文件。在这种方法中，每个文件都有一个唯一的哈希值作为其地址，不同文件对应不同的哈希值。文件内容通过哈希函数转换后生成哈希值，系统则利用这些哈希值以及存储节点的 ID 信息来建立索引。系统会生成一个巨大的文件索引表，将每条索引记录表示为<Key, Value>，其中 Key 可以是文件名或文件内容描述，Value 则是存储文件的 IP 地址。为了去中心化管理，这张巨大的文件索引表会按内容被分割成多个部分，分布到各个节点上。每个客户端节点负责一个小范围的路由，并存储少量数据。使用哈希函数将一个 Key 值映射到一个索引值上，记为 Hash(Key)=index。这样，一个 Key 值可以对应到一个特定的 index，然后将该 Key 值对应的 Value 存储到 index 所标记的存储空间中。

以汽车制造为例介绍基于内容标识建立的过程，其他大规模制造业也与汽车制造业务逻辑相似。假设现有一个活塞厂，该厂现有零部件信息包括活塞信息、活塞环信息、上油环信息、活塞销信息，每个信息都包含厂家（Owner）和厂家内部编码（Code），这些信息通过哈希函数计算得到每个哈希值 Key，即 Key = Hash(Owner+Code)，并通过网络传播存储在多个节点上。其中，Owner 表示物品/单据的所有者，可能是制造商、供应商、运输商或者销售商。该所有者负责将自己的数据写到相应子链上。Code 是 Owner 的内部编码，可能是供应环节编号、制造环节编号、运输环节编号或者销售环节编号。在某个 Owner 内部，Code 具有唯一性。Key 表示数据标识，是子链上 Owner+Code 字段对应的哈希值。每个数据块都使用其哈希标识，并且可以根据哈希值来检索和验证文件的完整性。

DHT 的构建过程如图 4.1 所示。

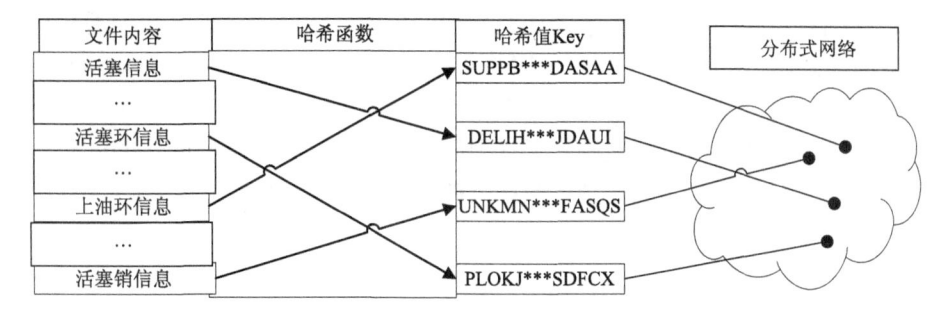

图 4.1 DHT 的构建过程

单个内容标识生成过程如下。

（1）把单个文件数据拆分成若干个 256KB 大小的块（Block）。

（2）逐 Block 计算 BlockHash，Hashn = Hash(Blockn)。

（3）把所有的 BlockHash 拼凑成一个数组 arr，再进行一次哈希计算，便得到了文件最终的哈希值，即 Hash(file) = Hash(arr)，最终的哈希值就是生成的内容标识。接着，将这个内容标识 Hash(file)和 BlockHash 数组"捆绑"起来，组成一个对象，把这个对象当作一个索引结构。

（4）把 Block、索引结构全部上传给分布式网络中的节点，数据便同步到了分布式网络。

（5）把生成的内容标识 Key=Hash(file)上传到子链和主链。

以活塞零部件信息为例，文件内容包括活塞信息、活塞环信息、上油环信息、活塞销信息，假如正好分割成四个 Block，内容标识建立过程如图 4.2 所示。

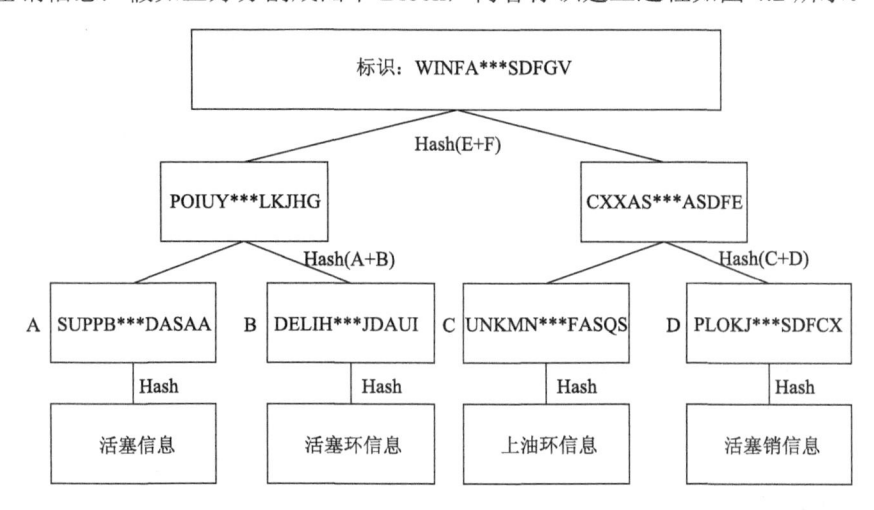

图 4.2 内容标识建立过程

以上描述是单个内容标识的创建流程。然而，在大规模制造业中，产品在不同阶段会拥有不同的标识。为了实现对标识的生命周期阶段管理，我们需要将每个阶段的标识独立存储在对应生命周期的子链上，以此达到按阶段管理标识的目的。

针对现有供应链交互关系复杂、编码信息难以互通的问题，我们提出了一种基于多层次区块链的供应链追溯数据管理架构，该框架记录编码变化的过程，以主链、子链结合的方式完成追溯。数据上链流程如图 4.3 所示。

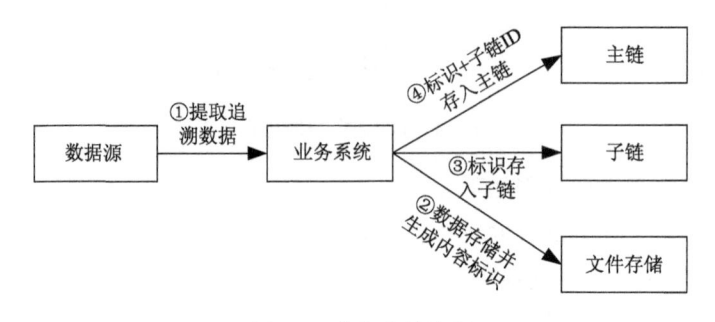

图 4.3 数据上链流程

为了减少数据存储的冗余，在系统存储建立标识以前会提前检验这个映射结果是否已经被存储过。如果被存储过，则直接从其他节点读取，不需要重复存储，从而节约存储空间。当一个制造商利用系统查询下载过一个文件，该文件就会加入系统中。该制造商会得到一个映射结果，同时发布到公共网关上。而当另一个制造商想要查询该文件时，只需对其网关发出一个寻址请求，系统就会根据工作目录来找到对应的节点。新文件发布到系统的时候，需要从文件源头制造商开始进行初次分享。首先，文件源头制造商会生成一个包含文件名称、文件大小信息的索引。一次内容发布至少需要一个协调服务器和一个文件源头制造商，协调服务器保存文件信息和文件源头制造商的连接信息，而文件源头制造商保存文件本身。通过索引文件，其他节点会访问协调服务器，获取其他节点/文件源头制造商的连接信息，例如 IP 和端口（port）。协调服务器和节点之间只需要通过简单的远程通信，节点就能使用连接信息，与其他节点/文件源头制造商沟通，并建立连接从而下载文件。一些大的文件会通过特殊的加密算法分成若干小份，然后再分散存储到其他制造商的存储器里。节点大多没有完整的拷贝节点，为了跟踪每个节点已经下载的信息有哪些，系统将文件切割成大小为 256KB 的小片，通过 Merkle 树进行存储。Merkle 树[4]叶子节点的 Value 是数据集合的数据单元或者数据单元的哈希值。非叶子节点的 Value 是根据它下面所有的叶子节点值，按照哈希算法计算得出的，即添加 1 个 "1" 或者 N 个 "0" 使其长度模 512 同余于 448。在消息后附加 64 位的长度块，其值为充填前消息的长度，进而产生长度为 512 整数倍的消息分组,填充后消息的长度最多为 264 位。链接变量的中间结果和最终结果存储于 256 位的缓冲区中,缓冲区用 8 个 32 位的寄存器 A~H、h0~h7 表示,输出仍然放在缓冲区以代替旧的 8 个寄存器。消息块是以 512 位分组为单位进行处理的,需要进行 64 步循环操作。每一轮的输入均为当前处理的消息分组和上一轮输出的 256 位缓冲区 A~H 的值。每一步均采用了不同的消息字和常数。所有 512 位的消息块分组都处理完以后,最后一个分组处理后得到的结果即为最终输出的 256 位的消息摘要。

此外,利用 Merkle DAG[5]实现内容寻址,采用多重哈希来唯一识别数据块的内容。这样做可以实现:①防篡改,即可以方便地检查哈希值来确认数据是否被篡改;②去重,即由于内容相同的数据块哈希值是相同的,因此很容易去掉重复的数据,节省存储空间;③简化操作,不需要进行树的平衡操作,非叶子节点允许包含数据。

系统具体实现步骤如下。首先将文件切片,切割成 256KB 大小的文件;之后将切片后的文件进行 Hash-256 运算;然后从运算结果中选取第 0 至第 31 位;接着将选取结果根据 base58 进行编码,运算结果前追加最后结果作为文件的 46 位哈希值,其为多叉树结构,最多为 174 叉树。为了确保文件完整传输,这些已经下载的片段必须通过算法验证。只有当片段被验证是完整时,该节点才会通知其他节点自己拥有这个片段,可以提供上传。文件中的一部分可能就在自己的存储器中,也可能被存储在别的地方。我们提出的标识方法具有容错机制,能确保数据被复制多份并存放在不同节点。即使某个节点的数据因为特殊情况被毁,其他节点的备份也能确保系统整体的数据完整性,通过这些备份可以实现对丢失数据的全面恢复,从而保证系统中数据的安全性。

综上所述,可信标识建立方法适合大规模制造业场景的数据全生命周期管理。其以分布式的方式进行索引构建,具有较高的查询与下载效率,同时避免了制造商在生产产品时,需要不断更改标识的严重问题。

4.1.2 高效标识寻址

本节介绍一种针对大规模制造产品全生命周期数据实时追溯需求的高效标识寻址技术。首先,通过基于内容寻址的产品可信标识解析算法,实现对产品数据的准确定位和追溯。其次,建立标识解析缓存服务器和缓存数据结构,以提高标识解析的速度和效率。最后,引入标识解析请求负载均衡层,实现对标识解析请求的智能分发,从而进一步优化系统性能,实现实时追溯的目标。

全生命周期数据标识解析寻址是指根据标识编码查询目标对象的网络位置或者相关信息的系统,对机器和产品及其所处的生命周期阶段进行唯一性定位和信息查询的技术,是大规模制造业中上下游企业生产系统的精准对接、产品数据全生命周期管理和智能化服务的前提与基础。在数据标识解析流程中，在从发出解析请求到获取回应流程中涉及多层级、多模块的相互配合。终端用户通过轻型客户端或传统 PC 向本地的解析缓存服务器发出标识解析请求，若本地缓存服务器中有该标识的解析缓存备份，就立即返回结果，否则该解析请求被传输到负载均衡层。负载均衡层会根据当前网络状况、解析等待时间、工作负载拥塞情况为该请求分配合适的解析节点。解析节点随后运行标识寻址算法获取请求中包含标识的对应数据或数据存储的地址，然后返回给客户端。同时生成的解析请求正确性证明也会返回给客户端。最终，解析结果在缓存服务器中进行缓存以方便下一次解析。下面将详细介绍该流程中的技术要点。

1. 基于内容寻址的产品可信标识解析

基于内容寻址的产品可信标识溯源方法，可以根据内容本身获取标识进行寻址，解决了产品流通时标识需要不断更改的问题。此方法包括以下几个步骤。

1）系统初始化

各参与方运行区块链节点，生成 operator 地址；由系统管理员组织运行联盟链，各节点向系统管理员申请身份注册；由系统管理员部署智能合约，并广播合约地址；各节点调用智能合约中的 Operatorregister 函数完成注册。

2）产品标识生成

产品生产方确定产品数据（product data，PD），然后使用内容寻址标识算法生成产品数据对应的产品数据标识符（product data identifier，PDI）；之后对产品数据标识符命名，指定唯一不可变的域名作为产品数据识别号（product data identification number，PDIN）；最后将产品数据识别号、生产阶段名称和产品数据标识符作为参数，调用智能合约（smart contract，SC）记录在联盟链上；非产品生产方仅产生相应阶段的数据，然后生成对应的产品数据标识符，之后以上述产品数据识别号、相应阶段名称和产品数据标识符作为参数，调用智能合约记录在联盟链上。

3）产品溯源

用户购买产品后获取产品标识符；想要发起溯源时，向系统管理员提出溯源请求；系统管理员依据权限管理机制判断是否同意该请求，同意后将用户地址 Account 存储在智能合约中；用户以产品标识符和产品阶段 stage 作为参数调用智能合约，返回值即为所需的数据标识符。

4）数据标识解析

用户获取所需的数据标识符后，向联盟链中任一节点发出数据解析请求，然后该节点解析数据标识符确定产品数据碎片的存储地址，进而获取产品数据碎片，之后将产品数据碎片拼接成产品数据并返回给用户，至此产品溯源完成。

寻址是溯源过程中从主链开始一步一步找到对应的子链数据标识的 URL（unified resource location，统一资源定位符）的过程，所谓解析，是指数据标识还原为数据的过程。标识的寻址过程包括在主链上查找标识所在的子链 ID，然后在子链上查找 Key 详细信息的 URL。解析的过程包括根据 URL 获取文件信息的过程，如图 4.4 所示。

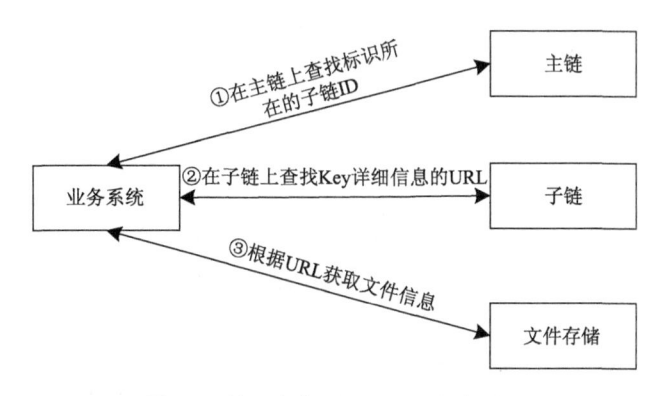

图 4.4　基于内容寻址的标识解析过程

标识解析算法是全生命周期数据标识解析寻址的核心算法。在对客户端提出的解析请求分配解析服务器节点后，节点会将请求中包含的数据标识解析为目标数据的网络地址或目标数据本身。节点首先根据标识本身获取标识对应数据的组成数据块数组，然后在自身维护的 DHT 中查询，获取对等方存储要访问内容的块。哈希表是一种数据结构，其核心就是哈希函数 Hash()。它把 Key 和 Value 用某种方式对应起来[6]。使用哈希函数把一个 Key 值映射到一个 index 上，即 Hash(Key)=index。这样就可以把一个 Key 值同某个 index 对应起来。然后把与这个 Key 值对应的 Value 存储到 index 所标记的存储空间中。这样，每次想要查找 Key 所对应的 Value 值时，只需要做一次 Hash() 运算就可以找到了。

单体哈希表存在一些固有的缺陷。首先，它面临单点故障的问题，即所有数据集中存储在单台机器上，一旦该机器发生故障，所有数据将丢失或无法访问，进而导致系统失效。其次，随着数据量增长，单台机器无法处理海量数据请求。DHT 将数据分布在多台机器上，如果其中一台机器发生故障，系统仍可从其他机器中获取数据，这保障了系统的可靠性。在此框架下，可进一步通过负载均衡技术，避免单台机器负载过重，提高了系统稳定性和平均性能。

DHT 通常采用一致性哈希函数对机器和数据统一运算。哈希是对机器（通常是其 IP 地址）和数据（通常是其 Key 值）映射到一个地址空间中的运算[7]。假设有一个一致性哈希函数可以把一个值映射到 32 位的地址空间中，从 0 到 $2^{32}-1$，我们用一个圆环来表示这个地址空间。假设有 N 台机器，那么 Hash() 就会把这 N

台机器映射到这个环的 N 个地方。然后划分整个地址空间，使每台机器控制地址空间映射一段地址范围。这样，当向这个系统中添加数据的时候，首先使用 Hash() 函数计算这个数据的 index，然后找出它所对应的地址在环中属于哪个地址范围，这样就可以把这个数据放到相应的机器上。具体来说我们使用了 Pereira 等[7]提出的 Kademlia（简称 Kad）算法来实现 DHT，通过独特的以异或算法为距离度量基础，建立了一种全新的 DHT 拓扑结构，相比于其他算法，大大提高了路由查询速度。在 Kad 网络中，所有节点都被当作一棵二叉树的叶子，并且每一个节点的位置都由其 ID 值的最短前缀唯一确定，每个节点都有一个 160 位的 ID 值作为标识符。整个网络节点状态可以使用二叉树表示。规则如下：ID 值以二进制形式表示；二进制的第 n 位就对应了二叉树的第 n 层；如果该位是 1，则进入左子树，是 0 则进入右子树；最后二叉树上的叶子节点对应某个节点。每个节点用 160 位的二进制表示，所以最多有 160 层，而实际并没有这么多层，因为采用最短唯一前缀，所以叶子节点会在任意层数出现。

对于任意一个节点，可以将这棵二叉树分解为一系列连续的、不包含该节点的子树。最高层的子树由整棵树中不包含该节点的另一半组成；下一层子树由剩余部分中不包含该节点的一半组成；以此类推，直到完整地分割整棵树为止。对于每一个节点而言，当它以自己的视角完成子树拆分后，会得到 n 个子树；对于每个子树，如果都能知道里面的一个节点，那么它就可以利用这 n 个节点进行递归路由，从而到达整个二叉树的任何一个节点。拆分二叉树也是为下面讲到的 K 桶做准备。每个节点在完成子树拆分后，要记录每个子树里面的 K 个节点。这里所说的 K 值是一个系统级的常量（必须是偶数），由使用 Hearn[8]提出的 Kad 网络的软件系统自己设定[比如 BT（BitTorrent，比特流）下载使用的 Kad 网络，K 设定为 8]，K 其实就是路由表。对于某个节点而言，如果以它自己为视角拆分了 n 个子树，那么它就需要维护 n 个路由表，并且每个路由表的节点上限是 K。对每一个 $0 \leqslant i \leqslant 160$，每个节点都保存一些和自己距离范围在区间 $[2i, 2i+1]$ 内的节点信息，这些信息由一些数据列表[IP 地址（IP address）、UDP 端口（user datagram protocol (UDP) port，用户数据报协议端口）和节点标识（node ID）]构成。每一个这样的列表都被称为一个 K 桶，每个桶都有不超过 K 个的数据项。最终，确定了内容的保存位置后就需要和该节点建立连接并进行获取，客户端会同时与多个节点建立网络连接，以更快地获取所有数据。

2. 标识解析缓存服务器和缓存数据结构

缓存是一种通过将需要频繁访问的网络内容存放在离用户较近、访问速度更快的系统中，以提高内容访问速度的技术。缓存服务器即为存放这些高频访问内容的服务器。在标识解析系统中设置缓存服务器，可以显著提升对热门标识的解析速度，并为解析结果提供冗余保护。大规模制造业数据标识解析具有解析请求量大、请求频次高、请求并发量大、热门制造业请求重合度高的特点。为了缓解由过多解析请求导致的服务质量下降，本解析架构借鉴了传统互联网中 DNS（domain name system，域名系统）的技术架构，在靠近客户端的位置设立缓存服务器。在正式解析前，系统首先查询缓存服务器，以减少不必要的传输开销。这种方法有效提高了解析速度和系统性能，确保在高负载情况下仍能提供可靠的服务。

在解析缓存服务器中，缓存数据以层叠式字典树（Trie 树、前缀树）的形式保存，以加速数据查询和热门标识解析的返回速度。字典树是一种用于快速检索的多叉树结构，专门用于处理字符串。在字典树中，字符串被视为字符序列，并根据字符序列的先后顺序构造自上而下的树结构。树结构中的每一条边都对应一个字符[9]。字典树中存储的字符串可以通过从根节点到某个节点的一条路径表示，并在路径终点节点上标记"该节点对应词语的结尾"。正因为终点节点的存在，字典树不仅可以实现字符串的简单存储，还可以实现字符串的映射。字典树只需将相应的值挂载在终点节点上即可。例如，对于"汽车"到"car"的映射，只需将"汽车"路径的终点节点的值设置为"car"。一个典型的字典树如图 4.5 所示。这种结构设计使得缓存服务器在进行数据查询时更加高效，显著提升了对热门标识的解析速度。

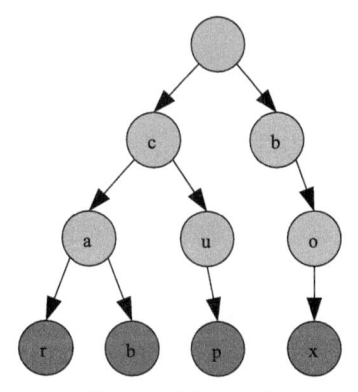

图 4.5　字典树结构

字典树中使用最下面一层的节点是字符串结尾，字母是人为的编号。通过图 4.5 这棵典型的字典树可以直观地看出字典树的一些特点：根节点不包含任何字符（0 号节点），其余的每一个节点只包含一个字符（具体应该是连接的边上）；终点节点不一定是叶子节点，每一个终点节点都对应着一个字符串，从根节点到终点节点路径上的字符连接起来即为该终点节点所对应的字符串；拥有相同字符前缀的字符串共享路径，这是字典树又被称为前缀树的原因。字典树能够利用字符串中的公共前缀，从而节省内存。然而，如果系统中存在大量字符串且这些字符串基本没有前缀，相应的字典树内存消耗会很大。尽管如此，利用字符串的公共前缀可以减少查询字符串的时间，最大限度地减少不必要的字符串比较。同时，在查询过程中不需要预知待查询字符串的长度，只需沿着字典树的边进行匹配即可，从而提高查询效率。这正是字典树算法的优点所在。

正是由于字典树的这些特点，字典树广泛应用于统计、排序和保存大量的字符串的场景（不仅限于字符串）。在基于词典的中文分词任务中，词典由一系列字符串组成，分词的核心在于将字符序列与词典中的字符串进行匹配：如果匹配成功，则将该字符序列确定为分词结果；如果匹配失败，则重新选择字符序列。匹配过程的本质在于检测分得的字符序列是否存在于词典中，而这些操作的效率直接影响最终中文分词任务的效率。在基于词典的中文分词任务中，核心价值不在于精度，而在于速度。当然，字典树的应用不仅限于基于词典的中文分词任务，还可以用于任何需要词典支持、需要进行大量字符串匹配的任务。字典树的优点在于其高效的字符串查询能力，在需要大量字符串查询操作的任务中，将词典中的字符串构造成字典树，可以显著提高匹配待分词字符序列的效率。字典树的查询操作简单来说就是检查字典树中是否包含指定的字符串。查询过程相对简单，只需从根节点开始，沿着树的边进行移动；如果成功到达终点节点，则说明字符串存在于字典树中；如果最终没有路径或到达的节点不是终点节点，则说明字符串不在字典树中。

层叠式字典树是对现有字典树技术的扩展。针对大规模制造业数据标识的特点，在缓存服务器中将被缓存的标识组成字典树，即以标识作为字典树的边，并将字典树的叶子节点扩展为链表结构，该结构存有标识的解析正确性证明和标识解析回复本身，如图4.6所示。通过引入层叠式字典树，可以在查询缓存服务器时快速判断缓存中是否存在该记录。如果记录存在，便能直接获取对应的数据，从而提高查询效率和系统响应速度。这种方法充分利用字典树高效的查询能力，适应大规模制造业数据标识解析的需求。

3. 标识解析请求负载均衡层

上述缓存服务器是应对全生命周期数据标识解析寻址请求量大的措施之一。在包含缓存服务器的系统架构中，采用分布式负载均衡技术进一步分流和筛选解析请求，能够显著降低标识解析产生的延迟，为大规模制造业中的实时追溯奠定基础。一台服务器的解析标识能力主要受限于其硬件扩展能力。因此，在需要处理大量用户标识解析请求时，通常会引入负载均衡器，将多台普通服务器组成一个系统，以应对高并发请求处理任务。负载均衡是一种机制，它通过将负载（标识解析请求）分摊到多个操作单元（服务器）上进行执行，从而提高系统性能、可用性和可扩展性。这是一种优化系统资源的有效解决方案。

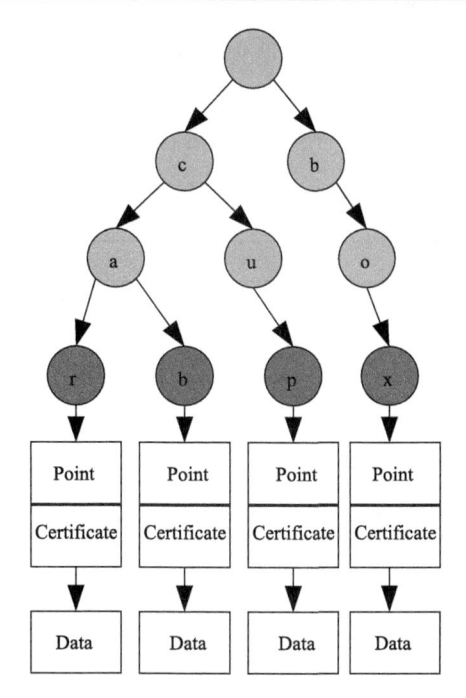

图 4.6　层叠式字典树结构

Point 为节点；Certificate 为正确性证明；Data 为解析数据

　　负载均衡可以分为数据负载均衡和请求负载均衡两种类型。数据负载均衡指的是将标识对应的数据分发到不同的存储服务器上。借助全生命周期数据标识编码，数据在加密后可以存储在不同的服务器中。当客户端请求数据时，数据可以从多个服务器同时传输到客户端，从而提升标识解析返回的速度。请求负载均衡指的是将客户端发来的标识请求均衡地分发到不同的服务器进行处理，每台服务器仅处理其中一部分请求，而不是所有客户端的解析请求。这种方式可以有效应对高并发请求，避免由单机处理能力的限制而导致系统崩溃，确保系统能够持续提供服务。

　　常用的负载均衡策略包括：轮询策略、随机策略、哈希策略和一致性哈希策略。轮询策略是一种实现简单但非常常用的负载均衡策略，其核心思想是让服务器轮流处理用户请求，以尽可能使每个服务器处理的请求数量相同。在现实生活中，有许多类似的场景，如学校宿舍里学生每周轮流打扫卫生，这就是一个典型的轮询策略的例子。轮询策略又可以分为顺序轮询和加权轮询两种。其中顺序轮询是指给服务器编号后依次处理解析请求，直到所有服务器都被占满。加权轮询则是在顺序轮询的基础上，考虑了服务器的性能差异。根据每台服务器的处理能力，分配不同的权重，使得处理能力较强的服务器分配到更多的请求。

假设现有 6 个解析请求，编号为请求 1~6，有 3 台服务器可以处理请求，编号为服务器 1~3。如果采用顺序轮询策略，则会按照服务器 1、2、3 的顺序轮流进行请求。如表 4.1 所示，将 6 个请求当成 6 个步骤。

表 4.1　顺序轮询策略

步骤	请求编号	选择的服务器
1	1	1
2	2	2
3	3	3
4	4	1
5	5	2
6	6	3

（1）请求 1 由服务器 1 进行处理。
（2）请求 2 由服务器 2 进行处理。
（3）以此类推，直到处理完这 6 个请求。

最终的处理结果是：服务器 1 处理请求 1 和请求 4，服务器 2 处理请求 2 和请求 5，服务器 3 处理请求 3 和请求 6。

加权轮询是指给每个服务器设置权重值，根据服务器的硬件配置网络状况进行权重设置，从而优先选取这些服务器。例如服务器 1~3 分配了优先级{4,1,1}，这 6 个请求顺序如表 4.2 所示。

表 4.2　加权轮询策略

步骤	请求编号	服务器优先级	选择的服务器
1	1	{4,1,1}	1
2	2	{3,1,1}	1
3	3	{2,1,1}	1
4	4	{1,1,1}	1
5	5	{0,1,1}	2
6	6	{0,0,1}	3

（1）初始时，服务器的优先级为{4,1,1}，服务器 1 拥有最高优先级（4）。选择的服务器为服务器 1（优先级最高）。请求 1 被服务器 1 处理后，服务器 1 的优先级减 1，变为{3,1,1}。

（2）请求 2 到来时，服务器的优先级为{3,1,1}，由目前优先级最高的服务器

1 处理，服务器 1 的优先级再减 1，变为{2,1,1}。

（3）以此类推，直到处理完这 6 个请求，每个请求处理完后相应服务器的优先级会减 1。

最终的处理结果是服务器 1 处理请求 1~4，服务器 2 处理请求 5，服务器 3 处理请求 6。加权轮询策略的优点在于实现简单且在请求所需开销相似的情况下负载均衡效果显著。同时，加权轮询策略还考虑了服务器节点的异构性，即让性能更好的服务器具有更高的优先级，从而处理更多的请求，使得分布更加均衡。然而，加权轮询策略的缺点在于每次请求到达的目的节点不确定，不适用于有状态请求的场景。此外，加权轮询策略主要强调请求数的均衡性，因此不适用于处理请求开销不同的场景。

第二种负载均衡策略是随机策略。随机策略指的是当用户请求到来时，随机分配到某个服务节点进行处理，可以通过随机函数实现。随机函数的作用是尽可能将请求分散到不同节点，防止所有请求集中到同一节点或少数几个节点上，如图 4.7 所示。假设有 5 台服务器 Server1~Server5 可以处理用户请求，每次请求到来时都会先调用一个随机函数（Random()）来计算处理节点。随机函数的结果为 {1,2,3,4,5}中的一个值。然后，根据计算结果将请求分发到相应的服务器进行处理。例如，如果随机函数计算结果为 1，则该请求由 Server1 处理。

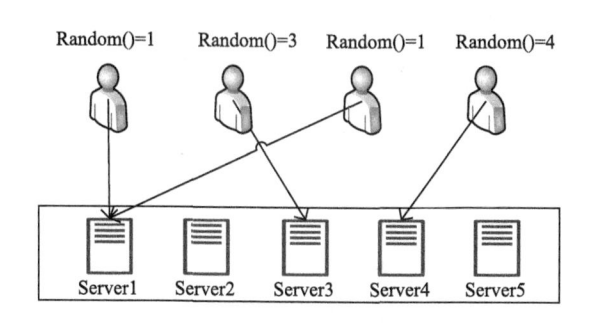

图 4.7　随机函数实现过程

随机策略的优点是实现简单，但缺点也很明显，与轮询策略一样，每次请求到达的目的节点不确定，不适用于那些需要保持状态的场景，而且没有考虑到处理请求所需的时间开销。除此之外，随机策略也没有考虑服务器节点的异构性，即性能差距较大的服务器可能处理的请求差不多。因此，随机策略适用于集群中服务器节点处理能力相差不大、用户请求所需资源比较接近的场景。

哈希策略和一致性哈希策略都是用于实现负载均衡的算法，它们的负载均衡过程如下。

在哈希策略中，首先，客户端请求到达负载均衡器时，负载均衡器根据请求的特定属性（如请求的键值、URL 等）应用哈希函数计算出一个哈希值。接着根据计算得到的哈希值和预先设定的规则（如服务器列表），确定请求应该转发到哪一台服务器上。通常情况下，哈希函数会尽可能均匀地将请求分配到服务器列表中的不同服务器上。最终负载均衡器将请求转发到计算出的目标服务器上，目标服务器收到请求并处理。在哈希策略中，相同的请求键值（或者请求特征）会始终映射到同一台服务器上，因此可以保证请求的均衡性，适用于需要保持状态或者处理性能较为一致的场景。

一致性哈希策略通过将服务器节点映射到一个环形空间中来实现。环上的每个位置称为一个虚拟节点，而服务器节点则通过多个虚拟节点在环上进行表示。这些虚拟节点分布在环上，并且环是一个无限的环。当客户端请求到达负载均衡器时，同样地，负载均衡器会根据请求的特定属性应用哈希函数，计算出一个哈希值。接着，从计算得到的哈希值开始，在环上顺时针查找，直到找到对应的虚拟节点。找到的虚拟节点所对应的服务器就是请求的目标节点。因为环是无限的，即使某个节点离开了系统或者新加入了系统，也只会影响其附近的部分请求，不会对整个系统造成大规模的影响。最终负载均衡器将请求转发到计算出的目标服务器上，目标服务器收到请求并处理。一致性哈希策略相比普通的哈希策略更加具有弹性，因为它能够确保节点的加入或离开只影响部分请求，而不会导致大规模的数据迁移。同时，同样的请求键值仍然会被分配到同一个目标服务器，因此也保证了请求的均衡性。

考虑到大规模制造业标识解析的特点以及上述的缓存服务器设置，大规模制造业标识解析采用哈希策略和一致性哈希策略。无论是轮询策略还是随机策略，它们都可能导致一个客户端的多次请求，每次所分配到的服务器很可能是不同的。如果这是一台缓存服务器，那么这种分配方式就会给缓存同步带来很大挑战，尤其是系统繁忙时，主从服务器之间的延迟可能会导致同步过程缓慢，这可能会造成同一客户端两次访问得到不同的结果。解决方案就是利用哈希算法定位到对应的服务器。哈希函数设置合理的话，负载会比较均衡而且相同 Key 的请求会落在同一个服务节点上，可以用于有状态请求的场景。除此之外带虚拟节点的一致性哈希策略还可以解决服务器节点异构的问题，但其缺点是当某个节点出现故障时采用哈希策略会导致数据大规模迁移的情况，采用一致性哈希策略可能会造成一定的数据倾斜问题。综上所述，哈希策略和一致性哈希策略更适合大规模制造业标识解析的场景。

4.2 基于数据关联分析的跨链实时追溯

针对数据关联分析的标识快速解析与深层实时追溯问题，通过分析各阶段数据的关联关系，生成对应区块结构，在主子链上建立索引关键字与数据标识间的映射关系，主链区块链存储索引关键字，各子链存储数据标识，实现关联数据的标识解析。以此为基础，结合溯源需求，实现纵向和横向的深层实时追溯，达到面向全生命周期标识数据的解析和分层级实时追溯的效果。

本节结构安排如下：4.2.1 节介绍全生命周期数据高效实时溯源模型，其可以实现对产品全生命周期数据的分层级实时追溯，为企业提供更为深入和全面的数据支持；4.2.2 节介绍实时追溯中的数据共享隐私保护模型、标识关联关系存储方法分析以及跨链标识关联解析及溯源算法；4.2.3 节介绍数据溯源权限管理，包括BLS（Boneh-Lynn-Shacham）签名和多方联合仲裁。

4.2.1 全生命周期数据高效实时溯源模型

在制造业生产过程中，不明故障原因可能导致产品质量问题和数据信息不完善，进而引发权责划分的纠纷。为解决这些问题，制造业普遍采用各种溯源方法，目的是迅速确定问题产品，并追溯至加工这些零件的设备，从而明确责任。研究发现，结合区块链技术与溯源系统可以增强数据存储的可靠性，从而为数据溯源提供可靠支持。

在可追溯性研究领域，Liu 等[10]提出了区块链溯源防伪平台项目管理中基于客户需求的供应商评估模型。Hua 等[11]提出了一种基于区块链的跨境电子商务产品信息追溯模型，利用两种不同开放程度的信息链构建产品信息追溯模型。该模型包含了跨境电子商务的三大主体——供应链联盟、消费者和监管部门，从而产生信息追溯，保证信息的真实性和完整性，适用于各类电子商务平台。Liu 等[12]提出了一种使用改进的 DPoS（delegated proof of stake，权益授权证明）共识算法的捐赠跟踪区块链模型，它采用 k-means（k 均值）算法提前在 agent 队列中选择好的节点。实验结果表明捐赠过程是透明的、可追溯的，同时也解决了中心化问题，提高了安全性。

Li 等[13]提出了一个保护隐私的基于区块链的供应链可追溯系统模型，利用零知识证明技术，使参与者能够使用一次性假名进入系统，从而保护他们的身份信息。此外，他们还提出了一种安全可靠的产品信息共享方法，即使用属性加密技术对存储在区块链中的产品信息进行加密，并且通过智能合约对产品信息密文设置灵活的访问控制策略。Zhao 等[14]提出了基于区块链的跨域数据追溯机制，结合数据访问策略和决策机制，实现了跨域权限判断和跨域身份认证的公开透明。他们基于 PageRank 算法实现公链共识节点选举机制。针对数据流过程中非单链结构的特点，研究者设计了一种基于 Bloom（布隆）过滤器的数据检索机制，并给出了跨域跟踪算法，大大提高了追溯的安全性和有效性。

在大规模制造业中，管理产品全生命周期的数据是一项至关重要的任务。随着制造业的数字化转型，数据的产生和积累呈现出爆炸性增长的趋势，这些数据之间存在着复杂的关联关系。因此，如何有效地定位和标识这些数据，以及实现对数据关联关系的高效解析，成为制造企业面临的迫切问题之一。为了解决这一问题，基于产品全生命周期数据快速定位与高效标识寻址的方法，本节设计了一种全生命周期数据高效实时溯源模型，如图 4.8 所示。这一模型不仅能够实现对数据的实时追溯，还能够根据数据的层次链关系，深入到数据的各个层次，实现对数据的全面追溯和分析。利用这一模型，可以实现对产品全生命周期数据的分层级实时追溯，为企业提供更为深入和全面的数据支持。

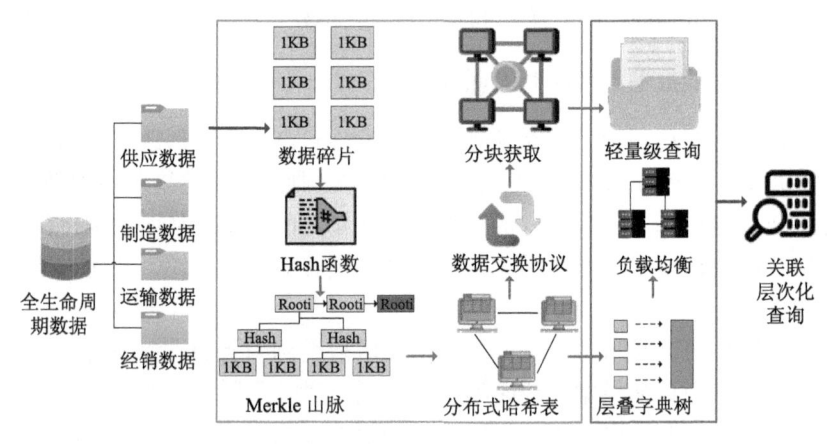

图 4.8　全生命周期数据高效实时溯源模型

Rooti 是根节点哈希，是默克尔树的根节点

4.2.2　层次链关联追溯算法

本节将从数据共享隐私保护模型、标识关联关系存储方法以及跨链标识关联解析及溯源算法三个方面进行详细阐述。我们将分析各阶段的数据关联关系，并结合溯源需求，以实现数据的纵向和横向深层实时追溯。

1. 实时追溯中的数据共享隐私保护模型

区块链为不同领域提供可靠的数据共享解决方案。Islam 等[15]利用基于区块链的无人机物联网实现了疫情监测，在安全性和数据可靠性方面展现出了显著的优势。并将联合学习和区块链结合在无人机物联网领域,实现更高效、更可靠的数据收集。上述研究结果表明,在数据共享方面,区块链可以在建立共享模式、保护安全和隐私方面发挥重要作用。在工业互联网领域,数据共享将为工业实体带来更大的利益。Nie 等[16]构建了一个基于区块链的医疗物联网数据共享模型,可以有效保护数据隐私。除了物联网,在人工智能和联邦学习领域,区块链可以有效解决模型共享这一关键问题。Qu 等[17]在联邦学习的基础上提高了智能制造设备的性能,区块链在模型共享中发挥着关键作用。Chod 等[18]研究了使用区块链来确保中小企业的交易可验证性,并且他们使用供应链数据共享协议提高比特币区块链网络的透明性。Zaerens[19]观察到,可以用智能合约来确保信息的质量,并且在军事供应链和采购过程中保持各方交易的公平性。Jiang 等[20]面向医疗信息交换平台,整合链外数据,帮助患者更好地管理个人医疗数据。区块链的开放性使得匿名成为保护隐私的重要手段。Chaum[21]提出了一种混淆机制,该机制已被广泛用于数字货币交易。在此基础上,应用了去中心化的代币混合协议,如 CoinJoin、CoinShuffle 和 XIM。然而,它们面临着隐私泄露和拒绝服务攻击等安全风险。Zcash 币(大零币)和 Monero 币(门罗币),分别基于零知识证明和环形签名机制,支持区块链交易信息的隐藏。然而,它们的计算成本大,不支持智能合约,部署灵活性差。由于行业实体之间数据共享的性质,简单的匿名化可能会失去对共享数据流通的控制。因此,应该采用身份验证机制。在边缘计算方面,Guo 等[22]将认证分为物理网络、区块链边缘和区块链网络层,并在区域时间去中心化认证机制中进行了优化。Lu 等[23]提出了一种具有一定隐私保护特性的车联网认证方法,采用了基于区块链的去中心化机制,实验表明该方法比现有方法具有更高的实时性。基于区块链的身份验证在行业中已被证明是有效的,尤其是智能网格。Ma 等[24]为物联网建立了一个去中心化的身份验证模型 BlockAuth,它对于边缘计算来说是高度可靠的。不过,大多数这样的验证方式都需要单独的协议,成本比较高,而且在实际应用中点对点的验证并不太实用。研究告诉我们,基于区块链的数据分享系统应该对所有工业用户开放并且公平,同时还要能保护数据和用户的隐私。本节选择了基于智能合约的令牌混合机制来隐藏身份信息,而基于环签名的身份验证则用于实现共享目标组的身份验证,并确保参与者之间的数据流通。该机制建立在通用的区块链系统上,因此可以与其他数据共享机制相结合。

总体而言,目前与区块链数据共享相关的研究成果主要可分为三类:工业环境中基于区块链的数据共享模型构建、区块链系统身份隐私保护机制研究、面向数据隐私保护的研究。在第一类研究中,重点是模型构建,但尚未建立有效的数据和身份隐私保护机制。在第二类研究中,研究人员从区块链架构和共识的角度实现了身份隐私保护。然而,这些研究缺乏对智能合约的支持,未能满足对高灵活性的需求，这成了限制其应用场景的一个重要障碍。在第三类研究中，研究重点主要体现在面向数据的隐私保护方面。未对参与数据共享的用户身份进行匿名化，未能有效保护身份隐私。鉴于上述研究现状，本节以工业互联网数据共享中的身份隐私保护为主要研究对象，基于通用区块链系统，采用智能合约支持，提出了一种更灵活的身份匿名化方法，以保护身份隐私。同时，构建了一种面向组的粗粒度身份验证方法，旨在限制共享数据的传播范围。其优点是可以与其他具有数据隐私保护的共享模式有机结合，为工业互联网上的数据共享提供面向身份和面向数据的隐私保护。

在本节所提出的隐私保护模型中，数据共享参与者必须共同维护一个支持智能合约的通用区块链系统（如以太坊），该系统作为实现数据共享和隐私保护的平台，支持相关模块的设计。同时，考虑到工业互联网中的数据共享参与者属于不同的联盟区块链系统，引入了一个代币交换模块，为不同区块链架构下的实体提供统一的价值衡量，并以代币混合模块为基础，以智能合约的形式为匿名隐私保护机制提供服务。任何合法的代币持有者都可以切断代币与匿名地址的代币持有者身份之间的关联，并调用代币混合合同中的存取操作，从而实现基于区块链的匿名数据共享。本节构建的模型还包括一个基于环形签名的身份验证模块，利用初始化模块中的身份管理机制，该模块能够为匿名数据共享提供面向组的身份验证，确保数据的流通范围。图 4.9 展示了隐私保护模型及其相关模块的功能，并阐释了数据共享与产业实体之间的关系。隐私保护模块在通用区块链系统上运行，所有的隐私保护机制均通过智能合约实现，这使得该模型能够与其他数据共享机制相结合，增强隐私保护模型的灵活性。该模型降低了隐私保护机制的使用阈值，数据共享参与者只能通过约束交互来实现隐私保护功能。隐私保护模型由四个模块组成：初始化、令牌（token）交换、令牌混合和环签名。初始化模块提供节点实名和匿名注册的接口，以及实名节点的行业域的群组管理和验证功能。认证中心（certificate authority，CA）是一个超级节点，由权威机构或受信任的第三方进行管理，相关模块的功能围绕它实现。值得一提的是，在本节设计的隐私保护模型中，CA 的安全性是建立模型的重要前提。因此，在本节中，假设 CA 不会受到恶意攻击。令牌交换模块采用了集中式方法。黑名单记录了那些令牌交换模块拒绝服务的节点，以排除恶意节点。令牌混合模块保存并提取通行证。实名节点和匿名节点可以通过上述操作匿名化通行证。环签名模块可以向链下的群组提供签名，并基于智能合约提供签名验证功能。

1）初始化模块

初始化模块注册并管理参与者节点，既有匿名节点注册，也有实名节点注册。任何区块链参与者都可以申请一个匿名节点，该节点结合代币混合模块，以支持数据共享和交易。一方面，它确保了数据共享参与者的实名认证，为构建后续认

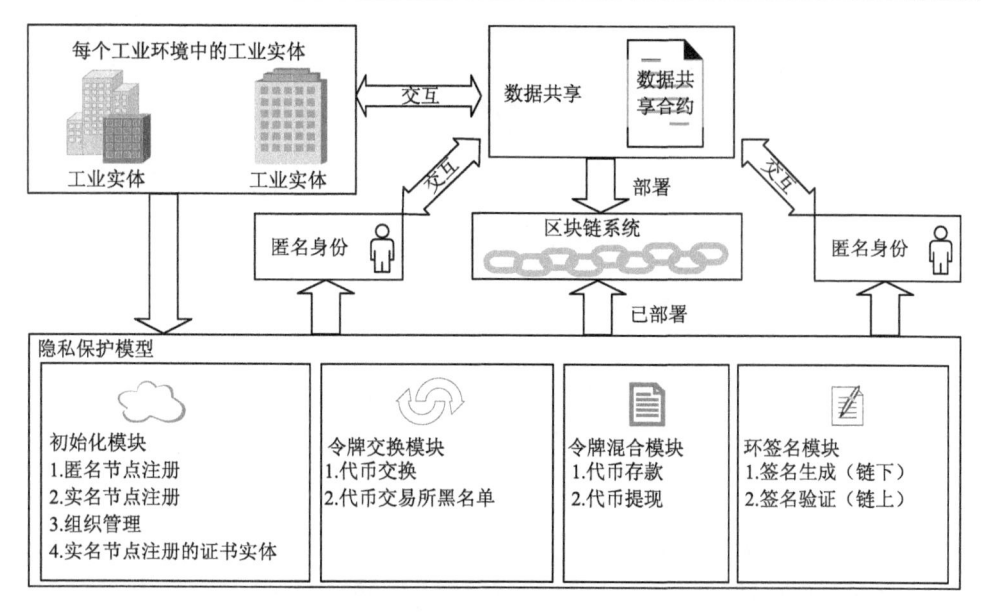

图 4.9 隐私保护模型及其模块功能

证模块提供了基础;另一方面,初始化模块支持匿名注册,为代币混合合约提供支撑。通常,初始化模块为后续模块的结构和设计提供了匿名和域名支持。

2)令牌交换模块

初始化后,引入令牌交换模块。在令牌交换模块中,行业实体可以使用隐私保护模型将其行业区域发布的 RT(referral token,推荐令牌)交换为 ST(shareable token,可共享令牌),以参与数据共享。代币交换机制可以是集中式的,也可以是去中心化的。去中心化方法不依赖于特定的第三方机构,该过程由智能合约实现,即代币交换对所有区块链参与者开放,这对其控制和监督构成了挑战。中心化交换由可信的第三方执行,这不仅更高效,还能控制交换过程,例如,代币交易所可以拒绝恶意用户的交换请求。在本节所述的共享模型中,每个节点都有一个授权节点为其背书,并完成实名注册。本节采用集中交换的方法,交换机构可以根据节点的历史交易和交换行为进行管理,例如通过控制交换配额。拒绝交换请求可以防止不诚实实体的恶意交换。图 4.10 显示了代币交换过程。

令牌交换模块维护一个黑名单。如果参与共享的任何一方表现出恶意或不诚实行为,另一方有权向超级节点 CA 提出上诉,超级节点 CA 经判断后,会公布该恶意节点并将其加入黑名单。总的来说,代币交换模块的引入一方面实现了参与数据共享的行业实体之间价值尺度的统一;另一方面,也为随后引入的令牌混合模块提供了支持,在令牌混合模块中,只支持对用于数据共享的令牌 ST 进行

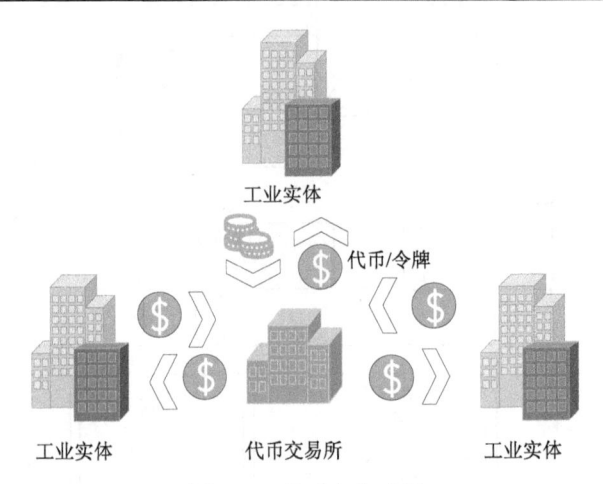

图 4.10　代币交换过程

匿名处理。其优点在于，所有参与者必须在代币交换模块中交换代币，集中式的代币交换中心能够拒绝恶意用户的交换请求，从而将他们排除在数据共享之外，并在一定程度上保障了系统的安全性。

3）令牌混合模块

令牌混合模块可以有效地实现匿名代币流通，如图 4.11 所示。该模块包括代币存款和取款。首先，我们需要保存代币，并在此期间完成 Merkle 树的操作，同时生成在检索过程中需要提交的证书。

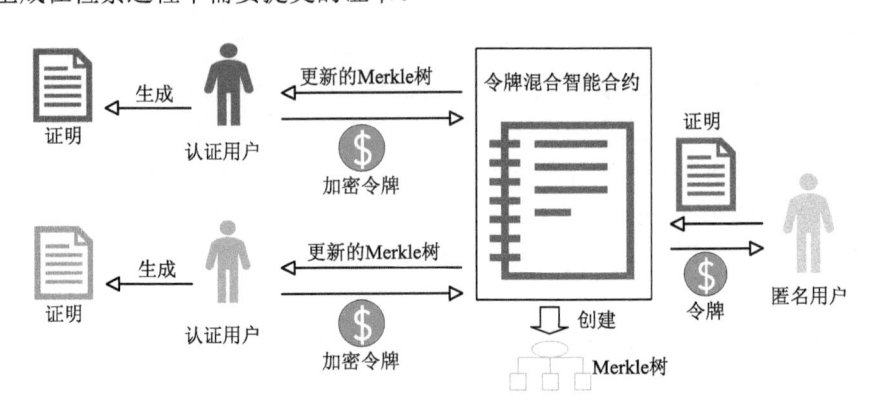

图 4.11　匿名代币流通过程

令牌混合模块是本节实现匿名的关键机制之一。通常，该模块维护一个 Merkle 树来存储智能合约中的代币信息，并提供代币存储与提取的接口。在典型的代币混合合同过程中，代币以实名方式存储，并以匿名方式提取。这样可以有效切断存款人与提取人之间的关联。在随后的数据共享过程中，参与共享的行业实体可以参与共享行为并匿名传递价值，避免了区块链透明度导致的身份隐私泄露问题。然而，匿名化机制也会带来数据流通范围不可控的问题。因此，需要提出一种身份验证机制，对匿名身份进行面向组的粗粒度身份验证，以确保数据不会传输到不相关的工业实体或领域。

4）环签名模块

为了限制数据流的范围，我们在初始化阶段引入了环签名，用于匿名数据共享和交易，以及实名注册和群组管理，实现对数据请求者身份的行业或领域级验证。数据持有者可以根据身份与请求者共享数据，以避免数据流向无关方，并控制匿名数据共享范围。环签名验证基于图4.12中的智能合约。数据所有者（data owner，DO）公开发布数据共享需求，明确目标群体和交易金额，并建立智能合约，其中规定交易必须通过环签名验证。数据请求者（data requester，DR）获得共享要求，并确定其组和凭证余额是否满足交易条件。当数据所有者确定自己在智能合约定义的共享目标中时，它可以执行与生成和验证环签名相关的操作。

图4.12 智能合约设计流程

实现匿名身份的面向组认证，需要环签名模块组。结合初始化模块中的实名注册和组生成算法，环签名可以有效地应用于面向组的粗粒度认证。在该模块中，数据共享参与者可以根据自己的领域、行业等加入不同的群体，这有效地限制了数据流通的范围，并在保证匿名性的前提下提高了数据共享的可控性。

本节举例说明了模型的使用。由于隐私保护模型相对独立于其他数据共享机制，因此其操作优先，即通过初始化模块注册节点，通过密钥交换实现密钥的统一，将密钥混合模块设置为匿名密钥，并使用签名来实现面向组的签名和身份验证。随后，具有可验证环签名的匿名节点和令牌可以直接与其他数据共享机制交互，为数据共享提供匿名机制和面向组的身份验证。图4.13展示了可验证环签名的一个应用场景。

交易各方、数据所有者和数据请求者属于不同的行业实体，并在区块链上完成实名注册。数据所有者发布要共享的数据的数字摘要和其他相关信息，并指定共享目标群体。假设有一个与共享目标组无关的非关联第三方（unaffiliated third party，UTP）完成了注册过程。在数据所有者披露区块链中的交易信息后，数据请求者启动一个典型的交易请求，过程如下。

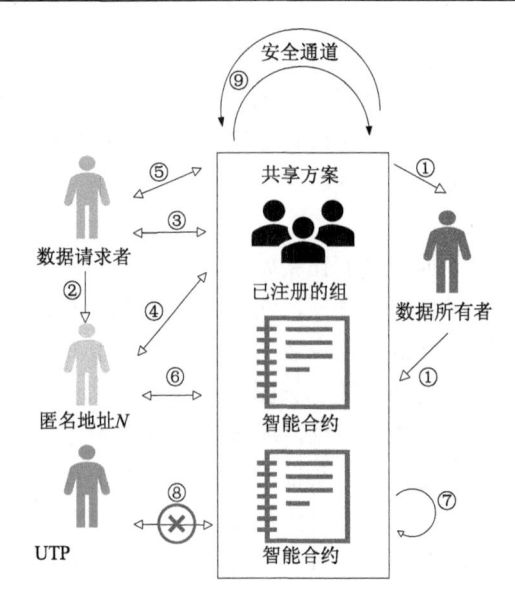

图4.13 可验证环签名应用场景

（1）数据所有者根据已注册组的交易需求构建智能合约。合同完成数据共享方案，接收令牌，并验证环签名的合法性。

（2）数据请求者生成匿名地址 N。

（3）数据请求者将代币存入代币混合合同中，并通过零知识证明机制生成合法性证书。

（4）匿名地址 N 根据证书从代币混合合同中获取相应数量的代币。

（5）数据请求者基于公钥及其私钥生成环签名。

（6）数据请求者以 N 的名义将令牌传输到智能合约地址，并提供生成的环签名。

（7）智能合约对属于数据共享目标组的环签名进行验证，验证后合同以 N 的名义转移令牌。

（8）由于 UTP 无法提供目标组的有效环签名，其交易请求被拒绝，并返回令牌。

（9）区块链上的价值流通和共享方案完成后，数据所有者和数据请求者通过安全通道、链上或链下传输相关数据。由于数据所有者发布的交易合同中有数据的数字摘要，因此数据请求者可以验证所获得的数据与数据所有者发布的事务中的相关数据之间的一致性。

值得注意的是，在上述情况下，数据请求者可以选择不采用隐私保护机制，直接与数据所有者创建的合约进行交互，以完成数据共享。然而，这将使数据请求者和数据所有者的共享过程暴露给参与区块链的其他实体。因此，令牌混合机制是确保身份隐私所必需的。对于一些对数据请求者身份没有要求的数据共享场景，数据请求者可以拒绝使用环签名身份验证模块。此时，数据请求者提供的数据请求仍然可以与令牌混合合同进行交互，从而保护隐私。

2. 标识关联关系存储方法分析

参与产品全生命周期的各方数据的关联关系需要被形式化后保存在区块链中。因此，可以考虑两种数据保存方式：第一种方式是直接将数据以交易的形式保存在区块中，其中交易的输入和输出包含数据间的关联关系；第二种方式是通过编写智能合约，将数据间的关联关系存储在 Mapping 类型的变量中。在解析时可以直接通过 get 函数获取 Key 对应的 Value 值。

1）区块体存储

产品制造过程中的上下游企业之间的材料转移关系、销售关系、物流关系等数据关联关系都可以通过区块链交易来表示。具体来说，每一笔交易（记为 Tx）都包含至少一个输入和输出地址，并且包含一个 Value 值，该值表示交易转移的价值。在大规模制造业中，为了表示这种多元化的数据关联关系，可以将输入输出关系由原来的数字货币转移扩展到更一般的关系。地址 A 和地址 B 之间的交易不再局限于数字货币的转移，而可能是 A 生产的产品作为 B 生产的原材料被使用，A 生产的产品被运输到了 B 的仓库中，A 生产的产品出售给了 B。Value 值可以表示材料使用量、运输量、销售价格等不同数值。交易中的 data 字段可以用来标识不同的使用场景，如表示这条交易用作记录制造中的材料使用，则在 data 中标识 Product stage；如果交易用于记录运输过程，则 data 字段应标识为 Transfer stage。这样一来，产品全生命周期不同阶段的数据间的关联关系都可以统一表示为相同格式的交易。区块头包含所有的交易及交易组成的 Merkle 根，这样就可以保证不同数据间的关联关系不会被篡改，区块头结构如图 4.14 所示。

采用该方式存储的好处在于各种关联关系可以统一存储，方便存储拓展和验证。当客户端发起关联关系查询的时候，需要遍历所有的区块体，逐个比较区块体中的交易内容才能返回相应的值，查询的时间复杂度为 $O(n)$。因此，为了降低查询的时间复杂度，需要建立链下索引，每个区块到来后即解析并存储于数据库中。这样解析请求是在中心库中查询，解析的效率就会提高很多。

2）智能合约映射存储

除了上述将数据关联关系直接存储在交易原始数据中的方案外，我们还可以通过编写智能合约来实现。该智能合约专门用于存储数据间的关联关系，相当于

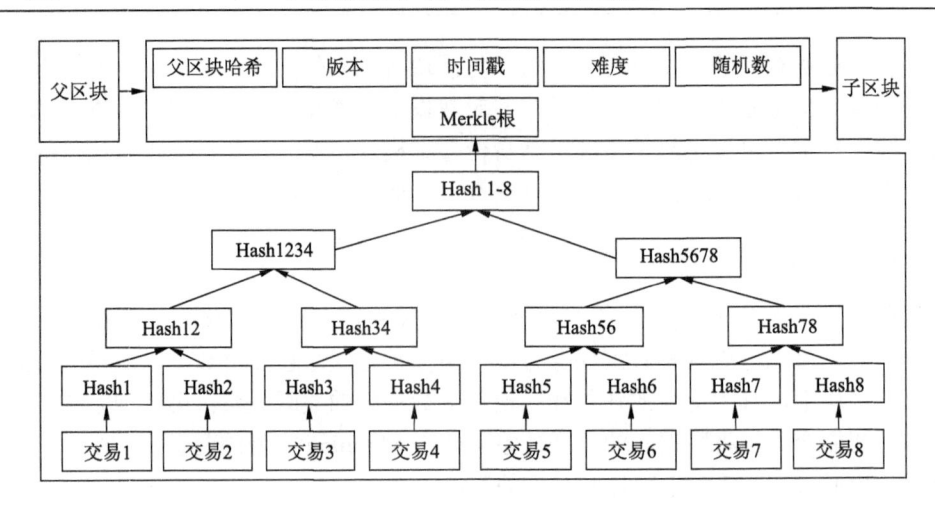

图 4.14 区块头结构

在前述方案的基础上增加了区块链自带的查询 API，并且该接口支持编程和任意图灵完备的功能。智能合约中包括一种称为 Mapping 的变量类型，顾名思义，Mapping 通过哈希函数将 Key 映射到相应的存储插槽，然后存入对应的 Value 值。全生命周期中的各种数据间的关联关系可以直接存入 Mapping 中，如厂家 A 生产的发动机用于厂家 B 生产的汽车，则在 Mapping 中记录为 Mapping product(Engine $A \geqslant$ Car B)，Engine 和 Car 分别指向对应的详细数据的标识符或数据本身，解析过程如图 4.15 所示。

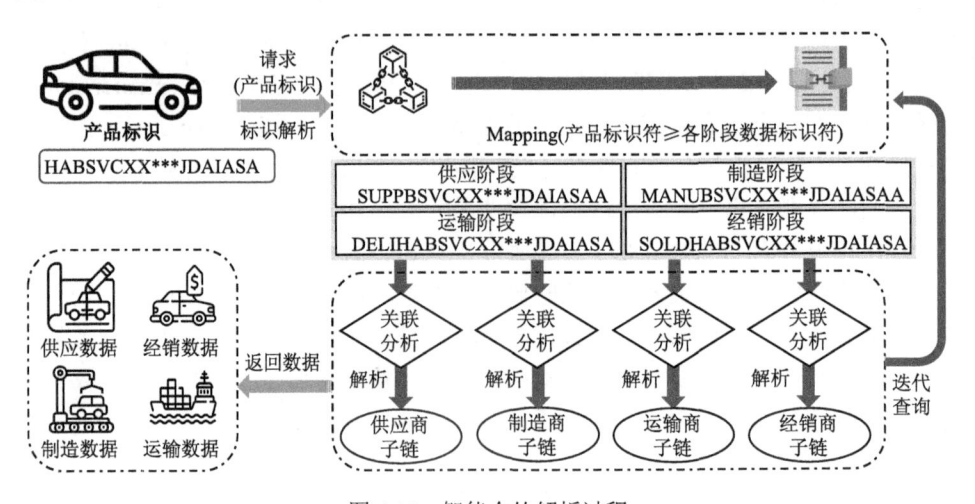

图 4.15 智能合约解析过程

3. 跨链标识关联解析及溯源算法

本节介绍一种跨层次链标识的关联解析及溯源算法。当发起溯源请求时，该请求将首先提交至 4.2.3 节中描述的权限管理机制进行评估。只有相应角色才能访问其对应阶段和细粒度的信息。例如，在上文提到的汽车产品生命周期中，如果追溯目标是生产信息，那么只有获得汽车整装厂授权的角色才能进行溯源。若查询的是售后信息，则只有车辆购买者和销售角色有权进行溯源。权限管理委员会仲裁完成后，将从溯源链路的起点开始解析该溯源请求。链路上的每个节点均为以下三种类型之一：主链节点、子链节点和叶子节点，如图 4.16 所示。

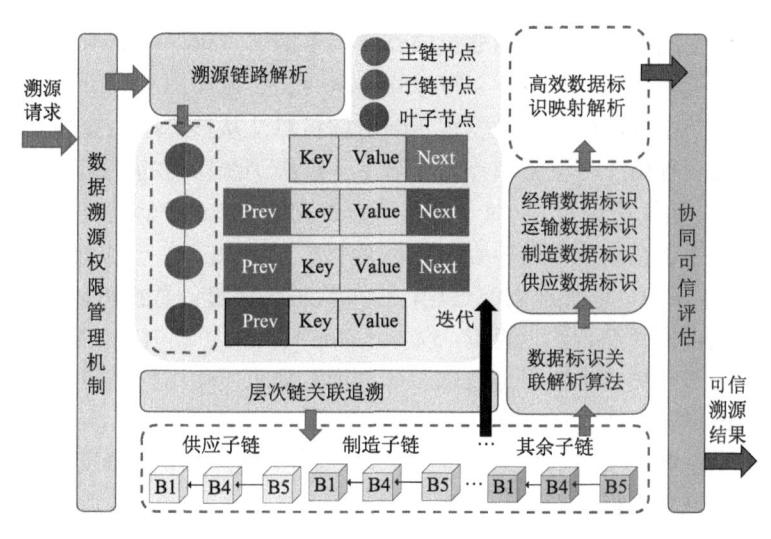

图 4.16 溯源请求解析过程

主链节点作为溯源的起点，通常由唯一的产品标识来表示。主链节点包含标识以及对应的 Value，由于这一层级下没有对应值，因此此处 Value 表示该主链节点下的所有子节点所在的链的 ID 及子节点在对应链上的标识。如前例所述，汽车的主链标识能唯一标识一辆汽车，类似于 VIN。在主链的智能合约中查询时可以获取汽车其他阶段数据所处的子链 ID，如在生产子链上存储着生产所用的零部件信息，如 BOM（bill of materials，物料清单）等。销售子链上存储着汽车销售的 4S 店、销售员和销售时间等。运输子链上存储着汽车从整装厂下线后一直到销售商处的每一次运输记录。每条子链都有链 ID 唯一标识，每条子链的数据需要由链 ID 和标识唯一确定。值得注意的是，每条子链 ID 需要在主链处手动添加，在系统初始化时首先建立主链用于充当各个层次链之间的索引记录。

随后根据产品周期建立相应的子链，并将各条链的 ID 保存在主链上。可以直接写入区块或保存在某个无接口的存储智能合约中，保证其无法被篡改。产品各阶段的实际参与者，如整车厂员工，在生产完汽车后需要首先在生产子链上上传汽车对应数据的标识。随后在主链上存入代表该汽车的唯一标识以及对应的生产子链 ID、数据标识等信息。由此建立各个层次链之间的关联。后续全生命周期中的其他环节参与者也需重复相同步骤，但无须再在主链上创立新的标识，只需在生产阶段创建的唯一标识后补充新阶段的信息。

子链节点对应着产品全生命周期的各个具体阶段的数据，如生产阶段、销售阶段、运输阶段等。从主链到子链的路径溯源基于链 ID+数据标识，该路径被子链节点保存为 Prev，以便于后续能够反向溯源支持更多的溯源场景，例如，查找使用同一批次发动机的汽车就需要反向查找。子链节点可以分为两种类型，一种是溯源所需的值存储在该节点中，可以直接从 Value 域读出溯源所需值的标识，随后使用 4.1 节中提出的高效数据表示映射解析算法从该阶段的参与人员处获得具体数据。另一种情况是子链节点保存着下一层级溯源所需的信息，如该发动机的销售商信息、运输历史等。这时与主链节点相同的 Value 存储着其他的子链 ID+标识的组合，用于在其他子链中唯一定位某个数据标识。这一定位路径被保存在该节点的 Next 域中，以加速溯源过程，上一次被溯源过的数据可以在 Next 中直接获取而无须再去智能合约上查询。如果 Value 对应的子链 ID 与当前子链相同，则溯源下一个节点仍在当前子链获取，如查询发动机所使用的胶圈型号等场景，则直接从 Value 中获取下一个节点的 Key。

最后一种是叶子节点，叶子节点仍然具有 Prev 域，用于支持反向查询。叶子节点的 Value 域只会保存对应数据的标识，与子链节点的第一种类型相同，叶子节点一般作为溯源的终点出现。但不是每一种溯源路径都需要在叶子节点处才能获得数据对应的标识，叶子节点只会出现在全生命周期的各个阶段的子链中。

4.2.3 数据溯源权限管理

在构建高效的数据共享和隐私保护机制中，我们探讨了面向组的粗粒度认证和环签名技术。隐私保护模型确保了在数据共享中的优先操作，通过密钥交换和签名技术，实现了匿名节点的身份验证。数据关联关系的存储方法包括区块体存储和智能合约映射存储，为数据关联提供了灵活的解决方案。

跨链标识关联解析及溯源算法进一步强化了数据的一致性和可追溯性，通过主链、子链和叶子节点的设计，确保了产品全生命周期数据的准确关联。随着讨论的深入，我们转向 BLS 签名算法，它以其高效的签名聚合能力、较短的签名长度以及简化的签名验证过程，为分布式系统中的多方仲裁和数据共享提供了创新的解决方案。BLS 签名的优势在于减少签名空间占用和降低验证时延，特别是在多方联合仲裁的场景中，能够有效减少通信开销，提高系统性能。结合 BLS 签名的优势，改进的 PBFT 算法旨在降低通信复杂度，提高共识效率，同时保持系统的安全性和对恶意节点的容忍度。

1. BLS 签名

多方仲裁是在多方联合决策的分布式环境中进行的，其中决策通常通过数字签名来表示。当某一方认为该溯源请求有效时，它会对该请求进行签名，并将签名广播给其他节点。为了减少签名所占的空间并减轻验证多个签名造成的时延，使用 BLS 可聚合签名变得尤为重要。ECDSA（elliptic curve digital signature algorithm，椭圆曲线数字签名算法）无法进行签名聚合或者密钥聚合，因此必须逐一验证每个签名。在验证多重签名的交易时，逐一验证签名及其对应的公钥不仅过程烦琐，而且会消耗大量的区块空间和交易费用。Schnorr 签名算法则更为高效，Schnorr 签名算法可以把一笔交易中的所有签名和公钥合并成单个签名和公钥，且合并过程不可见（无从追溯这个签名或公钥是否通过合并而来）。另外，可以一次性对合并后的签名做验证，加快区块验证的速度。然而，Schnorr 签名算法也有其局限性：它需要签名者之间进行多次通信。聚合签名算法依赖随机数生成器，而不像 ECDSA 那样可以使用指定的随机点（R）；$m-n$ 多重签名机制比较取巧，需要构建公钥的 Merkle 树。当 m 和 n 较大时，树所占空间相当大，无法把一个区块中的所有签名聚合成一个签名。

BLS 签名算法能够解决 Schnorr 签名算法的局限性。它不需要随机数生成器，就可以将区块中的所有签名聚合成一个，容易实现 $m-n$ 多重签名，也可以避免签名者之间的多余通信。除此之外，BLS 签名的长度更短（因为它的签名是由椭圆曲线上的一个点而非两个点组成的），仅为 Schnorr 或 ECDSA 签名长度的二分之一。

BLS 签名构建于曲线哈希和曲线配对之上。在 ECDSA 和 Schnorr 签名算法中，我们对消息进行哈希计算后，结果（哈希值）是数字。BLS 签名算法则不同，它略微修改了哈希算法，结果映射到椭圆曲线上的一个点。最简单的修改方法是保持哈希函数不变，使用得到的哈希值作为点的 x 坐标，在椭圆曲线上寻找对应点。通常来说（如比特币所用的曲线），椭圆曲线有 2^{256} 个点，而 SHA-256 哈希算法的值也恰好是 256 位。不过，一个有效的 x 坐标会对应一正一负两个 y 坐标（因为 (x,y) 和 $(x,-y)$ 都是曲线 $y^2 = x^3 + ax + b$ 上的点）。换句话说，新的哈希算法大约有 50% 的概率在曲线上找到 2 个对应点，而有 50% 的概率找不到任何对应点[①]。例如，在模为 13 的有限域上定义的椭圆曲线 $y^2 = x^3 + 7$，只有一半的 x 坐标在曲线上能找到对应点。此例中，我们尝试三次后才成功找到对应点。对消息求哈希值时，为确保能在曲线上找到对应点，可以在消息体后附加一个数，若（寻找对应点）失败则累加该数并重新计算。例如，如果 Hash(m‖0) 没有找到对应点，则持续尝试 Hash(m‖1)、Hash(m‖2) 等，直到找到为止。当找到对应点后，选择其中 y 坐标较小的那个作为结果即可，如图 4.17 所示。

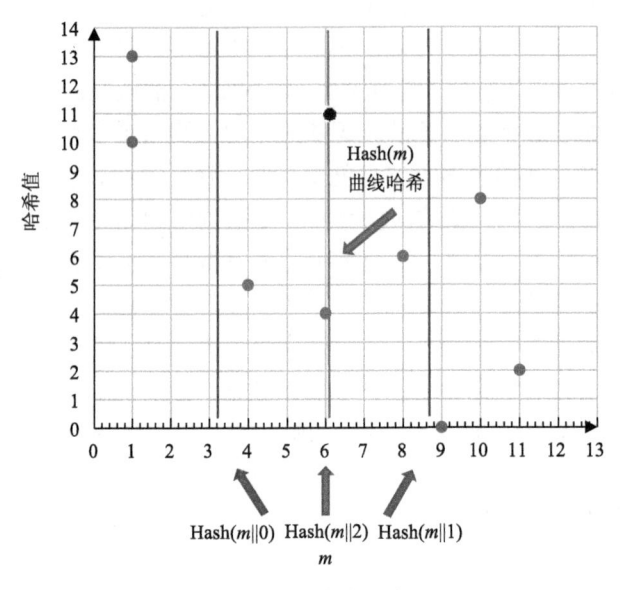

图 4.17　哈希请求过程

曲线配对：我们还需要一个特殊的函数，能够把 1 条（或 2 条不同的）曲线上的两个点 P 和 Q 映射为一个数，即 $e(P,Q) \to n$。

此函数要具有一个重要的特性，即对于未知数 x 和两个点 P、Q，无论哪个点乘以 x，结果都相同，即 $e(xP,Q) = e(P,xQ)$。

如此，除了乘数交换仍能保持等式成立外，更进一步，以下所有的交换都要保持等式成立：$e(aP,bQ) = e(P,abQ) = e(abP,Q) = e(P,Q)^{ab}$。

值得注意的是，配对函数在选择用于配对的曲线时不能使用任何椭圆曲线（特别是比特币的 secp256k1 椭圆曲线）。我们必须使用非常特殊的曲线（通常选择易于配对的曲线簇），才能保证函数的效率和安全。

BLS 签名方案已准备就绪，所有构建 BLS 签名算法的基础知识已经齐备。我

[①] 因为椭圆曲线只有 2^{256} 个点，如果要让每个哈希值都能找到对应点，椭圆曲线得有 2^{257} 个点才行。

第 4 章　大规模制造产品全生命周期数据实时追溯及可监管隐私保护技术

们用 SK 代表私钥，PK＝SK×G 代表公钥，m 代表要签名的消息，如图 4.18 所示。

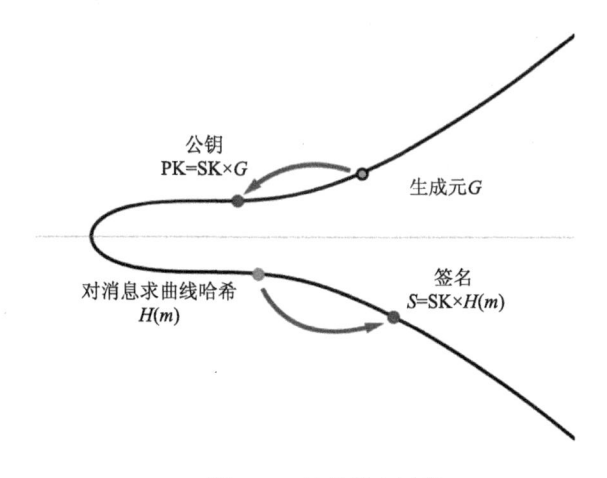

图 4.18　计算签名过程

为了计算签名，先对消息求曲线哈希 $H(m)$，再将获取的结果（曲线坐标点）乘以私钥即可：$S=\text{SK}\times H(m)$。不需要随机数或额外步骤，只需将哈希结果乘以私钥。签名结果是一个曲线上的点，采用压缩序列化格式，占用 33 个字节。

将消息哈希结果乘以私钥得到签名，使用公钥 PK 来验证签名，即 $e(\text{PK},H(m))=e(G,S)$，由于配对函数的特性，式（4.1）成立：

$$e(\text{PK},H(m))=e(\text{SK}\times G,H(m))=e(G,\text{SK}\times H(m))=e(G,S) \quad (4.1)$$

BLS 签名验证：我们只需验证公钥和消息的哈希值（曲线上两个点）与曲线生成点和签名（曲线上另两个点）是否映射到同一个数，若是，则说明这是一个有效的 BLS 签名，如图 4.19 所示。

签名聚合：假设一个区块中有 1000 笔交易，每笔交易都由 S_i（签名）、PK_i（公钥）和 m_i（消息）组成（其中，i 表示序号）。为获得聚合签名，只需要将区块中的所有签名加起来：

$$S=\sum_{i=1}^{1000}S_i \quad (4.2)$$

为了验证签名的正确性，需要式（4.3）成立。

$$e(G,S)=e\left(G,\sum_{i=1}^{1000}S_i\right)=\prod_{i=1}^{1000}e(\text{SK}_iG,H(m_i))=\prod_{i=1}^{1000}e(\text{PK}_i,H(m_i)) \quad (4.3)$$

由此可以看出，BLS 聚合能够由多名"矿工"在"挖矿"时手动完成，从而节省了大量通信开销和区块空间。

图 4.19　签名验证过程

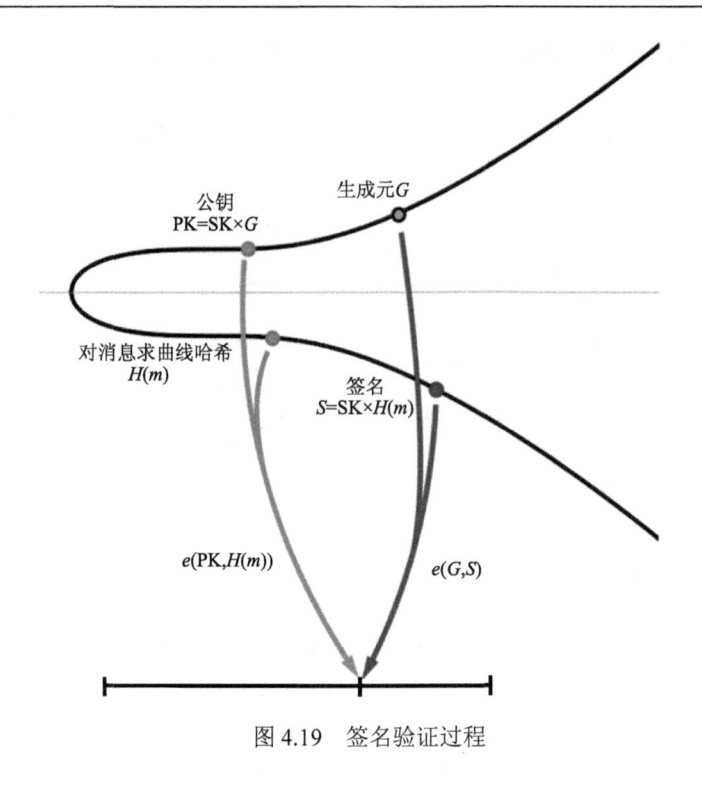

2. 基于改进 PBFT 的多方联合仲裁

PBFT 作为拜占庭环境下的经典分布式共识算法一直被人们广泛使用，其能够容忍参与者中不超过 1/3 的恶意节点，并仍然能够就全局消息达成一致。然而仅能够在小范围内使用，因为其通信复杂度为 $O(n^2)$。随着参与节点的增多，通信开销将呈指数级增长。因此，本节结合上述的 BLS，对 PBFT 做出改进。

PBFT 算法将共识的参与节点分为主节点和副本节点。每一轮共识有且只有一个主节点，主要负责打包消息、发起共识流程，为了保证公平性，每轮共识后均会切换 leader（主节点）。副本节点负责参与共识，副本节点不唯一，每轮共识过程中有多个副本节点。PBFT 算法主要分为以下三个阶段：pre-prepare 阶段、prepare 阶段和 commit 阶段。pre-prepare 阶段：主节点（节点 1）收到客户端发来的请求，验证请求的信息，封装 pre-prepare 消息 $\langle\langle \text{pre-prepare}, v, n, d\rangle, s, m\rangle$ 广播给其余的副本节点，其中，v 为视图编号，n 为序列号，m 为消息，d 为 m 的摘要，s 是主节点对 m 的签名。prepare 阶段：当其他副本节点收到主节点发送的 pre-prepare 消息后，会根据主节点的公钥去验证签名的有效性以及摘要的正确性，并对其他的一些信息进行验证，如果消息验证都通过，会构造 prepare 消息

$\langle \text{prepare}, v, n, d, l, s \rangle$，其中，$l$ 为节点编号，s 为该副本节点对区块摘要的签名信息。在 prepare 阶段，节点还会收集其他节点发送过来的 prepare 消息，通过比对信息验证收到的 prepare 消息的一致性。如果收到超过 $2f+1$ 个（包括自身）prepare 消息并验证通过，就代表 prepare 阶段已经完成，进入 commit 阶段。commit 阶段：网络中所有节点生成 commit 消息 $\langle \text{commit}, v, n, d, i \rangle$ 并广播，同理，如果收到超过 $2f+1$ 个（包括自身）commit 消息并验证通过，则代表绝大多数节点已经进入 commit 阶段，这一阶段已达成共识。上述过程如图 4.20 所示。

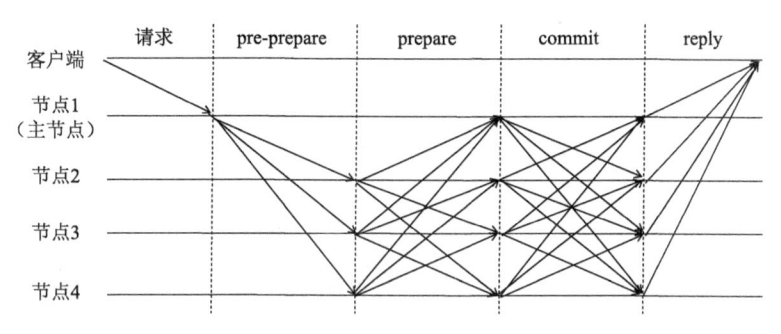

图 4.20 PBFT 共识算法共识过程

采用 BLS 可以对上述过程进行改进。在 pre-prepare 阶段，副本节点收到主节点的 pre-prepare 消息后不会将其转发给其他节点，而是对 m 签名后直接发送给当前的 leader，通过这种方式减少通信的消息量。当 leader 收集到了超过 $2f+1$ 个副本节点的签名信息时，就直接将所有收集的签名通过 BLS 算法聚合成一个单独的签名。然后发起 $\langle \text{commit}, h, v, d, \text{addsig}, \text{node} \rangle$，这里的 addsig 表示聚合之后的签名，node 是指参与这个聚合签名的节点的列表。h, v, d 分别表示区块高度、视图编号和区块的摘要。可以看出，prepare 阶段和 commit 阶段，只有 leader 节点与各个副本节点之间的通信，没有副本节点之间的相互通信，从而将原本 $O(n^2)$ 的通信复杂度降低到了 $O(n)$，大大减少了通信开销。改进后的 PBFT 共识流程如图 4.21 所示。

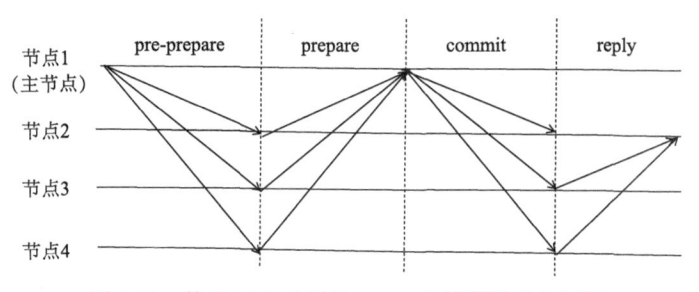

图 4.21 基于 BLS 改进的 PBFT 共识算法共识过程

4.3 监管友好的数据分级隐私保护方法

大规模制造产品全生命周期数据中包含企业不愿披露的敏感数据，同时企业内部存在数据隐私保护需求。在保证数据隐私安全的前提下，如何建立有效的监管机制，已成为监管部门面临的重大问题。为此，本节设计监管友好的数据隐私保护方案，实现企业数据隐私保护和监管之间的合理平衡。监管友好的数据隐私保护方案，首先建立多方协作决策治理模型。该模型利用安全多方计算确定监管者的监管范围，从而约束监管者的权力。其次设计基于隐私保护的数据访问控制机制。该机制借助属性加密技术，确保只有满足特定权限的监管者才能解密并查看数据，以此保障企业隐私。

本节结构安排如下：4.3.1 节介绍多方协作的决策治理模型，实现隐私保护过程的公开监管和审计；4.3.2 节介绍基于隐私保护的数据访问控制机制，实现数据访问过程的权限控制；4.3.3 节介绍基于数据监管友好的数据分级隐私保护方法，细化数据分级隐私保护下的监管流程。

4.3.1 多方协作的决策治理模型

多方协作的决策治理模型中，各方需共同参与决策过程，并在保障数据安全和隐私的前提下达成共识。安全多方计算为其提供了技术保障。基于秘密共享的安全多方计算是一种具体实现方式，利用密码学技术确保各方在不暴露其私密信息的情况下进行计算和决策，决定监管者是否有权进行监管。

1. 面向决策治理模型的安全多方计算概述

安全多方计算（secure multi-party computation，SMC）是一种密码学技术和协议[25]，允许多个参与者在不泄露各自私密输入的情况下进行合作计算。其主要特点如下。

1）隐私保护

安全多方计算的主要目标是保护参与者的隐私。每个参与者都持有各自私密的输入数据。借助密码学技术，安全多方计算可确保私密数据不被泄露，仅在计算结果上提供有关输出的信息。

2）安全计算

在安全多方计算中，多个参与者共同进行计算，但他们不知道其他参与者的私密输入。计算过程使用加密、随机性协议确保计算的安全性，避免恶意参与者尝试推断其他参与者的输入。

3）密文计算

在安全多方计算中，计算过程通常在加密数据上进行。即使参与者不知道明文数据，但他们仍然可以一起完成计算，而不必了解其他参与者的输入。

针对不同的应用场景，安全多方计算可分为如下三种模型。

（1）诚实参与者模型。该模型假设各参与者都是诚实的，即他们遵守协议并按照规则执行计算。但他们有可能在执行协议时尝试获取额外信息。该协议在这种情况下通常侧重于对数据隐私的保护，而不是防止恶意行为。

（2）半诚实参与者模型。该模型假设有一些恶意参与者不遵循协议规则，试图破坏计算的安全性。此时安全多方计算协议需要更强的安全性措施来应对这种情况，如使用密码学技术和数学证明来防止恶意行为。

（3）恶意参与者模型。该模型假设恶意参与者在协议执行过程中完全按照攻击者的意愿执行协议的各个步骤。他们不但将自己所有输入、中间结果及输出泄露给攻击者，还可根据攻击者意图改变输入信息、伪造中间信息和输出信息，甚至终止协议执行。

2. 基于秘密共享的安全多方计算方案

秘密共享（secret sharing）是一种密码学技术。它将秘密信息分割成多个部分，每个部分分配给不同的参与者，只有当所有参与者合作时才能还原秘密。秘密共享使用数学算法将秘密信息分成多个部分，称为"分享"或"份额"（shares），并将这些份额分配给不同的人或实体，只有达到一定数量的份额才能还原原始秘密。秘密共享的主要目标是确保在部分参与者信息泄露的情况下，秘密数据仍然不被泄露。整个过程可以用数学运算来表示，涉及多项式、线性代数等数学工具。

常见的秘密共享方案有 Shamir 秘密共享方案以及阈值秘密共享方案，简要介绍如下。

（1）Shamir 秘密共享方案。Shamir 秘密共享方案是一种著名的秘密共享方案。它基于多项式插值的原理，将秘密信息分为多个份额，并要求至少达到一定数量的份额后才能还原原始秘密。这个方案被广泛用于许多应用中，如密码恢复、数据备份等。

（2）阈值秘密共享方案。这种方案需要定义一个阈值，只有达到或超过这个阈值的份额被合并时，才能还原原始秘密。因其可以指定不同的阈值和份额数量，故提供了更大的灵活性。

下面首先给出基于秘密共享的安全多方计算基本框架，并给出基于秘密共享的安全多方计算的具体算法。

1）基于秘密共享的安全多方计算基本框架

假设有 n 个参与方 $P_1, P_2, \cdots, P_n$，每个参与方对应持有隐私数据段 $K_1, K_2, \cdots, K_n$。P_1 持有的数据段记为 K_1，P_2 持有的数据段记为 K_2……在保证每个参与方都不可以泄露自己持有的隐私数据段的前提下，计算函数 $F(K_1, K_2, \cdots, K_n)$。

代理方生成一对公钥 PK 和私钥 SK，将公钥公开，私钥作为秘密共享方案中的秘密。同时，代理方分发给所有参与方一个子密钥，随后将私钥销毁。

由于非对称加密算法具有全同态性（加法同态性与乘法同态性），所以可将约定计算函数 F 分解为加法与乘法的运算，利用同态性进行密文的计算。在没有可信代理第三方的场景中，利用公钥加密隐私数据后再发送给代理方进行计算，可以保证私密数据段在不泄露的前提下得到最终结果。

得到结果后，联合所有参与方对秘密进行恢复。每个参与方提供自己的子密钥将私钥恢复，之后再公开地将计算结果解密。最终，所有参与方都可得到结果，并且不泄露任何一方的隐私数据。其安全性主要体现为代理方在进行计算时，无法利用其私钥解密某个参与方提供的隐私数据加密后的密文。

2）基于秘密共享的安全多方计算算法

监管机构执行安全多方计算授予监管者权限。若监管机构授权人员为 m 人，设置阈值为 weight，则至少需要 $p_0 = m \times$ weight 位授权者同意才能合法监管；其中 $P = \{P_1, P_2, \cdots, P_m\}$ 是 m 个监管授权者的集合。

设置一个公告牌用来公示信息，各监管者均能看到公告牌公示的信息，只有公告牌管理人 Dealer 有更改、更新公告牌内容的权限。图 4.22 表示基于安全多方计算的多监管者授权机制示意图。

Dealer 的运算流程如下。

步骤 1：选取安全大素数 p、q，使其满足 $y = pq$，其中，y 为正整数。

步骤 2：选择 e，使得 $\gcd(e, \varphi(y)) = 1$。求 d，使其满足 $ed = l \bmod \varphi(y)$。其中，$\gcd(\cdot)$ 返回两个或多个整数的最大公约数；$\varphi(\cdot)$ 为欧拉函数；e, d, l 为满足条件的某个常数；mod 为取模运算。

步骤 3：选择单向函数 $H(\cdot)$，使值域 $H(\cdot) \in \left[y^\delta\right]$。其中 $0 \leq \delta \leq 1$ 为安全参数，$[\cdot]$ 的意思是大于或等于 1 且小于或等于括号内的数组成的数据集，例如 $[y] = \{1, 2, \cdots, y\}$。

步骤 4：随机构造 $p_0 - 1$ 次多项式：$f(x) = d + a_1 x + a_2 x^2 + \cdots + a_{p_0-1} x^{p_0-1}$。其中，$a_1, a_2, \cdots, a_{p_0-1} \in Z_{\varphi(y)}$，$Z_{\varphi(y)}$ 为非负的小于常数 $\varphi(y)$ 的整数，$a_1, a_2, \cdots, a_{p_0-1}$ 为 $Z_{\varphi(y)}$ 中的随机一个。

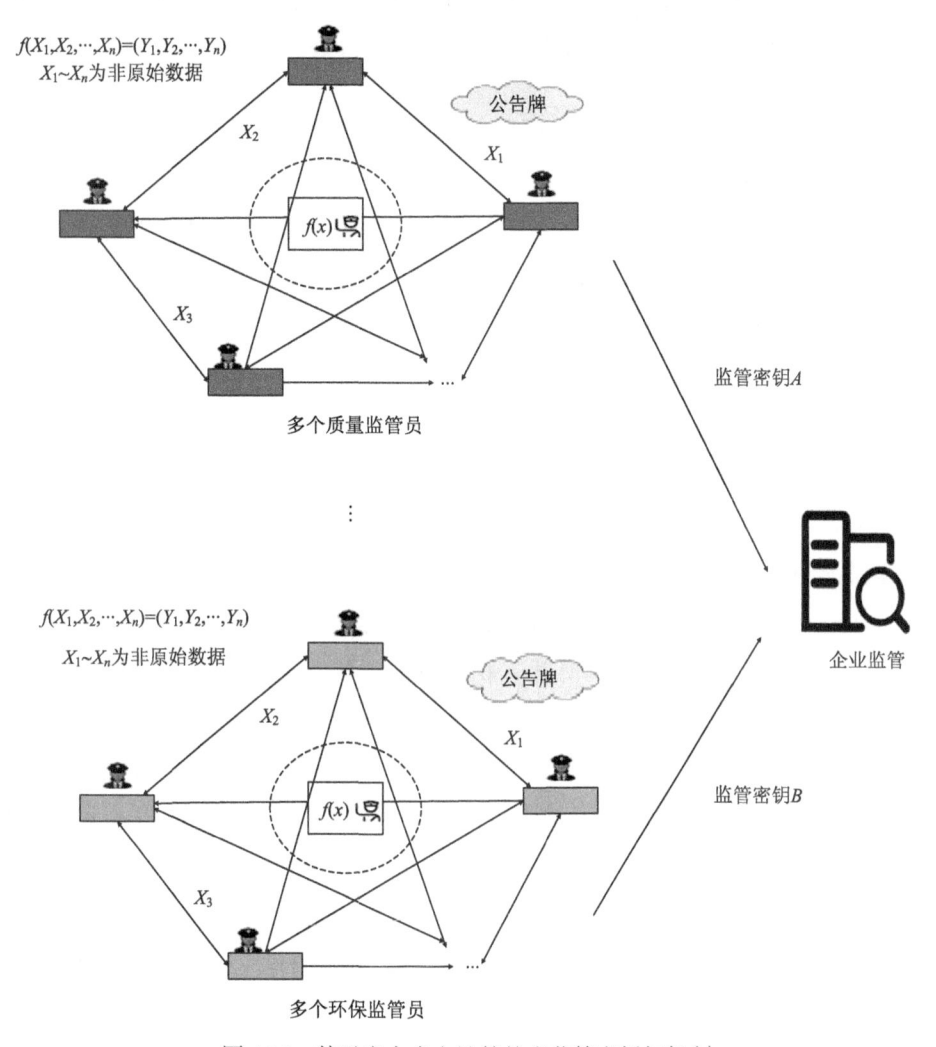

图 4.22　基于安全多方计算的多监管者授权机制

步骤 5：计算各个子秘密信息 $d_i = f(i) \bmod \varphi(y)$ 以及公告牌公布的内容 $W_t = w^{d_i} \bmod y$，其中，$i = 1, 2, \cdots, m$。

步骤 6：Dealer 将 d_i 秘密发送给监管授权者 P_i，并在公告牌上公布 $W_1, \cdots, W_m, w^{a_1}, \cdots, w^{a_{p_0-1}}$ 以及样本信息 w，其中，$w^{a_1}, \cdots, w^{a_{p_0-1}}$ 是由 $p_0 - 1$ 次多项式的系数与样本信息计算出来的公告牌内容。

步骤 7：每个监管授权者 P_i 由下式验证秘密信息 d_i 的正确性：$w^{d_i} = w^d \times \left(w^{a_1}\right)^i \times \left(w^{a_2}\right)^{i^2} \times \cdots \times \left(w^{a_1}\right)^{i^{p_0-1}} \bmod y$，其中 $i = 1, 2, \cdots, m$。若该式成立，则监管授权者 P_i 接受 d_i 为子秘密；否则，监管授权者拒绝 d_i。其中，d、d_i 均为保密的，在

监管授权结束时，p、q 予以销毁。

授权凭证的生成如下。

设 $K = \{K_1, K_2, \cdots, K_r\}$ 为 m 个授权者，集合 $P = \{P_1, P_2, \cdots, P_m\}$ 为共享的授权证明集合，Dealer 随机选取常数 $m_1, m_2, \cdots, m_r \in Z_y^*$。

为使 $P_1, P_2, \cdots, P_m$ 中任意 P_0 个人能够重构授权凭证，Dealer 计算加密后的授权凭证 $T_j = K_j - (m_j)^{d_i}$，其中，T_j 指的是加密后的授权凭证，K_j 指的是原始授权凭证，m_j 是随机常数。后面会将该授权凭证发送给申请监管的监管者处。

授权凭证的恢复如下。

定义任意 P_0 个监管授权者的集合为 $D = \{P_1, P_2, \cdots, P_{p_0}\}$，其中 $D \in P$。在同意本次监管请求后，集合 A 中的每个监管授权者 P_i 计算子密钥 $S_{ij} = (m_j)^{d_i} \bmod y, i = 1, 2, \cdots, p_0$。

选取随机参数 $C_{ij} \in [y^{1+\delta_1+\delta_2}]$，$\delta_1$、$\delta_2$ 为安全参数，且 $0 \leqslant \delta_1, \delta_2 \leqslant 1$。计算加密后的样本信息 $w' = w^{C_{ij}}$ 以及加密后的授权者个数信息 $m' = m^{C_{ij}}$。上述各个参数经过单向函数 $H(\cdot)$ 构成加密信息 $b_{ij} = H(w, m_j, S_{ij}, W_i, w', m')$，在整数环上计算另外一个加密信息 $\vartheta_{ij} = C_{ij} + b_{ij} d_i$，$b_{ij}$ 和 ϑ_{ij} 用于构成验证值。

从任意 P_0 个监管授权者的集合 D 中选取 P_i 公布验证值：$\{\vartheta_{ij}, b_{ij}\}$，并将授权子密钥信息集合 $\{m_j, S_{ij}\}$ 发送给申请监管的监管者处，用于执行监管。该监管者由公式 $b_{ij} = H(w, m_j, S_{ij}, W_i, w^{\vartheta_{ij}} W_i^{-b_{ij}}, m_j^{\vartheta_{ij}} S_{ij}^{-b_{ij}})$ 验证 P_i 提供的子密钥 S_{ij} 的正确性。

该监管者取 $\rho = m!$，在整数循环群 Z 上计算 $\beta_i = \dfrac{1}{\prod\limits_{j=1, j \neq i}^{t}(i-j)} \times \prod\limits_{j=1, j \neq i}^{t}(-j)$，以及 $\alpha_i = \rho \beta_i$。

该监管者通过下式计算获得监管证明 K_j：由于 $m_j^{\rho d} = S_j = \prod\limits_{i=1}^{t} S_{ij}^{\alpha_i} \bmod y$，则 $K_j = T_j - m_j^{\rho d} \bmod y$，其中 $j = 1, 2, \cdots, r$。

Dealer 若要让 m 个参与者 $P_1, P_2, \cdots, P_m$ 共享新的监管证明 K_{r+1}，则需要在公告牌上公布随机选取的 m_{r+1} 以及 $T_{r+1} = K_{r+1} - m_{r+1}^{\rho d}$ 的值。

4.3.2 基于隐私保护的数据访问控制机制

对于涉及敏感信息的系统，隐私保护至关重要。基于属性加密的隐私数据保护和监管机制是针对这一需求的具体实现。属性加密技术确保只有满足特定属性条件的监管方能解密并访问数据,从而有效保证了数据的隐私安全。基于中国剩余定理的非对称加密算法是一种适用于属性加密的具体算法。该算法结合了中国剩余定理的特性,能够在保证数据安全的同时提高加密和解密的效率,也能够实现数据的访问控制,为隐私数据保护与监管系统提供了可靠的加密方案。

1. 基于属性加密的隐私数据保护和监管机制

大规模制造产业隐私数据保护和监管系统如图 4.23 所示,包含多方监管决策模块、属性密钥生成系统模块以及大规模制造区块链模块。多方监管决策模块属于监管部门,多个人针对同一监管请求进行投票产生监管证明,并将监管权赋予监管者执行监管。属性密钥生成系统模块属于企业,根据注册模块以及多方监管决策模块提交的注册信息和监管证明,核对监管者的身份,并产生属性密钥。企业使用该属性密钥对监管者需要查看的溯源内容上链。而诸多企业的上链信息构成了大规模制造区块链模块的区块内容。同时企业会根据云服务提供商模块所提供的存储服务,将链下数据存储在云端。

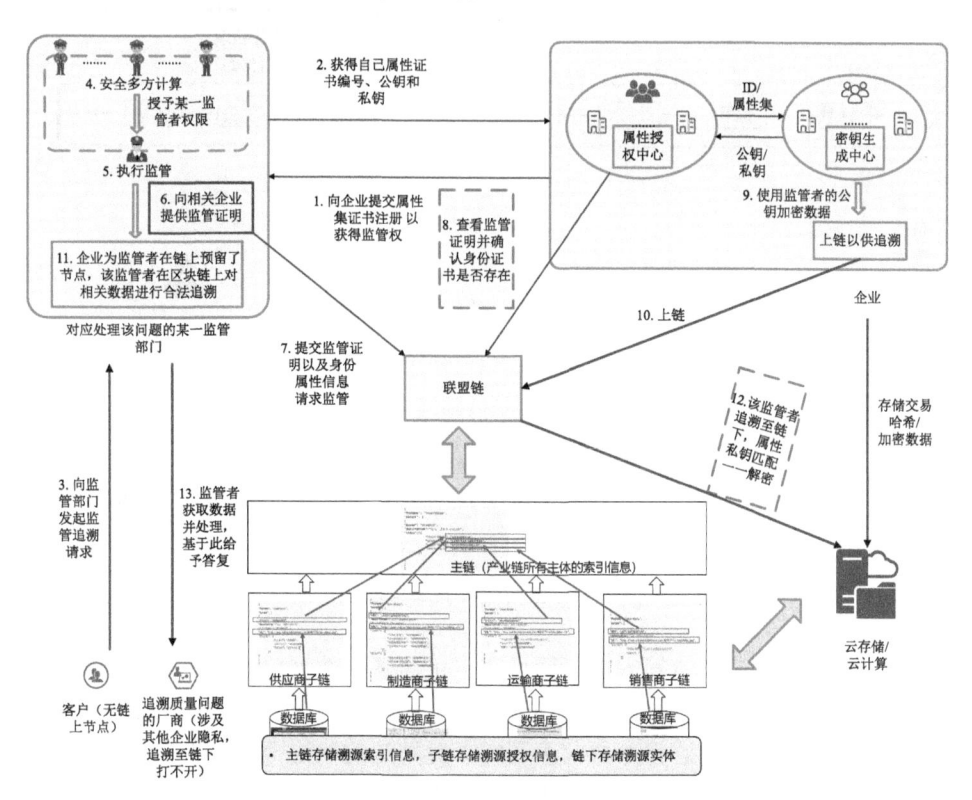

图 4.23 区块链可监管隐私保护系统实施示意图

无数据获取权限的客户或厂商向监管部门申请介入的场景如图 4.24 所示。监管部门收到介入请求并同意介入后，首先采用 4.3.1 节给出的安全多方计算方法，计算完成监管任务所需的最小权限。其次，监管部门指派一个监管者，并授予上述最小权限，令其介入监管。此后，企业通过平台成员管理模块完成监管者的身份认证。最后，身份认证通过的监管者在层次链中完成标识寻址和实时追溯，并将追溯数据内容转发申请介入的客户或厂商。

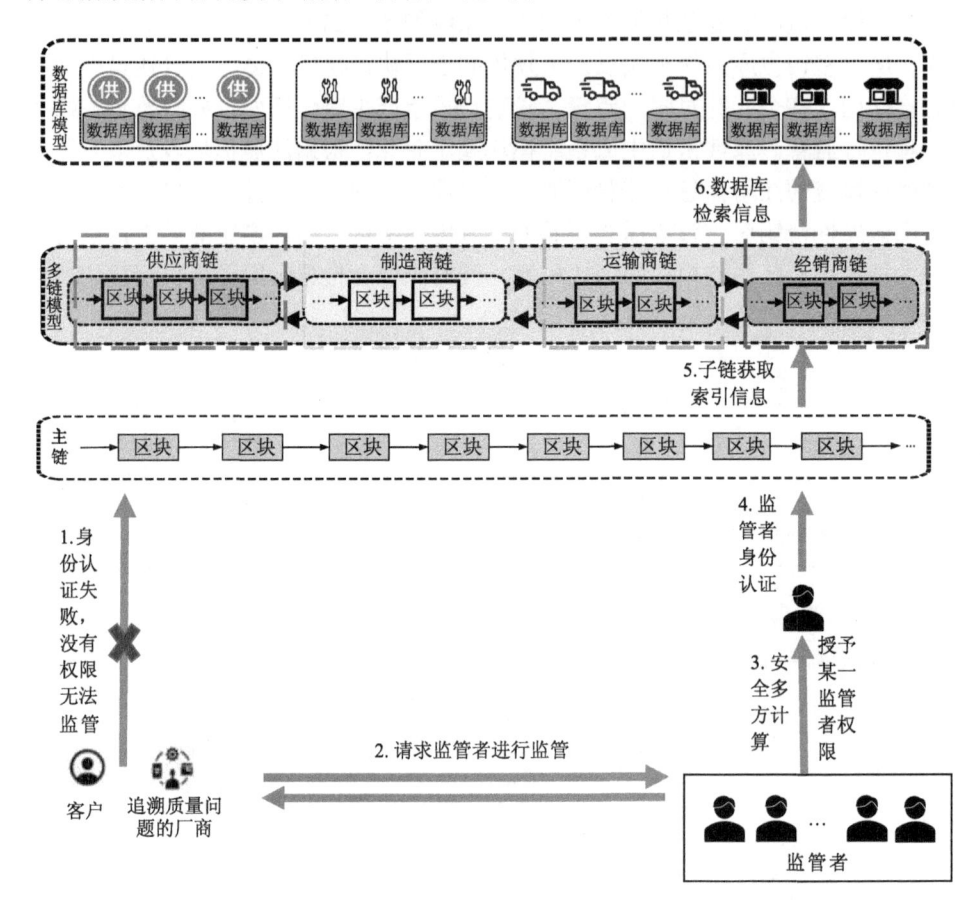

图 4.24　申请监管介入示意图

大规模制造产业的监管方在不同场景下可监管的数据范围如图 4.25 所示。监管方具有差异化的监管方向，对于同一生产阶段，不同监管方关注不同的数据范围。在同一监管方向，监管方面向不同场景时关注的数据范围也不完全一致。面向数据隐私保护，本节给出的数据访问控制机制根据不同的监管场景，限制监管者仅可访问任务范围内必要访问的数据。

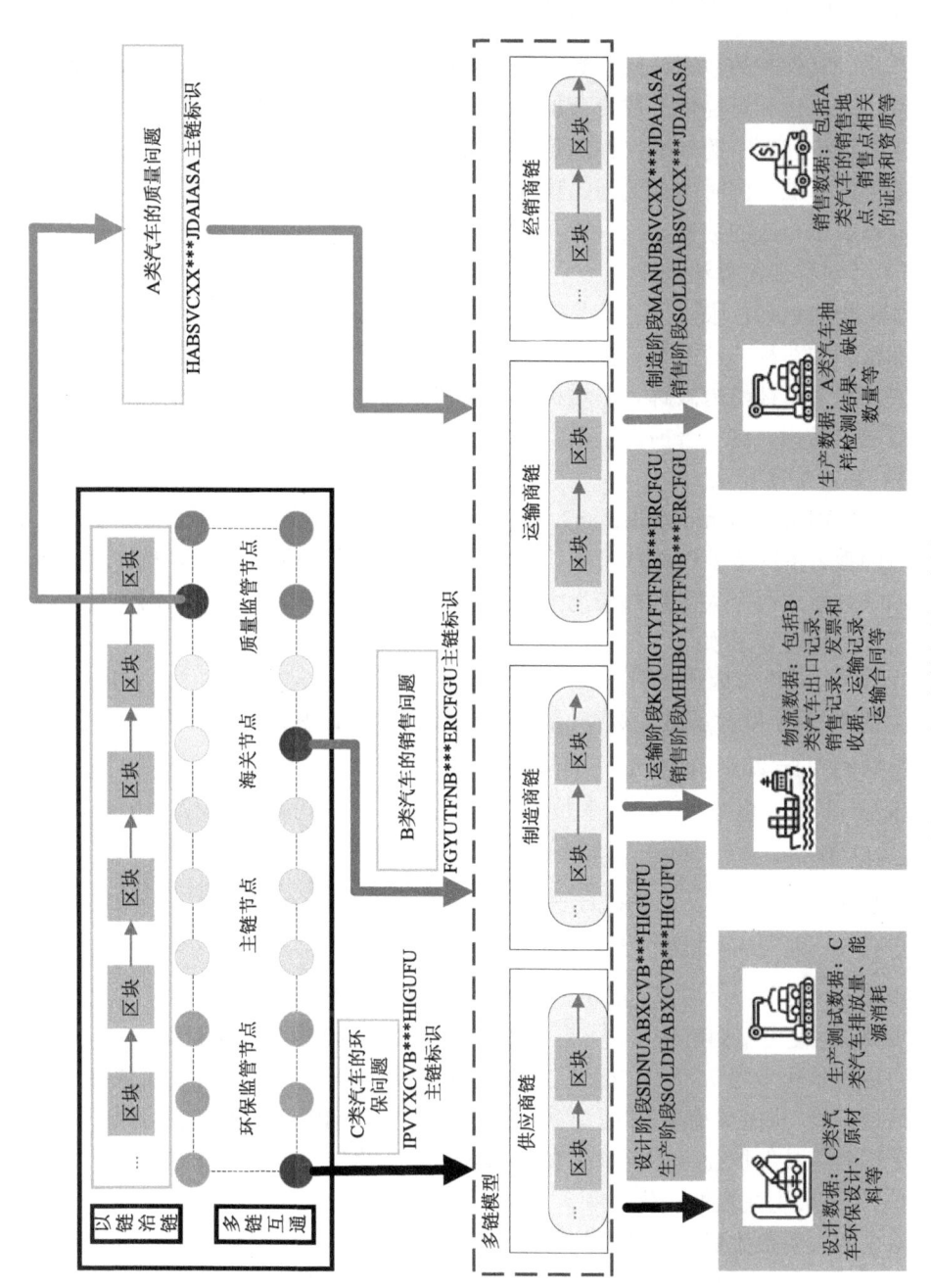

图 4.25 不同监管场景示意图

2. 面向数据隐私保护的加密方案

基于隐私保护的数据访问控制机制需要选择合适的加密算法，以确保数据的安全性、效率性和可控性。在设计加密方案时，应考虑如何在保障数据安全的前提下提高加密和解密的效率，并满足数据访问控制的需求。需要采用高效且安全可靠的加密算法，同时结合适当的访问控制机制，以确保只有已获得授权的监管方才能够解密相应的数据。

1）非对称加密算法概述

加密模块包括权限认证、交易信息签名和区块数据加密三个方面。加密分为对称加密和非对称加密两种类型。对称加密使用同一个密钥加密和解密，加解密速度快，但容易被暴力破解。非对称加密在初始化时分别生成用于加密的公钥和用于解密的私钥。这显著提升了暴力破解的难度。

2）RSA 加密算法

RSA（Rivest-Shamir-Adleman）加密算法是一种典型的非对称加密算法，它利用质因数分解的复杂性增加了密钥的破解难度。两个大质数乘积容易计算，但将其结果分解成两个大质数却极为困难，因此难以通过公钥推算出私钥。传统的 RSA 算法的主要流程如下。

步骤 1：随机生成两个较大的不同质数 p 和 q，令 $N = pq$。

步骤 2：基于欧拉函数，$\phi(N)$ 是小于或等于 N 的正整数中与 N 互质的个数，容易得到 $\phi(N) = \phi(p)\phi(q) = (p-1)(q-1)$。

步骤 3：随机生成一个整数 e，满足 $1 < e < \phi(N)$ 且与 $\phi(N)$ 互质，即 $\gcd(e, \phi(N)) = 1$。

步骤 4：获取数字 d，使得 $ed \% \phi(N) = 1$。

步骤 5：将 (e, N) 作为公钥，(d, N) 作为私钥。

步骤 6：使用公钥加密明文 m，可由公式 $c = m^e \% N$ 得到密文 c。

步骤 7：使用私钥解密密文 c，可由公式 $m = c^d \% N$ 得到明文 m。

由步骤 1 和步骤 7 可知，RSA 加密算法在解密运算过程中生成大质数并进行复杂的模运算，加密和解密过程计算效率低。因此，将 RSA 加密算法应用于大规模制造产业隐私保护前，需要探索加密和解密算法的计算效率提升方法。

3）大质数生成算法优化

常见的大质数生成是随机递增搜索法，即随机产生一个大奇数 n，进而判断其是否为质数，若不是，则加 2 后继续判断，直到找到质数为止。这种方法可在质数判断过程中进行优化，在质数判断时先采用小质数试除法可以显著提高计算效率。小质数试除法需要缓存一个包含 3、5、7、11 等质数的小质数表，先用 n 除以这些小质数，判断这些小质数是否为 n 的因子。如试除 3 余数为 0，则不必进行后续计算。相比随机搜索法，随机递增搜索法可减少一定的运算时间，但算法效率并没有本质的提升。Miller-Rabin（米勒-拉宾）算法是一种较好的不确定方案：假设 n 为质数，则 $n-1$ 一定为偶数 ($n>2$)，因此可将 $n-1$ 分解。令 $n-1=2^q m$，随机选择小于 n 的整数 a，由费马小定理可知，若 n 为质数，a 为整数，a 不是 n 的倍数，则 $a^{n-1}\%n=1$。因此，可知 $a^{2^q m}\%n=1$。由二次探测定理可知，若 p 为质数，且 $0<x<p$，则 $x^2\%p=1$ 的解为 $x=1$ 或 $x=p-1$，因此可知 $a^{2^{q-1}m}\%n=1$ 或 $a^{2^{q-1}m}\%n=n-1$，接下来可得 $a^{2^{q-2}m}\%n=1$ 或 $a^{2^{q-2}m}\%n=n-1$，等等，如此循环往复，直到 $a^m\%n=1$ 或 $a^m\%n=n-1$。总之，若 n 为质数，则存在整数 a（$a<n$），使得 $a^m\%n=1$，或存在 $0\leqslant r\leqslant q-1$，使得 $a^{2^r m}\%n=n-1$。

若 p 通过一次测试，则 p 不是质数的概率为 $1/4$。经过 t 轮测试，p 不是质数的概率为 $\dfrac{1}{4^t}$。当 t 取 10 时，p 不是质数的概率约为 0.95×10^{-6}，此时已经完全达到了可以应用的标准。

4）基于中国剩余定理的 RSA 加密算法

中国剩余定理又称孙子定理，相关描述最早见于《孙子算经》中，主要用于求解一元线性同余方程组。其内容为：若 p 和 q 是相互独立的两个大素数，$N=p\times q$，对于 $\forall m_1, m_2$，满足 $0\leqslant m_1<p, 0\leqslant m_2<p$，则一定存在一个唯一满足 $0\leqslant m<N$ 的 m，使得 $m_1=m\%p, m_2=m\%q$。中国剩余定理可以把针对大数的模运算分解为针对小数的模运算，因此可以考虑根据该特性来优化 RSA 的密钥生成效率。

对于私钥解密公式 $m=c^d\%N$，其容易分解为 $m_1=c^d\%p$ 和 $m_2=c^d\%q$，但是指数 d 依然较大，运算依然会消耗较大的性能。令 $d=k(p-1)+r$，即 $r=d\%(p-1)$，那么 $m_1=c^{k(p-1)+r}\%p=c^r c^{k(p-1)}\%p$。根据欧拉定理，$c,p\in N^+$，$\gcd(c,p)=1$，有 $c^{p-1}\%p=1$，容易得到 $m_1=c^r\%p=c^{d\%(p-1)}\%p$。同理，可得 $m_2=c^d\%q=c^{d\%(q-1)}\%q$。令 $dP=d\%(p-1)$、$dQ=d\%(q-1)$，容易得出 $dP=e^{-1}\%(p-1)$ 以及 $dQ=e^{-1}\%(q-1)$，则

$$m_1=c^{dP}\%p \tag{4.4}$$

$$m_2=c^{dQ}\%q \tag{4.5}$$

求 q 对 p 的逆元：$q_{\text{inv}}=q^{-1}\%p$。令 $h=q_{\text{inv}}(m_1-m_2)\%p$，将 p、q、dP、dQ 和 q_{inv} 共同组成私钥，通过 $m=m_2+hq$ 即可还原密文为明文。

4.3.3 基于数据监管友好的数据分级隐私保护方法

在当今数据环境中，隐私保护和数据监管难以平衡，监管友好的数据分级隐私保护方法解决了被溯源目标数据的监管问题和隐私保护需求的差异问题，可以在保护隐私的前提下满足数据监管的需求。企业敏感数据的多级加密与监管追踪方案如图 4.26 所示，包括以下部分。

1. 企业数据初始化

监管者在隐私数据保护和监管系统上进行企业注册，其中包括对企业数据进行初始化以及对监管者进行身份注册。对企业数据进行初始化包括以下步骤。

步骤 1：设置 g_2 为 G 的生成元，即 $g_2 \in G$，g_1 由 g_2 的同构映射生成，有 $g_1 = \psi(g_2)$，其中 $\psi(\cdot)$ 指的是同构映射，选取 $h \xleftarrow{R} G_1$ 和 $\delta_1, \delta_2 \xleftarrow{R} Z_p^*$，使得 $u, v \in G_1 \left(u^{\delta_1} = v^{\delta_2} = h \right)$，其中 Z_p^* 指的是小于 p 的非负整数集，p 为常数，R 指的是按照均匀分布方式随机选取的参数，h, δ_1, δ_2 则是以方式 R 选取后获得的随机参数，用于构成群追踪密钥，u、v 为 G_1 的生成元，G 与 G_1 同阶为素数 $p > 2^k$ 的乘法群。

步骤 2：在共识阶段选取出 t 个企业管理员，$t \geq 1$，企业隐私数据保护和监管系统为各企业管理员分发公钥 Y。每个企业管理员的密钥，即企业管理员的私钥设置为 $\gamma_j \left(\gamma_j \xleftarrow{R} Z_p^* \right)$，且令 $w_j = g_2^{\gamma_j}$，其中，w_j 用来构成后续的群公钥，j 指的是 t 个企业管理员中的一个，$j \in [1, t]$。

步骤 3：设置群公钥 $\text{gpk} = \left(g_1, g_2, h, u, v, \{ w_j | 1 \leq j \leq t \} \right)$，群追踪密钥为 $\text{gmsk} = (\delta_1, \delta_2)$。

步骤 4：设置企业属性密钥生成系统的监管者属性集为 $S_j = \{ s_1, s_2, \cdots, s_n \}$，其中，$s_n$ 为对应 n 个监管者的属性。初始化一个空的撤销列表 RL 与投票值 T_r，其中，RL 用来存储撤销用户的撤销标记，T_r 用来收集监管者在追踪问题上支持与否。

2. 监管者身份注册

对各监管者进行身份注册的过程包括以下步骤。

（1）监管者 i 提交属性集 $S = \{ s_i, \cdots, s_n \}$。各个企业管理员生成监管者 i 的私钥片段 A_{ij}：$A_{ij} \leftarrow g_1^{1/(\gamma_j + x_j)}, x_j \in Z_p$，并将私钥片段通过安全信道发送给该监管者 i，其中，Z_p 为非负的小于常数 p 的整数，x_j 为其中随机选取的一个数。

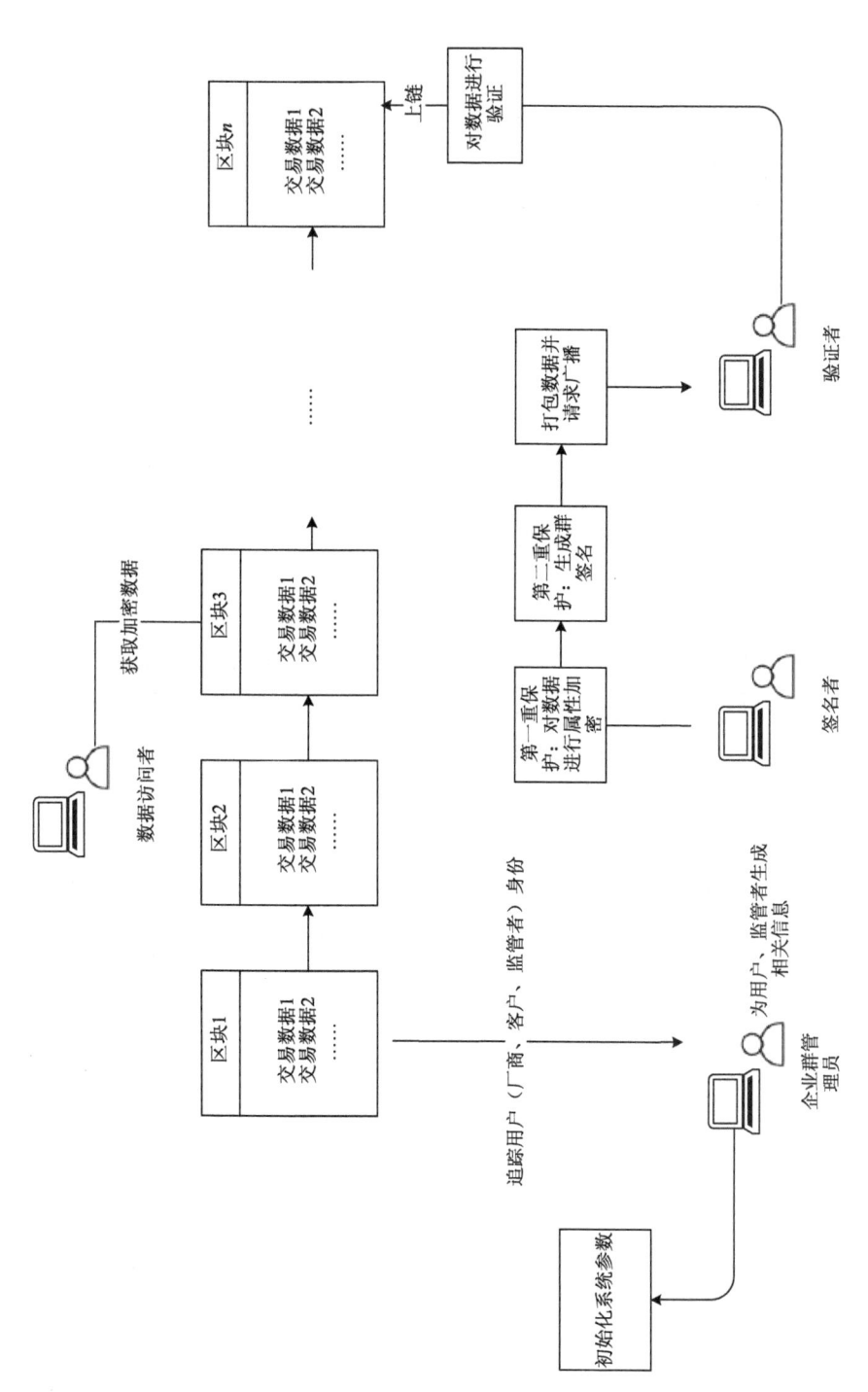

第 4 章　大规模制造产品全生命周期数据实时追溯及可监管隐私保护技术　·171·

图 4.26　企业敏感数据的多级加密与监管追踪方案

（2）监管者 i 计算自己的私钥：$A_i \leftarrow g_1^{\sum_{j=1}^{t}1/(\gamma_j+x_j)}$。监管者 i 计算自己的 ID：$\mathrm{ID}_i = g_1^{A_i}$。

（3）企业为监管者生成属性私钥 SK：$\mathrm{SK} = \left\{g_1^u g_2^v, g_1^t, h_s^t \mid \forall s \in S, t \in Z_p\right\}$，其中，$s$ 为监管者提交的属性集 S 中的一个元素，t 为非负的小于常数 p 的随机整数，h_s^t 为企业由监管者属性集设定的属性对应密钥。

3. 监管者执行监管流程

当无链上节点的客户或企业在追溯质量问题，涉及其他企业的隐私数据，追至链下无权访问时，可向监管部门发起监管追溯申请，由已获得监管权的监管者执行监管。

获得监管权的监管者向相关企业提交监管证明 K_j 和身份属性信息请求监管。相关企业查看监管者提交的监管证明，确认身份证书是否存在。企业查看监管者提交的监管证明，并确认其属性证书是否存在。

4. 生成上链数据供监管追溯

企业确认身份后，生成上链数据供监管追溯，其中包括以下几个步骤。

步骤 1：企业首先生成一个临时密钥对 (R, r)，其中 $R = rG$，G 为之前注册时设定的乘法循环群，r 为随机数。该密钥对随交易传输。然后计算共享秘密 ty：$\mathrm{ty} = H(r \cdot \mathrm{ID}_B) = H(\mathrm{ID}_B \cdot R)$，并使用群公钥对 ty 进行加密，其中，$\mathrm{ID}_B$ 为监管者 B 的 ID 号。企业使用 $\mathrm{ID}_B \cdot g_1^{\mathrm{ty}}$ 生成该监管者的临时地址 S.A。

步骤 2：企业选取指数 $\alpha, \beta \xleftarrow{R} Z_p$，计算 $T_1 \leftarrow u^\alpha, T_2 \leftarrow v^\beta, T_3 \leftarrow A_i h^{\alpha+\beta}$，随机选择盲化因子 $r_\alpha, r_\beta, r_x, r_{\delta_1}, r_{\delta_2}$，其中 $\hat{e}(\cdot, \cdot)$ 指线性映射。计算

$$R_1 \leftarrow u^{r_\alpha} \tag{4.6}$$

$$R_2 \leftarrow u^{r_\beta} \tag{4.7}$$

$$R_3 \leftarrow \hat{e}(T_3, g_2)^{r_x} \times \prod_{i=1}^{t}\hat{e}(h, w_i)^{-r_\alpha - r_\beta} \times \hat{e}(h, g_2)^{-m(r_{\delta_1} - r_{\delta_2})} \tag{4.8}$$

$$R_4 \leftarrow T_1^{r_x} \times u^{-r_{\delta_1}} \tag{4.9}$$

$$R_5 \leftarrow T_2^{r_x} \times v^{-r_{\delta_2}} \tag{4.10}$$

步骤 3：使用哈希函数计算询问值 $c \leftarrow H(M \| T_1 \| T_2 \| T_3 \| R_1 \| R_2 \| R_3 \| R_4 \| R_5)$。

步骤 4：根据 c 生成参数 s_α、s_β、s_x、s_{δ_1}、s_{δ_2}，其中

$$\sigma_1 \leftarrow x\alpha \tag{4.11}$$

$$\sigma_2 \leftarrow x\beta \tag{4.12}$$

$$s_\alpha \leftarrow r_\alpha + c\alpha \tag{4.13}$$

$$s_\beta \leftarrow r_\beta + c\beta \tag{4.14}$$

$$s_x \leftarrow r_x + cx \tag{4.15}$$

$$s_{\delta_1} \leftarrow r_{\delta_1} + c\delta_1 \tag{4.16}$$

$$s_{\delta_2} \leftarrow r_{\delta_2} + c\delta_2 \tag{4.17}$$

步骤 5：企业生成撤销标记的 Bulletproofs 零知识证明，在不获取访问者撤销标记的情况下，验证企业身份的合法性。企业构造两个随机数 a_L, a_R，使得 $\langle a_L, 2 \rangle = \mathrm{reg}$，$a_R = a_L - 1$。构造 a_L, a_R 的承诺 proof：$A = h^\alpha g^{a_L} h^{a_R}$，其中，$\langle a_L, 2 \rangle$ 指的是 a_1 与 a_2 的内积，g 为随机数。

随机选取盲化因子 $s_L \in Z_p^n, s_R \in Z_p^n, \theta \in Z_p$，$\gamma$、$t_i$（$i = 1, 2$）、$\tau_1$ 和 τ_2 为非负的小于常数 p 的随机整数系数，构造 s_L, s_R 的承诺 $S = h^\theta g^{s_L} h^{s_R}$。计算零知识证明的相关参数 $l(x), r(x), t(x), \tau(x), \varepsilon$：

$$y = H(A, S) \tag{4.18}$$

$$z = H(A, S, y) \tag{4.19}$$

$$x = H(T_1, T_2, z) \tag{4.20}$$

$$T_i = g^{t_i} h^{\tau_i}, \quad i = \{1, 2\} \tag{4.21}$$

$$l = l(x) = a_L - z + s_L \cdot x \tag{4.22}$$

$$r = r(x) = y^n(a_R + z + s_R \cdot x) + 2z^2 \tag{4.23}$$

$$t(x) = \langle l(x), r(x) \rangle \tag{4.24}$$

$$\tau(x) = \tau_1 \cdot x + \tau_2 \cdot x^2 + z^2 \cdot \gamma, \quad \gamma \in Z_p \tag{4.25}$$

$$\varepsilon = \alpha + \theta \cdot x \tag{4.26}$$

得到零知识证明 $\eta = \{\tau(x), \varepsilon, t(x), l(x), r(x)\}$。

步骤 6：企业隐私数据的签名为 $\sigma \leftarrow (M, T_1, T_2, T_3, c, s_\alpha, s_\beta, s_x, s_{\delta_1}, s_{\delta_2}, \mathrm{S.A}, t, \eta)$，其中 M 为 $1 \times n$ 的访问矩阵。

步骤 7：输入明文 m、需要加密的数据 gmsk 以及访问策略 (M, λ)。M_i 表示矩阵 M 中的第 i 行函数 λ 将 M_i 映射到属性，记 $\lambda\{1, 2, \cdots, l\} \rightarrow \{1, 2, \cdots, n\}$，输出密文 CT：$\mathrm{CT} = \left\{ C = me(g_1, g_1)^{u \cdot \mathrm{ty} \cdot \delta_1}, C = g_1^{\mathrm{ty} \cdot \delta_1}, \left(C_i = g_1^{u \lambda_i \delta_1} h_{\rho_i}^{-r_i} \right)_{\rho_i \in (1, l)} \right\}$。其中，ty 为共享秘密，$\rho$ 为随机值。

步骤 8：企业将密文 CT、撤销标记的零知识证明 η、加密后的共享秘密 ty 以及签名在数据上链后对各个节点进行广播。

5. 监管者验证消息合法性

监管者接收到广播信息后，验证消息的合法性，包括以下几个步骤。

步骤 1：首先对零知识证明 η 进行验证，判断用户的身份是否合法。监管执行者计算 $h_i' = h_i^{y-i+1}$ 发给企业。

步骤 2：企业检验，判断 $g^{t(x)}h^{\tau_x} = V^{z^2} \cdot T_1^x \cdot T_2^{x^2}$，以及 $A \cdot S^x \cdot g^{-z} \cdot h'^{zy+z^2 \cdot 2} = h^\mu g^l$、$t(x) = \langle l(x), r(x) \rangle$ 是否成立。若以上判断均成立，则监管者的身份合法；若不成立，则监管者的身份信息错误，不符合监管追溯请求，给予惩罚。

步骤 3：验证通过后，计算 $\tilde{R}_1 \leftarrow u^{s_\alpha} \times T_1^{-c}$、$\tilde{R}_2 \leftarrow v^{s_\beta} \times T_2^{-c}$、$\tilde{R}_3 \leftarrow e(T_3, g_2)^{s_x} \times \prod_{j=1}^{t} \hat{e}(h, w_i)^{-s_\alpha - s_\beta} \times \hat{e}(h, g_2)^{-m(s_{\delta_1} - s_{\delta_2})} \times \prod_{j=1}^{t} \left[\hat{e}(T_3, w_j) / \hat{e}(g_1, g_2) \right]$、$\tilde{R}_4 \leftarrow T_1^{s_x} \times u^{-s_{\delta_1}}$、$\tilde{R}_5 \leftarrow T_2^{s_x} \times v^{-s_{\delta_2}}$。然后，计算 $\bar{c} = H(M \| T_1 \| T_2 \| T_3 \| R_1 \| R_2 \| R_3 \| R_4 \| R_5)$，如果 $c = \bar{c}$，则签名有效，否则无效。若签名有效，则将验证通过的信息上传到区块链；否则，拒绝追溯请求，步骤终止。

6. 监管者查看溯源信息

监管者在区块链溯源平台上对客户或者厂商发起请求的数据进行合法追溯，直至找到链下数据库，查看溯源信息。监管者发出查看申请，系统根据用户的属性私钥和访问策略 (M, λ) 下的密文 CT 进行解密。如果用户的属性集能够满足数据的访问策略，则允许该用户对数据进行访问，输出明文 m；否则访问失败。访问到的明文为

$$m = \frac{C}{e(g_1, g_1)^{u \cdot ty \cdot \delta_1}} \tag{4.27}$$

4.4 本章小结

本章面向大规模制造产品溯源系统性介绍了产品数据快速定位与高效标识寻址技术、数据实时追溯技术和数据可监管隐私保护技术等三个关键技术。所述的三个技术实现了对全生命周期海量异构数据的高效标识寻址，全生命周期标识数据的解析和分层级实时追溯，以及企业数据隐私保护和监管之间的合理平衡。三个技术的应用可在大规模制造产业领域追溯到全流程行为和数据，进行过程监控、安全问题责任追究；通过查找产品发生问题的环节，及时追踪产品质量，并对有

问题的产品进行召回，优化生产流程，标准化生产规范，提高产品品质和产量；此外，可以提升数据造假难度，打击假货，提高产品附加值和市场竞争力。

本章参考文献

[1] Kim H M, Laskowski M. Toward an ontology-driven blockchain design for supply-chain provenance[J]. Intelligent Systems in Accounting, Finance and Management, 2018, 25(1): 18-27.

[2] 郭珊珊. 供应链的可信溯源查询在区块链上的实现[D]. 大连: 大连海事大学, 2017.

[3] 王一然, 张海粟, 郑富中. 基于区块链的主数据全生命周期管理方法[R]. 北京：第十届中国指挥控制大会, 2022.

[4] Sunny J, Undralla N, Pillai V M. Supply chain transparency through blockchain-based traceability: an overview with demonstration[J]. Computers & Industrial Engineering, 2020, 150: 106895.

[5] Supranee S, Rotchanakitumnuai S. The acceptance of the application of blockchain technology in the supply chain process of the Thai automotive industry[C]//Proceedings of the 17th International Conference on Electronic Business. Dubai: ICEB, 2017: 252-257.

[6] Min H. Blockchain technology for enhancing supply chain resilience[J]. Business Horizons, 2019, 62(1): 35-45.

[7] Pereira L M V, Tonani M, Somera S C, et al. Application of modeling in a drug distribution and dispensing process focused on traceability in a surgical center[J]. Knowledge and Process Management, 2016, 23(2): 161-168.

[8] Hearn M. Corda: a distributed ledger[Z]. Corda Technical White Paper, 2016.

[9] 翁良贵. 基于分布式字典树索引的大规模时空轨迹相似度搜索[D]. 武汉: 华中科技大学, 2021.

[10] Liu A J, Liu T N, Mou J, et al. A supplier evaluation model based on customer demand in blockchain tracing anti-counterfeiting platform project management[J]. Journal of Management Science and Engineering, 2020, 5(3): 172-194.

[11] Hua Z, Be K, Shi Q. Research on the information tracing model for cross-border E-commerce products based on blockchain[R]. E3S Web of Conferences, 2021.

[12] Liu W, Li Y, Wang X J, et al. A donation tracing blockchain model using improved DPoS consensus algorithm[J]. Peer-to-Peer Networking and Applications, 2021, 14: 2789-2800.

[13] Li J Z, Wang Z Q, Guan S P, et al. ProChain: a privacy-preserving blockchain-based supply chain traceability system model[J]. Computers & Industrial Engineering, 2024, 187: 109831.

[14] Zhao S C, Cao L F, Li J H, et al. Cross-domain data traceability mechanism based on blockchain[J]. Computers, Materials & Continua, 2023, 76(2): 2531-2549.

[15] Islam A, Rahim T, Masuduzzaman M, et al. A blockchain-based artificial intelligence-empowered contagious pandemic situation supervision scheme using internet of drone things[J].

IEEE Wireless Communications, 2021, 28(4): 166-173.

[16] Nie X L, Zhang A Q, Chen J D, et al. Blockchain-empowered secure and privacy-preserving health data sharing in edge-based IoMT[J]. Security and Communication Networks, 2022, 2022(1): 8293716.

[17] Qu Y Y, Pokhrel S R, Garg S, et al. A blockchained federated learning framework for cognitive computing in industry 4.0 networks[J]. IEEE Transactions on Industrial Informatics, 2021, 17(4): 2964-2973.

[18] Chod J, Trichakis N, Tsoukalas G, et al. On the financing benefits of supply chain transparency and blockchain adoption[J]. Management Science, 2020, 66(10): 4378-4396.

[19] Zaerens K. Concept for controlled business critical information sharing using smart contracts[R]. 2018 2nd Cyber Security in Networking Conference (CSNet), 2018.

[20] Jiang S, Cao J N, Wu H Q, et al. BlocHIE: a blockchain-based platform for healthcare information exchange[R]. 2018 IEEE International Conference on Smart Computing (SmartComp), 2018.

[21] Chaum D L. Untraceable electronic mail, return addresses, and digital pseudonyms[J]. Communications of the ACM, 1981, 24(2): 84-90.

[22] Guo S Y, Hu X, Guo S, et al. Blockchain meets edge computing: a distributed and trusted authentication system[J]. IEEE Transactions on Industrial Informatics, 2020, 16(3): 1972-1983.

[23] Lu Z J, Wang Q, Qu G, et al. A blockchain-based privacy-preserving authentication scheme for VANETs[J]. IEEE Transactions on Very Large Scale Integration (VLSI) Systems, 2019, 27(12): 2792-2801.

[24] Ma Z F, Meng J L, Wang J H, et al. Blockchain-based decentralized authentication modeling scheme in edge and IoT environment[J]. IEEE Internet of Things Journal, 2021, 8(4): 2116-2123.

[25] 乔雅馨, 袁征, 张跃飞. 基于参与者角色变换的安全多方计算对比分析[J]. 北京电子科技学院学报, 2024, 32(3): 54-66.

第 5 章　基于区块链的大规模制造产业可信溯源平台研发及原理验证

大规模制造业中，消费者对产品的质量保障和可追溯性的需求不断提高。业界亟须通过大规模制造产业供应、制造、运输、销售全生命周期可信追溯，实现整个过程从原料到生产工艺的信息共享，提升产业链的透明度，并实现主体有效问责机制。

传统溯源方法存在信息不对称、易被篡改[1]和数据共享难等问题，这些问题导致溯源效率低下[2]和生产溯源系统不可靠。区块链技术具备去中心化、不可篡改的特点[3]，能够支撑高效、安全、可信的可追溯系统，为生产可追溯性提供了新的解决方案。全流程可信追溯不仅有利于提高消费者对产品的信任，也能帮助企业管理和优化生产流程[4~6]。因此，基于区块链的制造业可追溯性已经成为学术界和产业界的研究热点。

本章围绕"基于区块链的大规模制造产业可信溯源平台"展开，介绍可信溯源平台在解决大规模制造产业链中全域标识数据异构多源、可信度低、实时追溯和协同共享难等问题方面的效果，并重点介绍项目组研发的基于区块链技术的可信溯源平台的设计与实现。本章主要结构如下：5.1 节介绍基于区块链的大规模制造产业溯源平台架构，5.2 节介绍基于区块链的大规模制造产业溯源平台实现，5.3 节介绍基于区块链的汽车行业溯源标准规范，5.4 节介绍平台在汽车行业产品全生命周期溯源中的应用。

5.1　基于区块链的大规模制造产业溯源平台架构

传统大规模制造产业溯源中的制造环节数据通常汇聚于各个企业的数据平台，通过零件编号定位产品批次进行粗粒度追溯，彼此之间数据不互通、编码不一致。这种方式导致供应商、制造商、运输商、经销商之间形成一个个的"数据孤岛"[7]。溯源跨越多个环节时依赖人工审核，数据存在被篡改的可能性[8]，导致溯源系统可信度低、追溯实时性差、协同共享困难，难以满足大规模制造产业可信溯源的需求[9]。区块链技术具有数据分布存储和不可篡改等特性，能够为众多参与方提供共识机制，打破参与方之间的"数据孤岛"。因此，研发基于区块链的大规模制造产业可信溯源平台具有重要意义。

本章介绍了一种基于区块链即服务的高并发溯源平台开放架构。该架构利用区块链技术的可追溯和不可篡改特性，确保溯源数据的可信性[10]。通过智能合约提升溯源流程的自动化程度，减少溯源环节中的人工操作[11]。平台采用链上链下协同与层次链跨链互通的方式，提升系统的并发性能，促进协同共享，提升溯源实时性。通过领域驱动模型和微服务模式设计开放架构，实现区块链的一站式部署、一键式管理和可视化操作，支持大规模制造产业链成员友好接入。此外，平台集成了全部可信溯源支撑构件，实现大规模全域数据标识的快速寻址、实时共享与可信追溯，满足海量大规模制造产品全生命周期数据溯源的需求。如图5.1所示，基于区块链的大规模制造产业可信溯源平台应支持异构数据的统一管理和多方治理决策，对大规模制造产业数据进行标识寻址和实时追溯。不同制造环节的厂商能够共同维护溯源数据并实时共享，兼容厂商原有的数据系统，以实现主体定位和环节定位的目的。

5.1.1 可信溯源平台领域模型

可信溯源平台需要领域模型的支撑。领域模型是描述业务用例实现的对象模型，它抽象了业务角色和业务实体之间的联系与协作方式。该模型从业务角色的角度定义了业务用例，确定了业务人员及其处理和使用的对象之间的静态与动态关系，旨在产生预期效果。领域模型注重业务中的角色及其当前职责，通过这些模型类的对象组合，实现所有功能设计。基于区块链的大规模制造产业可信溯源平台的领域模型，定义了可信溯源参与方之间的协作关系和主要职责，确保溯源过程的透明和可信。

基于区块链的大规模制造产业可信溯源平台需要能够追溯从产品设计到销售的整个生命周期，提供细致入微的数据和信息，以支持企业的质量控制、过程合规、生产效率提升和获得消费者信任。为了发挥区块链共治共享的技术特点，该平台的领域模型强调了各参与方在系统中的角色和职责，明确定义了它们在数据生命周期中的任务和权限。这种模型不仅提高了信息流和操作流的透明度，使得整个生命周期过程更加可追溯、方便审计和监控，还利用区块链的不可篡改性保证了数据的真实性和完整性。通过智能合约自动执行预定义的业务流程，平台减少了人为干预，促进了多方协作的效率。同时，支持监管方的链上监管与终端用户的共同参与。该平台实现了全生命周期的数据记录和全面的产品信息追溯，为大规模制造产业链的各个参与者提供了一个安全、透明和高效的供应链管理平台。通过如表5.1所示的这些功能和目标，基于区块链的大规模制造产业可信溯源平台将为企业和消费者提供一个透明、安全、可信的供应链环境。

第 5 章　基于区块链的大规模制造产业可信溯源平台研发及原理验证

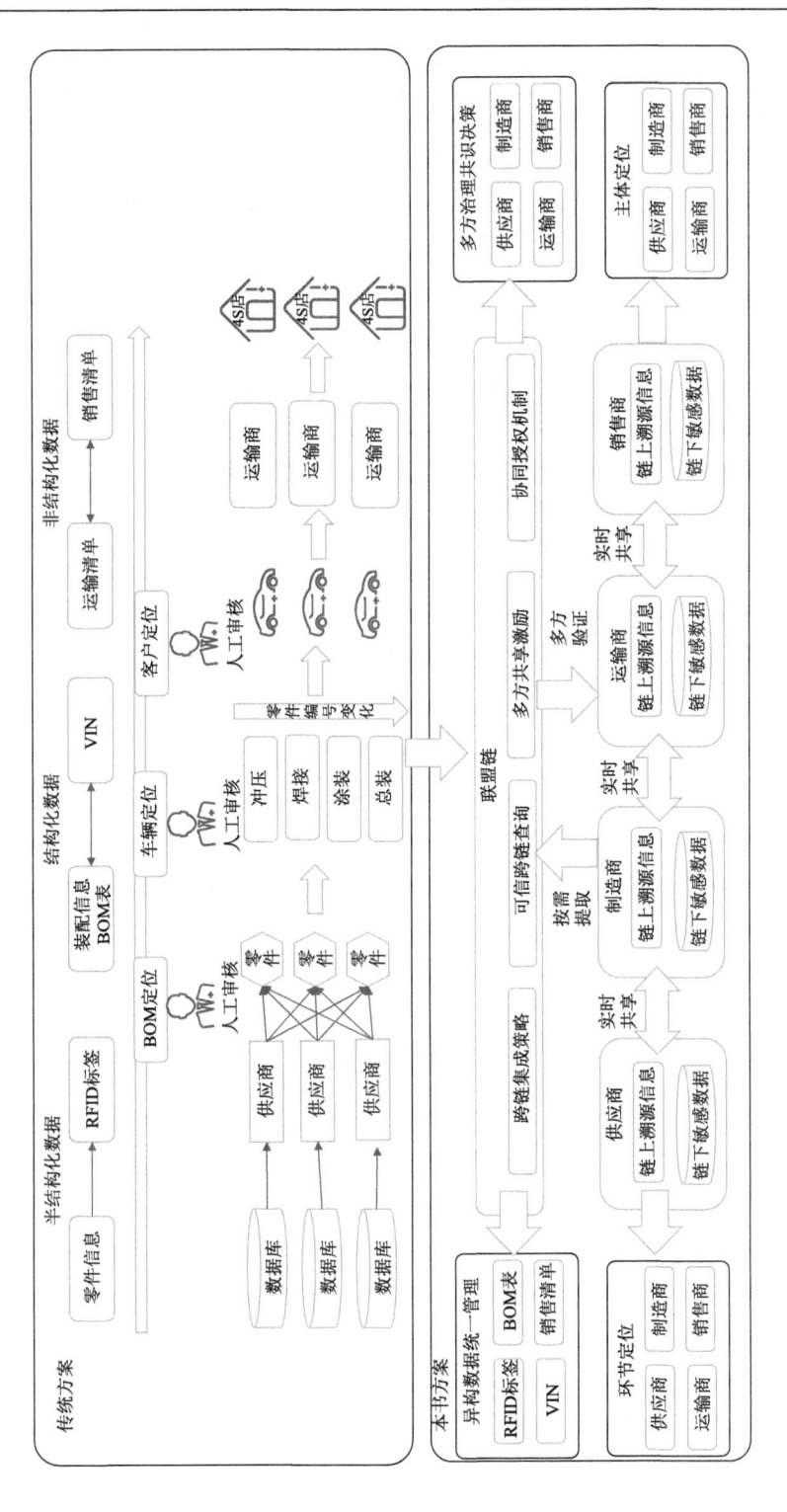

图 5.1　大规模制造产业溯源流程的改进

表 5.1 溯源平台功能概览

平台功能	功能描述
零部件溯源	能够跟踪制造过程中使用的每个零部件的来源和供应链运输信息，确保零部件的真实性和质量
生产过程追踪	能够追溯生产中的每个环节，包括组装、设计、检验、测试等，确保生产过程的合规性和质量
标识规范	系统预定义不同厂商的标识规则，形成可解析、可追溯的标识管理，允许用户和厂商查阅
车辆召回	允许整车厂根据链上追溯记录，召回指定范围的车辆
问题定位	允许汽车质量问题分析结论与过程上链，促进多方协作，通过可信数据共同定位和解决问题
成员管理	管理各个厂商的信息，确保供应链的透明度和合规性[12]
可信上链	使用智能合约来记录各环节的流转信息，确保交易可信性[13]。对接业务系统的上链接口，并挂载数据源
溯源证书	监管方为每辆汽车颁发溯源证书，证明其制造和质量信息的真实性
监管合规	为政府监管机构提供透明的数据，并支持监管部门依据权限查阅涉密敏感数据
用户评价	允许汽车购买者追溯购买的汽车产品信息，并针对汽车质量问题发起链上评价，提供公开可信的追溯渠道
销售过程追踪	能够追溯汽车历史销售记录
维修和保养记录	能够追溯汽车历史维修和保养记录

如图 5.2 所示，制造业厂商在基于区块链的大规模制造产业可信溯源平台中扮演着核心角色。它们的主要功能和职责包括登录、溯源查询、可信上链、数据接入、问题管理、车辆召回、成员管理、标识规范。厂商负责确保每个产品都被准确标识和记录在区块链上，以确保追溯可信性，并接入供应链数据与生成过程数据，来实现深层次、全流程的可信追溯。同时，它们需要遵守合规性标准，保证数据质量，并积极开展相互协作，打破"数据孤岛"，保障大规模制造产业的可信追溯。厂商的参与对于确保数据质量和供应链追溯透明性至关重要。

如图 5.3 所示，监管方在基于区块链的大规模制造产业可信溯源平台中也扮演着重要的角色。他们的职责主要包括登录、监管合规、溯源记录、召回监管、成员管理、溯源证书。监管方负责确保平台上追溯数据的合规性、安全性和透明性，维护供应链的稳定性和可信度，并在必要时行使监管职能。监管方的参与对维护制造产业可信溯源平台的正常运行和运行过程的合法合规至关重要。

如图 5.4 所示，终端用户在基于区块链的大规模制造产业可信溯源平台中的主要功能包括登录、注册、车辆管理、用户管理。终端用户的参与能够提升平台的开放程度，为厂商提供有价值的评价信息。通过大规模制造产业可信溯源平台，终端用户能够获取车辆的溯源证书、召回通知等信息，从而获得更高的服务质量。

第 5 章　基于区块链的大规模制造产业可信溯源平台研发及原理验证　·181·

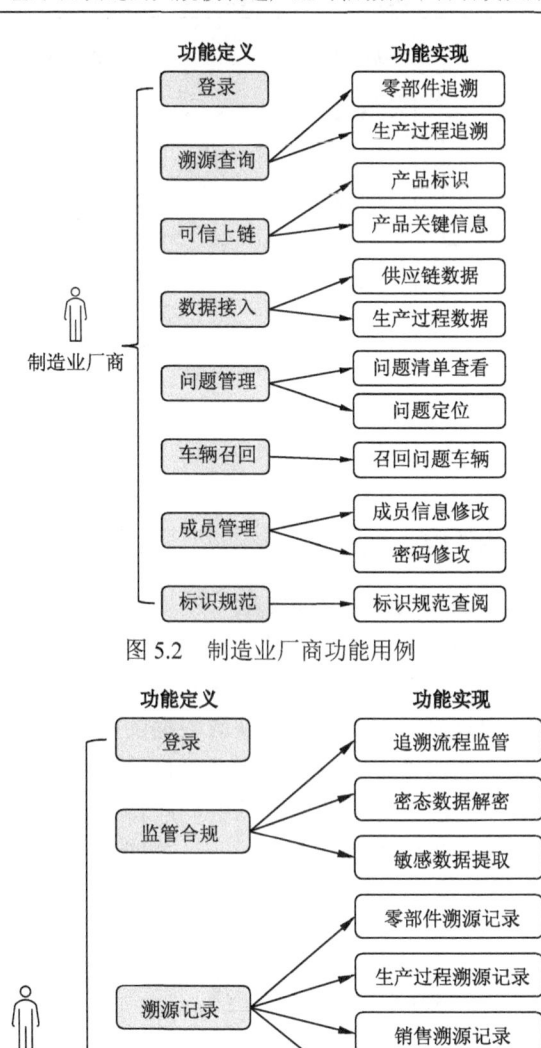

图 5.2　制造业厂商功能用例

图 5.3　监管方功能用例

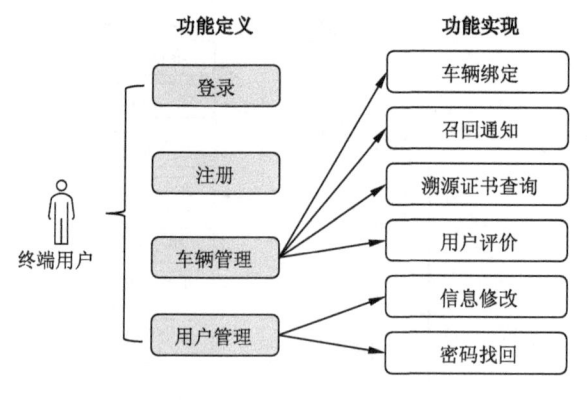

图 5.4　终端用户功能用例

5.1.2　可信溯源平台构件接口规范

可信溯源平台构件接口规范定义了系统内不同模块或构件之间的交互方式和数据传递规则，以确保各个构件能够有效地协同工作。根据功能划分，接口可分为四个维度：平台能力、追溯功能、数据资源和高级功能。平台能力构件提供标识数据模型和授权管理规则，解决谁应该获取数据的问题；追溯功能构件则解决哪些数据应被溯源获取的问题，并向数据资源构件输出数据追溯记录和溯源数据需求；数据资源构件负责解决如何获取数据的问题；高级功能构件则获取数据追溯记录和溯源数据资源，以完善可信溯源的业务功能（图 5.5）。

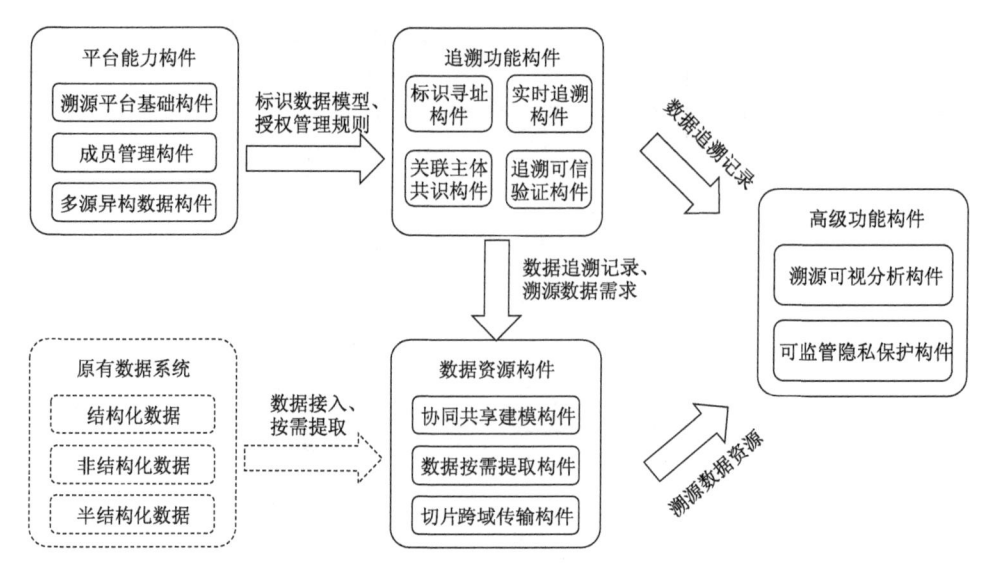

图 5.5　基于区块链的大规模产业可信溯源平台构件集成

5.1.3 可信溯源平台架构设计

大规模制造产业的分工复杂，为实现可信追溯，需要统一的顶层管理和各环节厂商之间的密切配合。因此，采用层次链的设计方法，如图 5.6 所示。在这种设计中，主链负责溯源系统的标识管理和模型管理，而子链则实现具体的溯源功能并支持业务领域的横向拓展。主链的功能包括确保系统的整体一致性和管理统一性，而子链则根据具体制造环节的需求，实现相应的溯源功能。区块链技术的可追溯性和不可篡改性特征，有助于打破不同厂商之间的"数据孤岛"，通过各支撑构件的协作，实现可信溯源的目标。

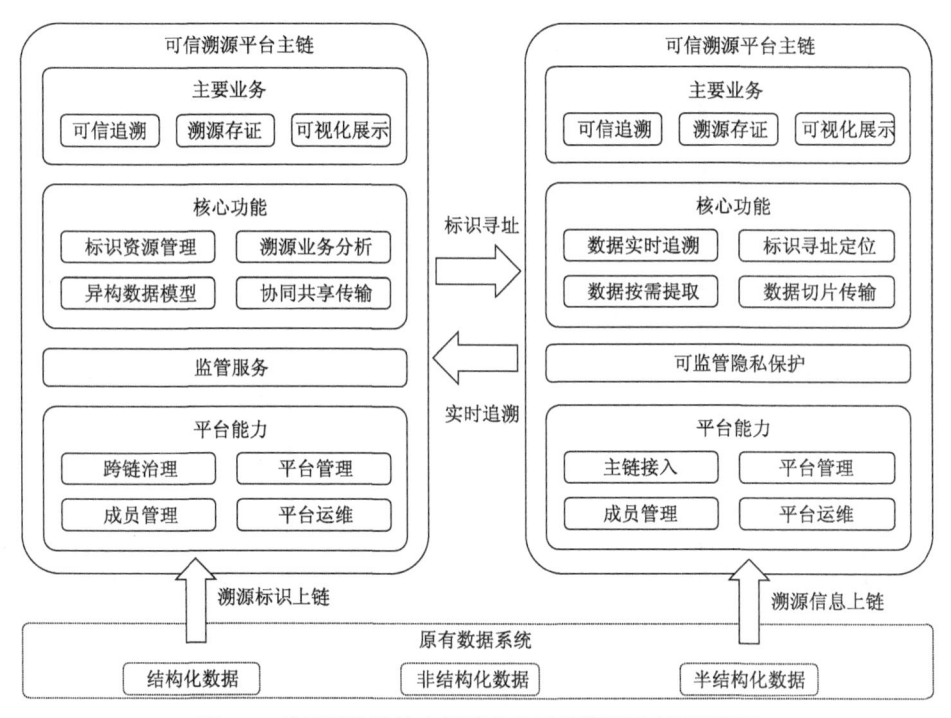

图 5.6 基于区块链的大规模产业可信溯源平台顶层设计

如图 5.6 所示，平台能力层实现了平台运行的基础功能，核心功能层实现核心的溯源业务功能。溯源参与方可以根据需求从其原有数据系统中提取数据，并将经过密态脱敏处理的溯源数据存储到链上。各子链之间通过标识相互寻址，实现实时的数据追溯。主链负责保存标识数据和数据管理模型，管理整个平台，并汇聚各子链的溯源数据。基于区块链的大规模制造产业可信溯源平台是分布式平台，每个组织都有自己的应用服务平台，平台内包括数据库服务和负载均衡服务，确保系统的稳定运行。运维管理涵盖了对组织应用和区块链平台的维护，确保系统的持续高效运作。典型的网络部署如图 5.7 所示。

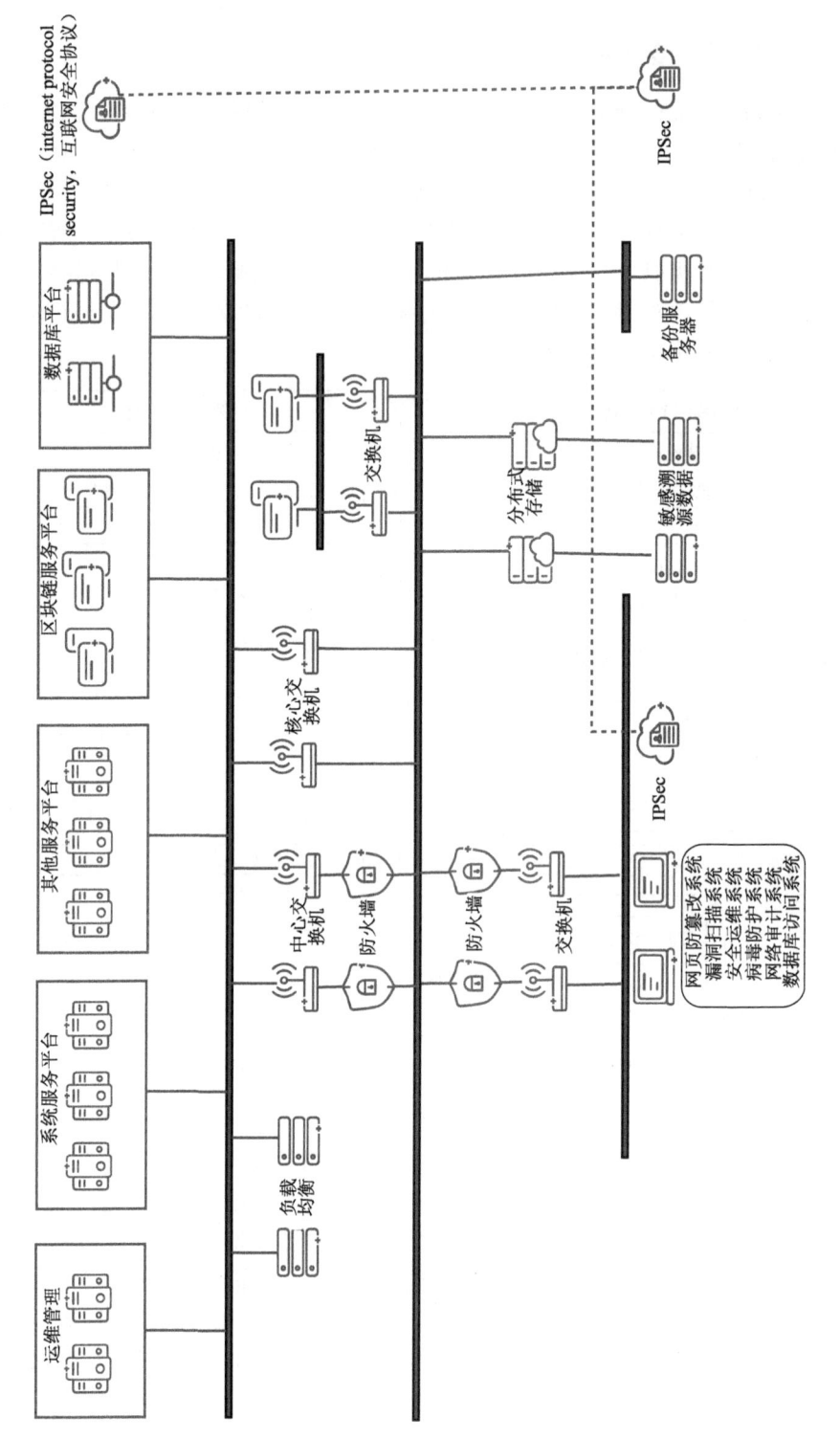

图 5.7 基于区块链的大规模产业可信溯源平台部署架构

5.2 基于区块链的大规模制造产业溯源平台实现

基于区块链技术的大规模制造产业溯源平台整合了数据管理、实时追溯和协同共享等关键功能，有助于优化和升级整个制造产业的价值链。区块链的不可篡改性和分布式特性确保了数据的可信性和安全性，为产业各参与方提供了可靠的数据基础。实时追溯功能精确追溯制造过程中每个环节的信息，包括原材料采购、生产加工和产品质检，有效支持产品质量管控。利用智能合约等技术手段实现高效的协同共享，促进了产业链上各环节的紧密协作，提升了整体生产效率和资源利用率[14,15]。基于区块链的溯源平台不仅提升了制造产业的竞争力和信誉度，还为消费者提供了更加可信赖的产品信息[16]。

5.2.1 统一数据管理

供应链产品追溯是驱动产业变革的一个典型应用场景，指的是利用标识技术记录和查询产品从制造、流通、消费到回收的整个生命周期过程中的状态、属性、位置等信息[17]。其目的在于全面记录产品信息数据，促进企业内部信息系统之间、企业之间以及企业与用户之间的有效信息共享，提升供应链网络化和智能化水平。然而，在供应链领域中，由于产品种类繁多、环节复杂，如何实现多层级、多系统、适用于不同应用场景的可信溯源，是当前供应链产品追溯体系发展面临的重要挑战。

现有的供应链产品溯源方法主要采用传统的大集中、大汇聚的中心化数据管理模式。这种管理模式存在着中心化故障和数据篡改等问题。同时，现有方法难以实现各个环节之间的统一、可信的追溯，也难以解决在追溯过程中编码复杂、身份认证困难以及数据确权难题等挑战。针对供应链交互关系复杂、编码信息互通困难的问题，本节设计了基于多层次区块链的供应链追溯数据管理架构。这种架构记录编码变化的过程，结合了主链、子链的设计，同时兼顾了链上和链下的数据管理方式，如图5.8所示。针对供应链溯源中的数据管理、确权和授权难题，提出了基于追溯凭证的供应链数据追溯方法。这种方法利用追溯凭证技术，旨在解决数据追溯过程中的权属确认和管理问题。追溯凭证技术可以为每个数据记录或交易生成独特的凭证，确保其在整个追溯过程中的真实性和完整性。追溯凭证技术通过加密技术和智能合约，确保只有合法授权的参与方才能访问和更新数据，实现数据的确权和管理。这种方法不仅提高了数据的可信度和安全性，还简化了数据授权和管理的复杂性，有助于提升供应链溯源系统的效率和透明度。

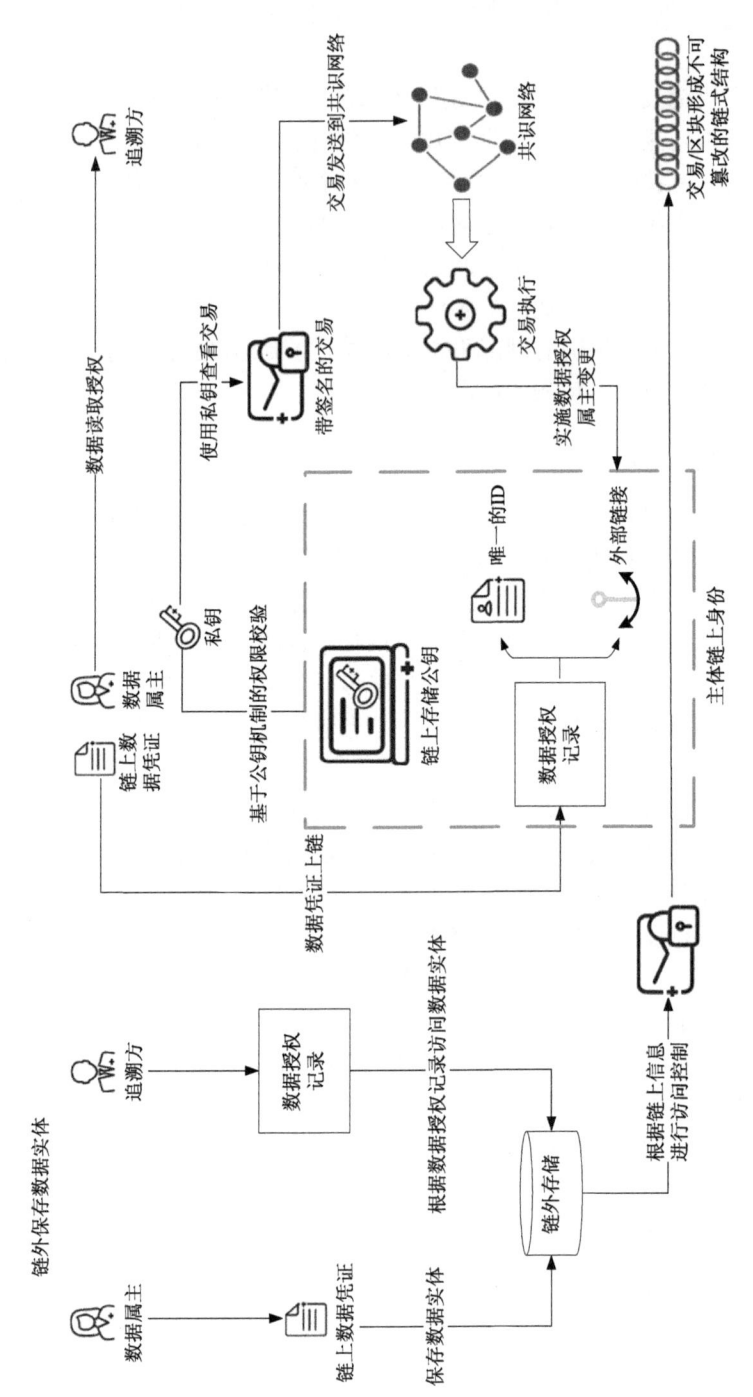

图 5.8 溯源平台统一数据管理模型

5.2.2 可信实时追溯

如图 5.9 所示，在大规模制造产业可信实时追溯过程中，制造商扮演着追溯的核心和起点角色。制造商通过链上用户评价和其他渠道信息，识别产品问题，展开零部件和生产过程的追溯，并启动整车质量问题的应急研讨，各相关参与方共同参与问题定位。供应商、运输商和销售商分别进行追溯，并就问题提供反馈。供应商在追溯中能够继续向二级供应商追溯零部件，并要求其提供反馈，实现多层级的追溯。在证据自证责任环节确认无问题后，分析结果被汇总到链上，确保信息的可追溯性和不可篡改性。制造商根据问题汇总的结论采取相应措施。

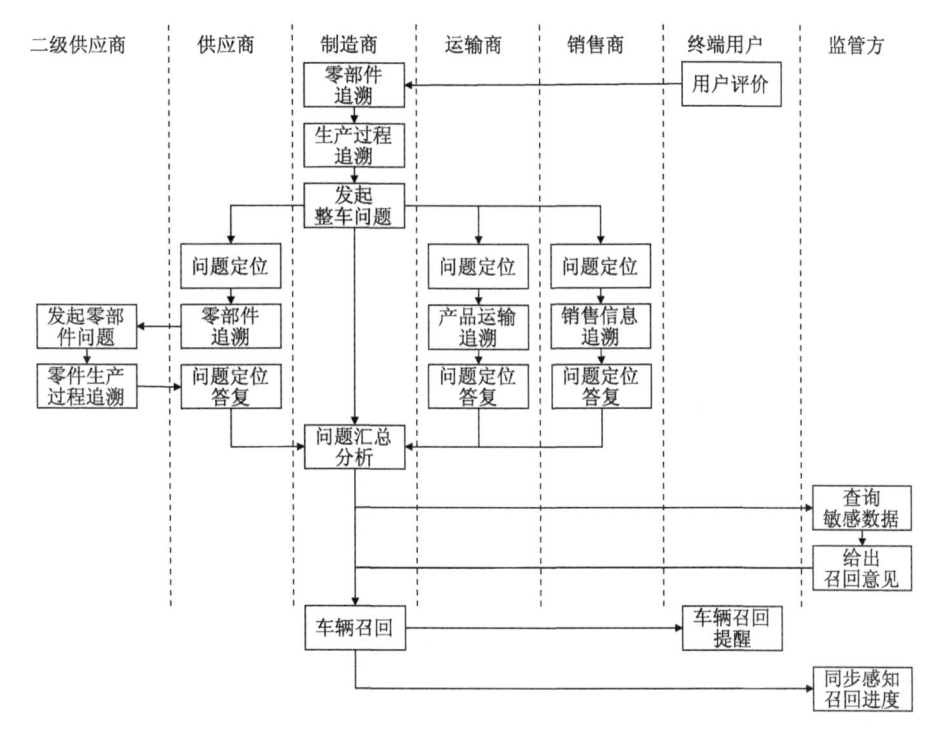

图 5.9 实体间业务流程关系

5.2.3 高效协同共享

如图 5.10 所示，基于区块链的大规模制造产业可信溯源平台采用多层次架构，包括主链、子链以及链外存储。主链的主要职能包括追溯发起方身份和权限验证，以及标识解析，为大规模制造产业提供一个统一的可信追溯入口，确保追溯过程的共识和可信性。主链通过授权和标识解析，为追溯发起方提供链外存储地址和追溯实体关系，多个子链协同工作形成完整的追溯链条。在此基础上，追溯发起方可以根据需求和数据所有方的授权，有选择地从链外存储中获取文档、图片、视频等多模态追溯数据，从而获取产品等数据实体的详细信息，实现高效协同共享的追溯流程。这种多层次架构不仅保证了数据的安全性和可信性，还提升了溯源系统的灵活性和扩展性。

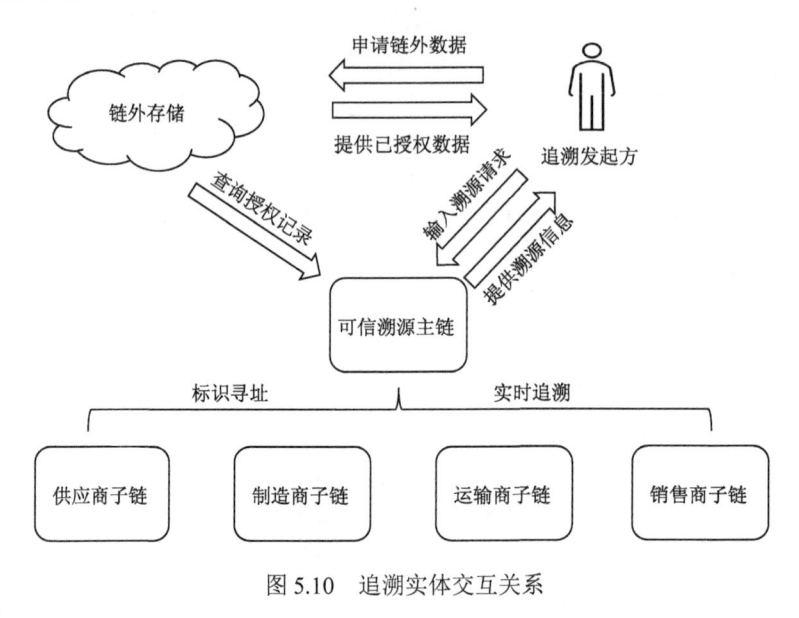

图 5.10　追溯实体交互关系

5.3　基于区块链的汽车行业溯源标准规范

基于区块链的汽车行业溯源标准规范确保了各方在实践过程中按照统一的标准执行，提高了整体实践的一致性。数据标准确保整个行业在记录和共享信息时采用一致的格式，减少误解和错误[18]。实施标准确保区块链技术在溯源过程中被正确应用，提升系统的透明度和可信度。溯源规范则对溯源的具体操作提出要求，减少人为错误的可能性[19]。

5.3.1　汽车行业溯源数据标准

汽车行业溯源数据标准规定了数据采集、存储、传输和共享的方法，确保在汽车生命周期内溯源数据的一致性和可追溯性。这些标准旨在为整个行业提供统一的语言和框架，以便有效管理和交流溯源数据。通过提高数据的互操作性，不同环节的数据能够无缝衔接，提升溯源数据的准确性和可信度。此外，标准化促进行业内各方的合作与交流，为企业提供更高的数据可用性，降低数据集成成本。

制定这一标准还提高了溯源数据的透明度,增强了监管的有效性,从而提升整个汽车行业的质量和合规性水平。

5.3.2 汽车行业溯源实施标准

汽车行业溯源实施标准包括数据收集、信息传递、追溯系统的搭建以及合规性验证等流程规划与设计。通过统一的实施标准,汽车行业可以确保溯源系统在各个环节的一致性和高效性。为实现大规模制造产业的可信追溯,汽车行业溯源实施标准从多维度、多层面提出了可信溯源技术模型,使用区块链和大数据等技术,对接工业系统数据,实现数据原生上链,兼容工业互联网标识体系。该标准从可信数据层、追溯支撑层、可信追溯层、安全保障体系和运维管理体系等方面,建立了全流程可信溯源模型,如图 5.11 所示。

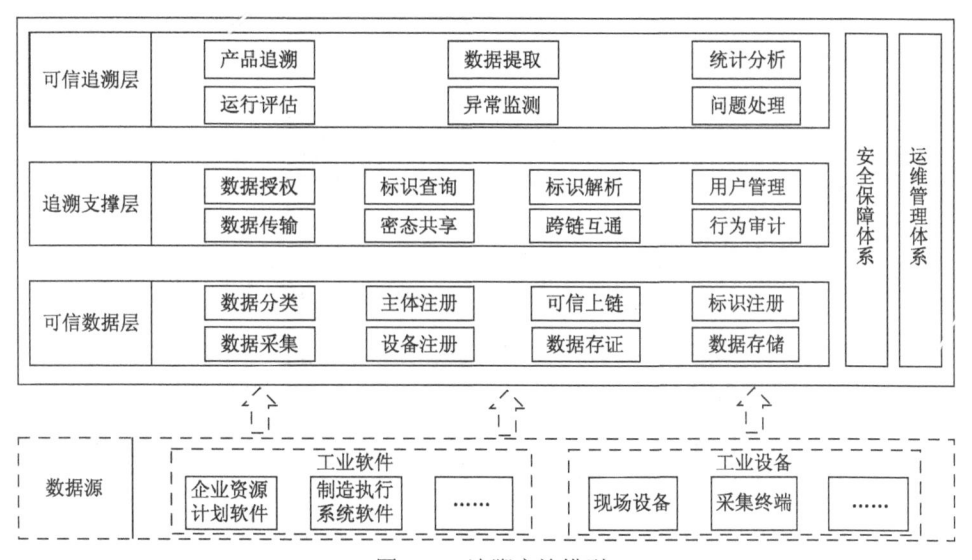

图 5.11 追溯实施模型

5.4 汽车行业产品全生命周期溯源

5.4.1 汽车产品溯源数据采集

汽车产品溯源数据采集的范围涵盖了从零部件制造到最终组装,再到运输和销售的整个生命周期。供应链信息追溯零部件的来源,包括供应商信息、运输和存储等环节。制造数据涉及每个零部件的唯一标识、制造商信息、生产日期和批次,以及组装过程中的各个阶段的时间戳、工人或机器标识符以及详细的组装工序信息[20]。此外,测试和调试数据提供了汽车测试结果、调试和配置信息,以及检测到的问题及解决方案。运输过程记录了汽车及其零部件的来源与去向，每个汽车和零部件都有唯一标识符，用于实现溯源。售后记录追踪了汽车的定期维护和保养时间表的详细信息，确保全面监控和追溯汽车生产过程中的各个环节[21,22]。

5.4.2 汽车产品溯源数据接入

如图 5.12 所示，大规模制造产业可信溯源平台通过厂商数据管理平台接入溯源所需的溯源数据，汽车产品溯源数据接入对验证大规模制造产业可信溯源理论具有深远的意义。首先，通过实际应用，可以检验理论是否在实际环境中有效支持产品生命周期的全面追溯。其次，数据接入过程涵盖多个环节，验证了理论在不同业务领域的通用性和适用性[23]，这有助于建立理论的实用性和普适性。此外，通过原理验证，可以更全面地了解不同产业环节的数据接入对提高产品可追溯性、质量管理和生产效率的具体影响，从而进一步完善理论模型。最终，这一过程为大规模制造产业提供了实证支持，为实施可信溯源理论的标准和实践提供了坚实基础，推动了制造业的数字化和智能化发展[24]。

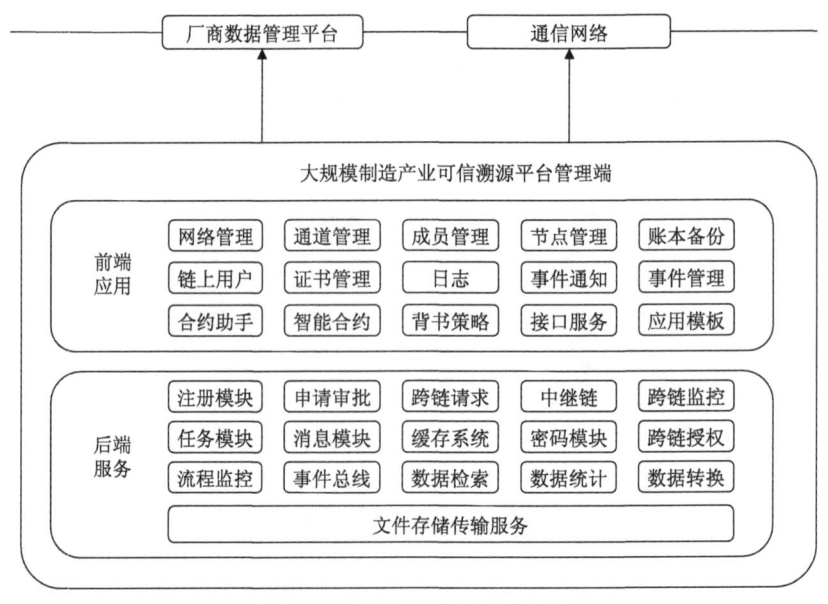

图 5.12　数据接入应用架构图

5.4.3 汽车产品溯源数据模型

汽车产品溯源数据模型用于定义和组织汽车生产中涉及的数据关系，以建立全面的、可追溯的数据体系。零部件根据其重要性分为关键件和非关键件，并针对这两类零部件采用不同的追溯流程。如图 5.13 所示，该数据模型考虑了零部件

第 5 章　基于区块链的大规模制造产业可信溯源平台研发及原理验证

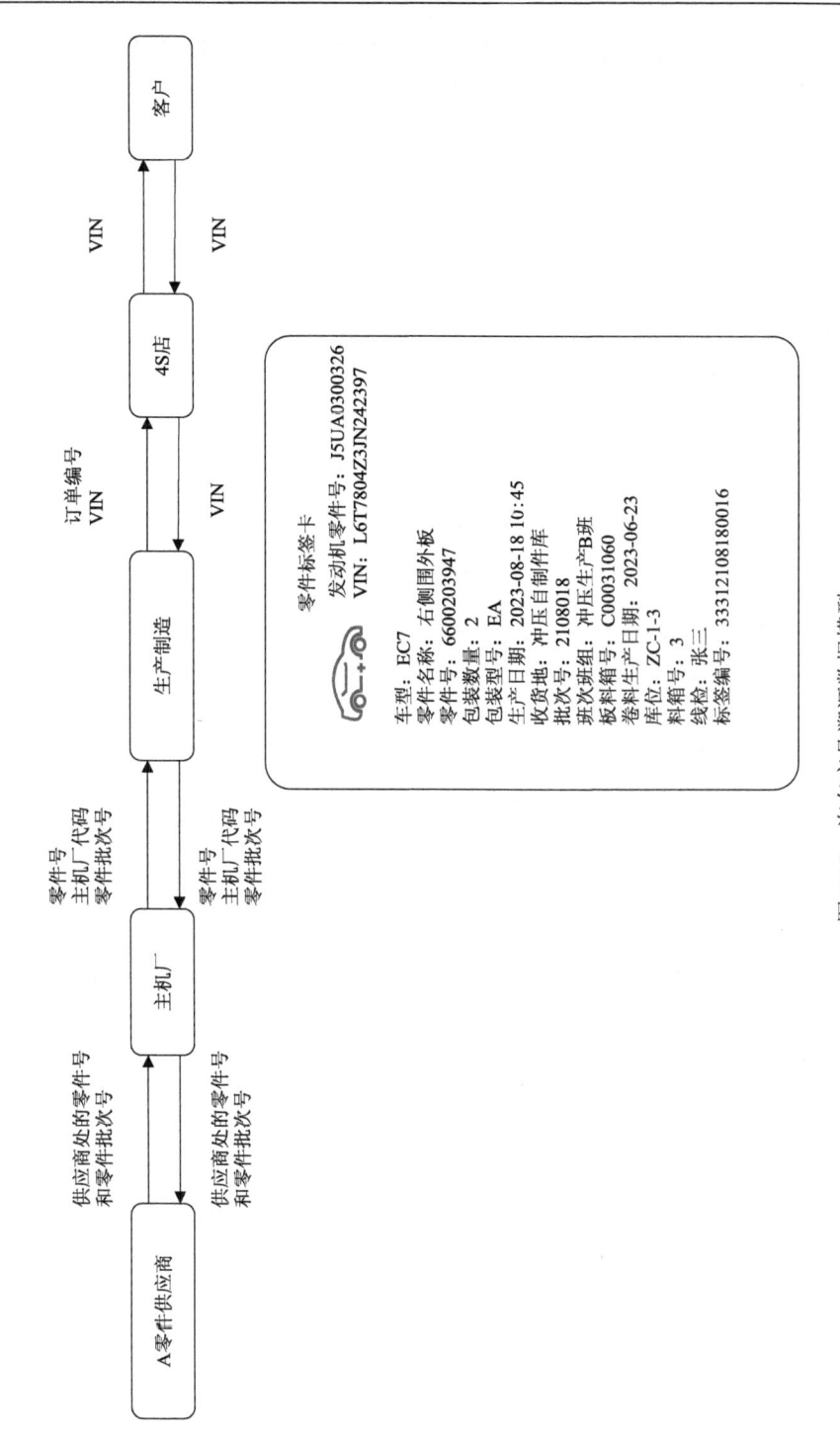

图 5.13　汽车产品溯源数据模型

在整个生产过程中的关联关系，从数据流的角度呈现了零部件的追溯路径，确保生产过程中产生的数据能够被有序地收集、整合和追踪[25]。

5.5 本章小结

本章详细介绍了基于区块链技术的大规模制造产业可信溯源平台。首先，介绍了平台的架构设计，包括平台领域模型、构件接口规范和可信溯源平台的层次链架构。其次，详细讨论了平台实现的主要功能，包括统一数据管理、可信实时追溯和高效协同共享。再次，展示了基于区块链技术的汽车行业溯源标准规范的制定与实施。最后，以汽车行业为切入点，验证了可信溯源平台在产品全生命周期溯源中的可行性。本章在实现可信溯源理论和方法在汽车产业应用的同时，为大规模制造产业构建可信的溯源平台提供了理论指导与实践经验。

本章参考文献

[1] Kaur J, Rani R, Kalra N. Blockchain-based framework for secured storage, sharing, and querying of electronic healthcare records[J]. Concurrency and Computation: Practice and Experience, 2021, 33(20): e6369.

[2] Hasan H R, Salah K, Jayaraman R, et al. Blockchain architectures for physical internet: a vision, features, requirements, and applications[J]. IEEE Network, 2021, 35(2): 174-181.

[3] Gugueoth V, Safavat S, Shetty S, et al. A review of IoT security and privacy using decentralized blockchain techniques[J]. Computer Science Review, 2023, 50: 100585.

[4] Li J Z, Wang Z Q, Guan S P, et al. ProChain: a privacy-preserving blockchain-based supply chain traceability system model[J]. Computers & Industrial Engineering, 2024, 187: 109831.

[5] Thangamayan S, Pradhan K, Loganathan G B, et al. Blockchain-based secure traceable scheme for food supply chain[J]. Journal of Food Quality, 2023, 2023:1-11.

[6] Qin H W, Si Y, Xue C, et al. A query optimization method for blockchain-based traceability system[R]. Chongqing: 2023 IEEE 6th Information Technology, Networking, Electronic and Automation Control Conference (ITNEC), 2023.

[7] Ni S Y, Bai X W, Liang Y C, et al. Blockchain-based traceability system for supply chain: potentials, gaps, applicability and adoption game[J]. Enterprise Information Systems, 2022, 16(12): 2086021.

[8] Tang X, Chen W, Mou Z, et al. Design and implementation of beef product quality and safety traceability system based on blockchain technology[J]. Advances in Computer, Signals and Systems, 2023, 7(7): 81-88.

[9] Wang Z J, Wang T Y, Hu H, et al. Blockchain-based framework for improving supply chain traceability and information sharing in precast construction[J]. Automation in Construction,

2020, 111: 103063.

[10] 张聪. 基于区块链和 IPFS 的数据追溯方法研究[D]. 郑州: 郑州大学, 2022.

[11] 刘江越, 李自臣, 陈梅, 等. 基于区块链技术的农产品物流溯源研究[J]. 黑龙江科学, 2023, 14(11): 1-3.

[12] 梁爽, 王屏东, 田勇立. 专用汽车产业供应链的现状与未来发展趋势[J]. 物流科技, 2023, 46(18): 129-132.

[13] 鹿达, 陈福兴, 苏文山. 基于区块链的临床试验研究[J]. 医学信息学杂志, 2020, 41(3): 6-9.

[14] Agrawal T K, Angelis J, Khilji W A, et al. Demonstration of a blockchain-based framework using smart contracts for supply chain collaboration[J]. International Journal of Production Research, 2023, 61(5): 1497-1516.

[15] Liu K, Desai H, Kagal L, et al. Enforceable data sharing agreements using smart contracts[EB/OL]. https://arxiv.org/pdf/1804.10645[2018-04-27].

[16] Yang X T, Li M Q, Yu H J, et al. A trusted blockchain-based traceability system for fruit and vegetable agricultural products[J]. IEEE Access, 2021, 9: 36282-36293.

[17] 严佳敏, 李波, 吕彬, 等. 食品行业工业互联网标识解析应用研究[J]. 中国仪器仪表, 2022, (8): 22-27.

[18] Gal M, Rubinfeld D. Data standardization[J]. New York University Law Review, 2019, 94: 737-770.

[19] 张自冉. 基于区块链溯源服务的竞争型农产品供应链投资决策研究[D]. 郑州: 河南农业大学, 2022.

[20] 吴洁. 供应链一体化: DELL 公司的供应链管理[D]. 厦门: 厦门大学, 2002.

[21] 刘丽娟, 杜朝阳, 朱玉军, 等. 二维条码技术在重汽行业的应用[J]. 重型汽车, 2014, (1): 27-30.

[22] 裴洪瑞. 关于精密玻璃自动生产线实时管理系统分析[J]. 科技与企业, 2015, (12): 36.

[23] 卫锦. 一种新的基于网络爬虫的证券数据采集方法[J]. 网络安全技术与应用, 2020, (11): 88-90.

[24] 钟志华, 臧冀原, 延建林, 等. 智能制造推动我国制造业全面创新升级[J]. 中国工程科学, 2020, 22(6): 136-142.

[25] 荆永滨, 王李管, 魏建伟, 等. 地下矿山开采的智能化及其实施技术[J]. 矿业研究与开发, 2007, (3): 49-52.

第 6 章 总结与展望

6.1 总　　结

可信溯源是指通过技术手段实现对产品或服务从源头到终端全生命周期的可验证透明追踪。在大规模制造业中，建立可信溯源体系已经成为制造业创新发展的主旋律，使得制造业呈现出全新的面貌。可信溯源技术深度融合到产品质量、生产加工等制造过程，赋予制造业更安全、更合规的特征，改变了制造资源的组织和利用方式，从而确保每个环节的数据透明、准确和可追溯。但是，产业链全域标识数据异构多源、可信度低、实时追溯和协同共享难等痛点问题，仍然是大规模制造产业可信溯源面临的挑战。

本书针对大规模制造产业链全域标识数据存在的异构多源、可信度低、实时追溯和协同共享难等问题，提出了多方面的解决方案。首先，从多源异构全域标识数据协同管理入手，研究了多源异构数据层次链管理模型、异构区块链的跨链集成策略和异构多源区块链可信跨链查询。其次，针对全域标识数据协同共享难的问题，提出了数据分级协同共享结构，支持多方协同共享的激励与授权机制，并构建了多方互信的协同共享模型，包括链下数据上传到链上、链下数据分布式存储与数据验证。最后，构建了多方治理主体信誉评价模型，设计了分级分类的数据可信评价体系，并基于博弈的多方治理决策方法，形成了多场景、多环节下的可信动态追溯机理。

在此基础上，从大规模制造产业链全域数据溯源业务出发，探讨了溯源的创新模式，重点介绍了在企业之间达成共识以及敏感数据之间的实时共享，在大规模制造产业溯源数据量日益增加的同时确保数据的真实性和主体之间的信任关系。首先，建立了基于溯源共识算法，解决了大规模制造产业链中共识效率低下的问题。其次，提出了敏感数据实时共享机制，解决了溯源数据共享时主体权限不明与共享披露范围模糊的问题。最后，设计了切片式实时共享传输机制，针对数据传输的安全性、速度和可扩展性问题，解决了 IPFS 分布式数据传输中固定分片无法适应不同网络环境和文件的问题，提高了数据传输的效率和可靠性。

基于上述产业链全域数据溯源共识算法和敏感数据实时共享机制，针对敏感数据和隐私泄露的挑战，提出了大规模制造产品设计、制造、服务全生命周期数据标识寻址、实时追溯和可监管隐私保护方法。在大规模制造产业中可实现全流程行为和数据的追溯，进行过程监控和安全问题责任追究。此外，在全生命周期数据处理中解决了企业隐私保护的问题。基于产品全生命周期的海量异构数据及其内部关联关系，介绍了数据标识关联解析算法，并结合数据标识间的关联关系，提出面向大规模制造产品全生命周期异构数据的实时追溯及隐私保护方法。结合层次链关联追溯算法，构建全生命周期数据高效实时溯源模型，从而实现对全生命周期标识数据的解析和分层级实时追溯。在溯源过程中，根据溯源目标数据的隐私需求差异性，介绍了监管友好的数据分级隐私保护方法，并构建了基于隐私保护的数据访问控制机制，研究多方协作决策治理模型，实现了对隐私保护过程的公开监管和审计。通过这些方法，实现了大规模制造业全生命周期数据的高效溯源和隐私保护。

为了便于读者直观地感受到可信溯源技术在大规模制造产业的作用，本书在写作上采用了分层次、分技术的方式，遵循"问题导向、机理创新、技术研发、平台验证"的思路，一方面介绍可信溯源的理论概念，把握其可信溯源的技术难点；另一方面介绍追溯技术在大规模制造业中的应用，从而加深对可信溯源技术的理解。

大规模制造产业的数据溯源和共享机制随着产业链全域的扩展，面临着主体数量多、主体关系复杂以及订单规模庞大等特点。在敏感数据的实时共享过程中，传统方法难以满足数据一致性、可靠性和实时性的要求。因此，设计溯源共识算法成为必要，通过识别供应链溯源中的关键主体，选择业务相关性较高的节点来完成溯源数据的处理。同时，制造业的快速发展对敏感数据的共享与传输提出了更高的要求。为了在隐私保护的基础上实现敏感数据的安全共享，采用了最大完整-最小披露的敏感数据按需共享与提取方法。此外，针对数据共识和共享的数据传输过程，提出了端到端的动态数据切片传输模式，显著提高了数据传输的速度、安全性和可扩展性，从而增强了大规模制造产业中数据处理的效率与可靠性。未来的研究将进一步优化溯源共识算法和敏感数据实时共享机制，提升系统在大规模制造产业中的实际应用效果，特别是在数据隐私保护和共享效率方面，将探索更加先进的技术和方法。同时，还将关注端到端动态数据切片传输模式的实际部署与优化，确保数据在传输过程中的安全性和快速响应。通过持续的技术创新和实践应用，推动大规模制造产业的数据溯源与共享机制的不断完善，促进全产业链的高效协同与可信发展，为制造业的数字化转型和智能化升级提供坚实的技术支撑。

溯源技术作为可信溯源的重要方向，伴随区块链、物联网、大数据和人工智能等技术的不断发展，将变得更加智能化、自动化和高效化。本书针对大规模制造产品设计、制造、服务全生命周期的数据标识寻址、实时追溯和可监管隐私保护方法，提出了一种基于内容寻址的产品可信标识溯源方法。通过利用内容本身生成标识进行寻址,解决了产品流通过程中标识频繁更改的问题。同时,针对产品溯源中的隐私保护问题,采用了基于安全多方计算的多监管者授权机制,实现了隐私保护与数据监管之间的平衡。在可信溯源系统中,数据权限管理和层次链的深度追溯能够确保全生命周期数据的高效实时溯源,进而在隐私保护过程中实现公开监管与审计。未来的研究将继续优化产品全生命周期的数据标识寻址、实时追溯与可监管隐私保护方法,进一步提升其在大规模制造业中的应用效果。我们将持续探索更加先进的技术与方法,例如结合人工智能和机器学习技术,以增强数据处理能力和决策支持。通过持续的创新与实践应用,推动大规模制造业数据溯源与共享机制的不断优化,促进产业链全域的高效协同与可信发展,为制造业的数字化转型和智能化升级提供坚实的技术支撑,助力构建更加透明、高效且可信的制造生态系统。

6.2 展　　望

大规模制造可信溯源正处于一个机遇与挑战并存的关键时期。智能化、数字化和网络化是大规模制造可信溯源技术发展的时代要求,它既蕴藏着巨大的发展潜力,又充满着难以预测的安全风险。大规模制造产业已经在数据高准确性和完整性、数据安全和隐私保护、跨平台数据互通、智能化和自动化、绿色和可持续发展等方面展现出许多发展趋势,我们要向强者学习,与智者并行,吸纳人类先进的科学技术成果,更要持续创新前瞻思维,积极探索前沿技术,不断提升创新能力,着力创造高端产品,走出一条具有特色的高质量发展之路。因此,还有很多问题值得我们进一步深入思考。

1. 大规模制造可信溯源对建设科技强国和经济强国的重大意义

大规模制造可信溯源是经济社会发展不可或缺的大国重器,掌握可信溯源的核心技术,将有助于提升国家在全球制造业中的技术领先地位。同时,发展大规模制造可信溯源技术,对我国的科技强国建设和经济强国建设还具有特别重要的作用。通过自主研发和应用可信溯源技术,实现对产业链的全程监控和管理,提升供应链的安全性和稳定性,保障国家在关键领域的自主可控能力。对此,应当从经济建设的拉动和信息技术的推动两个方面深入思考大规模制造可信溯源是如何引领科技发展的,智能制造的高端化和智能化对经济强国建设起到什么作用。同时,我们还需要更深层次地思考为什么我国的可信溯源技术存在较多"卡脖子"难题,该如何破解?更重要的是,无论是科研工作者、产业从业者,还是青年学生,应该肩负着什么使命,为了将来在大规模制造产业领域做出创新贡献,当下该如何去做好准备?

2. 数字化、智能化前沿技术推动大规模制造可信溯源技术创新

大规模制造可信溯源技术通过融合区块链和物联网技术，实现数据采集、传输到存储、验证的全流程覆盖。通过智能设备实时采集数据并存储在不可篡改的区块链上，利用人工智能和大数据分析技术，提高数据处理和分析的智能化水平。数字化、智能化等前沿技术与可信溯源的结合，为大规模制造过程赋能，使得数据交互更便捷、测试验证更高效、预判和响应更快速。然而，在这一过程中，如何确保制造产业中的数据可信溯源，以及在实际生产场景中如何实现有效的协同互动，仍是我们需要不断探索和深入理解的课题。

3. 我国大规模制造可信溯源技术产业的发展路径

我国是制造业大国，随着制造业的不断升级和全球化的推进，可信溯源技术在大规模制造业中的应用变得越来越重要。为推动可信溯源技术的发展，并确保其在大规模制造业中的广泛应用，同时应对关键核心技术和制造设备对外依赖度高、资源能源利用率低等问题，我们需要全面了解我国大规模制造产业可信溯源的发展现状以及国际可信溯源的发展趋势，深入思考国际高端制造产业供应链的分工方式。在此过程中，应通过计算机科学、电子工程等学科的交叉研究，围绕制造业中的具体应用场景，开展技术创新与优化。同时，还需重点考虑在食品安全、医药制造、汽车制造、电子产品等关键行业中，实施可信溯源技术的试点示范项目，以验证并优化相关技术方案。此外，应考虑设立区域性可信溯源技术示范区，推动区域内企业的集成应用，发挥示范效应，助力我国制造业的高质量发展。

4. 构建对经济社会发展具有重大意义的大规模制造产业可信溯源平台

从更广义的系统生态来看，消费者对产品质量和可追溯性的需求不断提高，提升供应链透明度并建立有效的问题解决机制已变得迫在眉睫，因此需要构建大规模制造产业可信溯源平台，对制造产业每个生产环节的数据进行存储，防止数据篡改，提高数据透明度和可靠性。近年来从新科学发现到新技术发明，再到新产品研发和新产业形成的循环发展越来越快，科学、技术、工程、产业之间的供求关系明显地表现出供应链的特征。如何通过可信溯源平台实现不同系统和平台之间的数据互通和共享，如何通过分析溯源数据发现生产流程中的瓶颈和问题是创造大规模制造产业可信溯源平台的核心问题。通过技术创新和平台建设，推动制造业向智能化、数字化和高质量发展，为经济社会发展注入新的动能，助力我国实现制造强国和经济强国的战略目标。